2019年广东省普通高校特色创新项目(人文社科)：中华优秀传统文化资源在高校思政课的应用研究（编号：2019GWTSCX052）；

2021年广东教育科学规划课题（高等教育专项）：习近平新时代文化育人重要思想研究（项目编号：2021GXJK042）。

光明社科文库
GUANGMING DAILY PRESS:
A SOCIAL SCIENCE SERIES

·历史与文化书系·

非物质文化遗产传承和发展研究

——基于马克思主义精神生产理论

甘子成 | 著

光明日报出版社

图书在版编目（CIP）数据

非物质文化遗产传承和发展研究：基于马克思主义
精神生产理论 / 甘子成著 . -- 北京：光明日报出版社，
2021. 12

ISBN 978 - 7 - 5194 - 6393 - 9

Ⅰ . ①非… Ⅱ . ①甘… Ⅲ . ①非物质文化遗产—研究
Ⅳ . ①G112

中国版本图书馆 CIP 数据核字（2021）第 273244 号

非物质文化遗产传承和发展研究：基于马克思主义精神生产理论
FEIWUZHI WENHUA YICHAN CHUANCHENG HE FAZHAN YANJIU：
JIYU MAKESI ZHUYI JINGSHEN SHENGCHAN LILUN

著　者：甘子成

责任编辑：许　怡　　　　　　　　责任校对：张惠芳
封面设计：中联华文　　　　　　　责任印制：曹　净

出版发行：光明日报出版社

地　　址：北京市西城区永安路 106 号，100050

电　　话：010 - 63169890（咨询），010 - 63131930（邮购）

传　　真：010 - 63131930

网　　址：http：// book. gmw. cn

E - mail：gmrbcbs@ gmw. cn

法律顾问：北京市兰台律师事务所龚柳方律师

印　　刷：三河市华东印刷有限公司

装　　订：三河市华东印刷有限公司

本书如有破损、缺页、装订错误，请与本社联系调换，电话：010 - 63131930

开　　本：170mm × 240mm

字　　数：262 千字　　　　　　　印　　张：16

版　　次：2022 年 5 月第 1 版　　　印　　次：2022 年 5 月第 1 次印刷

书　　号：ISBN 978 - 7 - 5194 - 6393 - 9

定　　价：95. 00 元

前　言

　　马克思主义精神生产理论是关于人类精神生产实践规律的科学总结，是唯物史观的重要内容，对人们的精神生产实践活动具有普遍的指导意义。而非物质文化遗产的传承和发展是以物质生产为基础，具有实践性、人本性、自由性、观念性和创新性的特点，体现出精神生产实践的普遍特征，是精神生产实践的具体形态之一。在坚定不移地推进马克思主义中国化，不断增强中华民族文化自信，以及迫切需要加强非物质文化遗产保护的多维背景下，我们运用马克思主义精神生产理论不断探究和指导非物质文化遗产传承和发展具有重大的理论价值和现实意义。本书尝试运用历史与逻辑相结合、文献研究、社会实践调查、定性分析和跨学科研究等方法对该论题进行研究。

　　马克思主义精神生产理论是本书的理论基础。在人类社会发展中，近代资产阶级国民经济学和德国古典哲学中的精神生产理论是最先系统化的精神生产理论。但是，它们都明显存在片面化、绝对化的缺陷。其中，近代资产阶级国民经济学中的精神生产理论只是从物质生产、财富增长的角度分析精神生产实践，存在"见物不见人"的不足；而德国古典哲学中的精神生产理论只是从人的本质发展的角度探索精神生产实践，存在"见人不见物"的不足。马克思、恩格斯在资本主义社会急剧变迁和弊端明显暴露的背景之下，以唯物辩证法、唯物史观和剩余价值理论作为立足点，对过去的思想材料进行批判性的吸收，既从物质生产角度又从人的发展角度进行探索分析，构建起了系统的、科学的精神生产理论。马克思主义精神生产理论确定了精神生产是人类重要的社会实践形式之一，是人类重要的认识活动，是人类本质属性的根本体现；表明了精神生产是社会全面生产的子系统之一，与物质生产、人自身生产紧密相连，贯穿生产、分配、交换和消费各个环节不断运行的过程中，具有生产力和生产关系相互作用的结构体系；阐释了精神生产具有以社会意识形态、文学艺术和科学技术等为中心的形态范畴。马克思主义精神生产理论具有方法论的本质，对于人们解决精神生产实践的问题具有普遍指导意义。列宁、毛泽东、邓小平、江泽民、胡锦涛、习近平不仅以马克思主义精神生产理论为方法依据解决了一系列重大的社会精神生产问题，同时进一步促进了马克思主义精神生产理论的发展，形成了新的理论成果。

马克思主义精神生产理论在非物质文化遗产传承和发展中的具体应用是本书的落脚点，是探索马克思主义中国化的重要体现。尽管马克思、恩格斯所生活的时代还没有形成非物质文化遗产的概念，但是他们对古代文学、史诗、诗歌、音乐、戏剧、绘画、宗教、习惯和风俗等方面的探讨，实质已经涉及了今天非物质文化遗产概念所包含的具体内容。我国的非物质文化遗产是中华民族宝贵的财富，能够给予人们物质支持、为人们提供精神养分，在现代化进程中有必要对其传承和发展进行研究。由于非物质文化遗产的传承和发展属于精神生产的具体形态范畴之一，它体现出精神生产以物质生产为基础的特点，体现出精神生产以满足人们的精神需要为目标的特点，体现出与精神生产的观念性、自由性和创造性相互契合的特点，所以运用马克思主义精神生产理论分析和指导非物质文化遗产的传承和发展存在可行性和必要性。以马克思主义精神生产理论为基础，我们可以把握到非物质文化遗产的传承和发展具有以环境基础为依托、以社会力量为驱动、受内生力量作用的历史合力系统；可以充分肯定非物质文化遗产的传承和发展具有促进物质发展、精神发展和人的发展等多维度的社会价值；可以深刻洞悉到非物质文化遗产的传承和发展受环境变迁、社会作用力变化以及自身局限性制约的挑战；可以收获到促进非物质文化遗产的传承和发展应该遵循精神生产规律的方法启示。

目 录
CONTENTS

绪　论

第一节　研究缘起以及意义

一、研究缘起

理论研究主要是以解决现实问题为出发点。推进马克思主义中国化，是党和国家发展的重大战略问题。马克思主义作为人类认识世界和改造世界的普遍真理，只有与具体国家、具体民族、具体时代、具体实践相结合才能产生巨大的变革力量。中国共产党从创建以来就认识到马克思主义中国化的重要地位和意义，并且始终致力于推进马克思主义基本原理与中国具体实际相结合。而在理论界、学术界，不少学者亦以高度的责任感和使命感不断推进马克思主义中国化的发展研究。

在马克思主义中国化的历史进程中，马克思主义理论体系的大多数思想内容和理论观点都被广泛而深入地研究，并且与具体实践紧密结合，为社会发展带来了巨大的推动力并产生了深远影响。然而，马克思主义精神生产理论的研究却没有被给予充分的重视。它不仅没有在传统马克思主义哲学教科书中获得应有地位，而且在学术研究和社会实践领域也没有得到充分重视。这就导致了一些不良后果的产生：一是给马克思主义理论体系的发展带来了危害，导致了马克思主义理论的完整性受到破坏、唯物史观被曲解为"经济决定论"、劳动价值论被误解为"过时论"等具体问题；二是给社会实践带来了危害，其中最为突出的是导致国家投放在精神文化建设上的力量相对薄弱，难以与经济快速发展的步伐相匹配。

马克思主义精神生产理论作为唯物史观的核心组成部分，是完整、准确地把握马克思主义理论体系的关键内容，是国家加强精神文化建设的重要理论支撑。这表明它的地位和价值应该受到充分重视和肯定。改革开放以来，虽然我国对马克思主义精神生产理论的地位和价值的认识程度在不断提高，但是被忽视的状况仍然需要进一步改善。所以，我国无论是在国家建设中还是在理论探索、学术研究中，都应该尽快地改善这些不良状况，让马克思主义精神生产理论的地位和价值能够得到充分重视，使马克思主义精神生产理论的中国化、时代化研究能够得到充分开展。

加强马克思主义精神生产理论的中国化、时代化研究，需要寻找到合适的实践契合点。本书认为，促进非物质文化遗产的传承和发展就是重要的实践契合点。

马克思主义精神生产理论与非物质文化遗产的传承和发展有着紧密的逻辑关联性。马克思主义精神生产理论是对人类精神生产实践规律的科学总结，对人类精神生产活动具有普遍的指导意义。同时，"文化是处于一定社会形态中的人，直接或间接、自觉或自发地为适应和改造自己的生存的环境（自然环境和社会环境）而进行的精神生产的产物"[①]。那么，作为文化具体形态的非物质文化遗产，它的传承和发展必然属于精神生产的重要范畴，具有精神生产的一般特性。首先，非物质文化遗产作为一种文化形态，是精神生产中意识、宗教、政治、艺术、科学技术等内容形态的重要组成部分之一；其次，非物质文化遗产的传承和发展体现出了精神生产归根结底是由物质生产决定的特点，但是又具有与物质生产相对独立的属性；最后，非物质文化遗产的传承和发展具有精神生产蕴含的观念性、自由性和创造性等特征。因此，将马克思主义精神生产理论应用于非物质文化遗产的传承和发展的研究具有合理性和可行性。

促进非物质文化遗产传承和发展具有重要的现实意义。非物质文化遗产是中华民族在长期生产和生活过程中形成的智慧结晶，是中华传统文化的重要组成部分。所以，促进非物质文化遗产的传承和发展是社会主义建设的重要内容，是提升国家文化自信的重要纬度。在中华人民共和国成立初期，我国政府就十分重视开展促进非物质文化遗产传承和发展的工作。其中，在

---

① 陈先达. 文化自信中的传统与当代［M］. 北京：北京师范大学出版社，2017：8.

1950 年专门成立中国民间文艺研究会①以组织和统筹全国，大力地开展搜集、整理和研究中国民间历史、文学以及艺术等方面的工作；在 1956 年毛泽东提出正确对待古代文化遗产的指导方针——"百花齐放、推陈出新"；在 1958 年毛泽东亲自倡议在全国收集、整理民歌，使当时广泛掀起了大规模的民歌采风运动；从 20 世纪 50 年代起，我国政府一直组织民族工作者对少数民族民间文化的艺术、诗歌、历史、语言以及风俗习惯等进行调查研究，着力抢救和保护少数民族的非物质文化遗产项目。进入二十一世纪，我国促进非物质文化遗产传承和发展的工作更是获得了全面提升：2004 年我国正式成为联合国教科文组织《保护非物质文化遗产公约》的缔约国之一，保护工作正式与世界接轨；2005 年被誉为"中国文化长城"的"中国民族文艺集成志书"的编撰工作得以完成，保护成果获得了充分体现②；2005 年国务院发布了《关于加强文化遗产保护工作的通知》，保护工作进一步获得政府政策的支持；2011 年全国人大常委会通过并且施行了《中华人民共和国非物质文化遗产法》，保护工作走向了法治化……事实表明，在社会主义建设过程中促进非物质文化遗产的传承和发展具有十分重要的地位，必须运用马克思主义相关理论进行指导。

我国在促进非物质文化遗产传承和发展的过程中遇到了不少问题。1949 年到 1966 年，我国对待非物质文化遗产的传承和发展存在片面的"古为今用"的功利主义和"厚今薄古"的历史虚无主义的特点，从而导致非物质文化遗产的传承和发展出现了极端的意识形态化和政治化的问题。例如，在 20 世纪 50 年代政府主导开展的"戏改"运动中，完全僵化地"改人""改制""改戏"，片面强化戏曲的意识形态性和政治斗争性，这基本把传统戏曲的艺术审美性忽略了；在"文化大革命"期间，非物质文化遗产的传承和发展更是遭遇了一场灾难，不少非物质文化遗产项目被看作封建文化的主要代表，它们的生命力在"破四旧"运动中受到严重摧残，甚至有些项目永远地消失

---

① 该协会在 1987 年更名为中国文艺家协会。

② "中国民族文艺集成志书"是对我国非物质文化遗产进行系统抢救和全面普查、整理、编写、出版的文化工程的成果。它的编撰工作是从 1984 年开始付诸实践，由中央政府和地方政府斥巨资，发动全国 5 万多名文艺集成志书工作者、艺术家、民间艺人参与，总共完成了 298 部省卷本的编写和出版。参见：王文章. 非物质文化遗产概论［M］. 北京：文化艺术出版社，2006：205 － 206.

在历史长河之中；进入到改革开放时期，非物质文化遗产的命运总体往好的方向发展，但是"中国在保护和抢救非物质文化遗产时存在的盲目性、机械性、片面性和近利性等问题"依旧没有得到根本性改善。① 追根溯源，这些问题主要是由于人们对非物质文化遗产传承和发展的规律、价值、问题以及策略的认识不足造成的。换而言之，要促进非物质文化遗产传承和发展必须深刻地把握其传承和发展规律、价值、挑战以及方法。非物质文化遗产传承和发展作为精神生产的重要形式表明，要实现全面科学地把握其传承和发展的规律、价值、挑战以及方法，需要充分发挥马克思主义精神生产理论的指导意义。

概括而言，马克思主义精神生产理论需要进一步中国化、时代化；而非物质文化遗产传承和发展属于精神生产的范畴之一，它的地位和处境决定了亟须运用科学的理论作为指导。这就成了本书的问题意识和研究缘起。

二、研究意义

将马克思主义精神生产理论应用于非物质文化遗产传承和发展研究，具有多个纬度的意义。

（一）有利于促进马克思主义社会生产理论的整体发展

马克思、恩格斯为了批判资本主义社会的弊端，实现共产主义的理想追求，在立足于剩余价值理论和实践哲学观这两块基石之上建构起了一套完整、系统、科学的社会生产理论。他们强调社会生产是人类社会存在和发展的基础，它包括物质生产、精神生产和人类自身生产三大系统，三者之间相辅相成、紧密联系，共同影响人类社会的发展。

然而，从历史经验看人们对马克思主义社会生产理论的完整性、科学性的认识和理解存在一定偏颇。一是由于马克思、恩格斯根据时代特点、革命任务将研究重点放在物质生产领域，一些人片面地把马克思主义物质生产理论等同于社会生产理论，把马克思主义精神生产理论和人自身生产理论忽视了。这直接导致了一些人将马克思主义理论歪曲为"经济决定论"。二是随着社会发展，科技、文化、管理、知识产权等精神要素也成为剩余价值生产

---

① 贺学君. 关于非物质文化遗产保护的理论思考［J］. 江西社会科学，2005（2）：103.

的重要源泉，而运用那些将物质生产理论等同于社会生产理论的观点很难解释这些新的经济现象。因而马克思主义被一小部分人推到了"过时论"的境地。例如，有学派错误地认为，"历史唯物主义是自由资本主义时代的产物，是马克思在资本主义时期经济分析的基础上建立的，因而它只适用于资本主义的时期，如果把马克思的历史理论普遍用于一切社会形态或阶段，那么这种理论便被庸俗化了"①。

"一些人你方唱罢我登场，使出浑身解数试图证明马克思主义已过时，却令马克思主义越来越被证明是正确的。"② 历史事实证明，马克思主义并不是经济决定论，也并没有"过时"，只是某些人机械地、片面地理解和应用马克思主义罢了。恩格斯指出，马克思和他自己都充分肯定现实生活的生产和再生产对历史发展的决定作用，但是"如果有人在这里加以歪曲，说经济因素是唯一决定性的因素，那么他就是把这个命题变成毫无内容的、抽象的、荒诞无稽的空话"③。马克思主义基本原理明确强调精神生产和人类自身生产同是社会生产内容的组成部分，它们与物质生产一样都具有突出的社会作用。所以，研究马克思主义精神生产理论并且推动其中国化、时代化，既有利于推动马克思主义社会生产理论的整体发展，同时又有利于促进中国特色社会主义事业全面协调可持续发展。

（二）有利于推进马克思主义中国化

中国共产党的性质决定了中国革命、建设、改革和发展都必须坚定不移地以马克思主义作为根本指导思想。但是，这并不意味着可以照搬和照抄马克思主义。毛泽东指出："马克思主义的'本本'是要学习的，但是必须同我国的实际情况相结合。我们需要'本本'，但是一定要纠正脱离实际情况的本本主义。"④ 马克思主义基本原理具有普遍性，而中国革命、建设、改革和发展却具有明显的特殊性，所以解决两者之间矛盾的最佳办法是实现"中国化"。

具体分析，首先，马克思主义精神生产理论是马克思、恩格斯等人在考

---

① 陈振明. 法兰克福学派与科学技术哲学［M］. 北京：中国人民大学出版社，1988：225.

② 内蒙轩. 马克思靠谱［M］. 北京：东方出版社，2017：3.

③ 马克思恩格斯文集：第 10 卷［M］. 北京：人民出版社，2009：591.

④ 毛泽东选集：第 1 卷［M］. 北京：人民出版社，1991：111 - 112.

察人类社会精神发展历史过程中总结出来的普遍规律。它需要根据不同的对象、历史、环境等因素实事求是地加以利用和发展。因而马克思主义精神生产理论中国化是其内在本质要求。其次，非物质文化遗产传承和发展作为精神生产的一种形式，对维护中华文化多样性具有极其重要的意义，是当前发展中国特色社会主义事业的重要内容。正如习近平在召开全国文艺座谈会时的讲话指出："实现中华民族伟大复兴需要中华文化繁荣兴盛。"① 可见，运用马克思主义精神生产理论指导非物质文化遗产传承和发展是实践的需要。最后，我国非物质文化遗产传承和发展体现出深刻的民族个性。一是由于我国幅员辽阔、历史悠久、民族众多，这造就了我国非物质文化遗产种类丰富、特色鲜明、历史价值高。二是我国现代化起步较晚，进程迅猛，传统社会文化结构受到强烈冲击，非物质文化遗产在传承和发展中面临的问题非常多、非常复杂。三是我国关于促进非物质文化遗产传承和发展的工作起步较晚，制度规范尚未完善，经验不足，保障力量薄弱。所以，马克思主义精神生产理论需要适应非物质文化遗产传承和发展的民族个性。

具有普遍真理性的马克思主义精神生产理论，在我国充满民族个性的非物质文化遗产传承和发展中应用，这既有利于推进马克思主义的发展，又有利于化解非物质文化遗产传承和发展的实践困境。这实质上就充分发挥了马克思主义中国化的精神。

（三）有利于促进马克思主义时代化

时代在急剧变迁，马克思主义某些具体的理论观点可能会存在一定的历史局限性。这表明马克思主义要保持长久的生命力就必须坚持和发扬与时俱进的精神品格，不断地汲取新时代的精华，为解决新时代面临的难题做出贡献。马克思主义作为方法论的本质使其具备这种力量。

关于非物质文化遗产传承和发展的探究是社会发展的一个古老话题，然而它的重要性和紧迫性却是从工业革命之后才真正显现出来，它实质又是一个重大的、全新的时代课题。在我国，非物质文化遗产的传承和发展开始遭遇重大困境是在新中国成立之后特别是改革开放实行市场经济之后。尽管马克思、恩格斯在自己的论著中对诗歌、民间文学、史诗、戏剧、民俗等文化遗产有着一定的论述，但是这显然不是他们重点研究的领域，相关论述并不

---

① 习近平. 在文艺工作座谈会上的讲话［N］. 人民日报, 2015 - 10 - 15（02）.

深入、全面和系统。对于马克思主义理论而言，促进非物质文化遗产的传承和发展是一个需要深入研究的全新课题。所以，运用马克思精神生产理论解决中国现代化进程中非物质文化遗产的传承和发展问题是促进马克思主义时代化的重要体现，能够为推动马克思主义与时俱进注入新时代的力量。

（四）有利于保护中华文化的根脉

持续而有效地开展关于非物质文化遗产传承和发展的理论及实践探索，对于保护好中华文化的根脉具有积极意义。进入 21 世纪以来，民族国家之间的文化软实力竞争越来越激烈，非物质文化遗产对于增强国家文化软实力的价值也随之得到充分显现，并且获得了广泛认同。刘锡诚指出："非物质文化遗产，是我们民族生存和发展的根脉，是我们民族精神（或曰民族文化精神）的渊薮。"① 宋俊华、王开桃指出："非物质文化遗产通过重复参与祖先的'饱含某种精神的实践'来传递和发展祖先的'某种精神'。"② 但是，如何才能留住我们的文化根脉？如何才能保持好我们的文化传统？这些问题相当复杂，需要不断深入地研究和探讨。

当前关于促进非物质文化遗产的传承和发展最权威的理论依据是来自联合国教科文组织在 2003 年颁布和实行的《保护非物质文化遗产公约》。但是，由于该公约要凝聚世界各国的共识，要将保护的迫切需要反映出来，所以并没有从科学、理论的深度对非物质文化遗产进行诠释和表征，更没有深刻地、具体地指导某个民族国家应该采取何种方法和路径来促进非物质文化遗产的传承和发展。这就使得该公约对解决现实问题具有明显的局限性。而关于我国如何促进非物质文化遗产的传承和发展依然存在较大分歧，有的主张以保护非物质文化遗产的外在环境为路径，有的主张以发展旅游产业为依托，有的主张以建立档案记录为方向，有的主张以建立文化保护圈为根本……这些争论的重要根源，是人们对非物质文化遗产传承和发展的规律认识不足。

非物质文化遗产的传承和发展受精神生产普遍规律的制约，增强非物质文化遗产的生命力需要坚持马克思主义精神生产理论的指导地位。这有利于

---

① 刘锡诚. 非物质文化遗产：理论与实践［M］. 北京：学苑出版社，2009：269.
② 宋俊华，王开桃. 非物质文化遗产保护研究［M］. 广州：中山大学出版社，2013：68.

进一步挖掘非物质文化遗产的价值，有利于认知非物质文化遗产传承和发展的规律，有利于探究找寻非物质文化遗产传承和发展的路径，最终实现守护精神家园、留住文化根脉的美好愿景。

（五）有利于理论发展与实践进步的相得益彰

"文化问题是中国特色社会主义建设中一个具有全局性、战略性的大问题。"① 所以，我国高度重视建设文化强国，坚定文化自信。习近平指出，一个民族的伟大复兴不仅需要有强大的物质力量支撑，而且需要有强大的精神力量支撑，中华文化的繁荣兴盛将直接支撑着中华民族伟大复兴中国梦的实现，"没有先进文化的积极引领，没有人民精神世界的极大丰富，没有民族精神力量的不断增强，一个国家、一个民族不可能屹立于世界民族之林"②。当今时代凸显了精神文化的价值，这促进了我国弘扬"中国梦"和"中国精神"、践行社会主义核心价值观以及增强"文化自信"等发展任务的提出和落实。

精神文化价值源远流长。如何促进非物质文化遗产传承和发展是新时代社会发展的重要课题，是实现中华民族伟大复兴中国梦、弘扬中国精神、践行社会主义核心价值观和提升文化自信的重要影响因素，是理论研究和实践行动都应该给予足够重视的问题。基于此，习近平强调，"我们要善于把弘扬优秀传统文化和发展现实文化有机统一起来、紧密结合起来，在继承中发展，在发展中继承"③；"要系统梳理传统文化资源，让收藏在禁宫里的文物、陈列在广阔大地上的遗产、书写在古籍里的文字都活起来"④。显然，将马克思主义精神生产理论应用于非物质文化遗产传承和发展研究，不仅是推进马克思主义中国化和建设中国特色社会主义的基本要求，而且是遵循事物发展规律，用实事求是的态度和方法来解决现实问题的重要体现。所以从根本上讲，本选题的研究既有利于促进马克思主义精神生产理论中国化、时代化的发展，又有利于增强非物质文化遗产传承和发展规律、价值和路径的认识，具有促进理论发展和推动实践进步的意义。

---

① 陈先达. 文化自信中的传统与当代［M］. 北京：北京师范大学出版社，2017：30.
② 习近平. 在文艺工作座谈会上的讲话［N］. 人民日报，2015 - 10 - 15（02）.
③ 习近平. 习近平谈治国理政：第2卷［M］. 北京：外文出版社，2017：313.
④ 习近平. 习近平谈治国理政［M］. 北京：外文出版社，2014：161.

第二节 研究现状

根据本论题涉及的主要内容，笔者将从"马克思主义精神生产理论""非物质文化遗产传承和发展""马克思主义精神生产理论与非物质文化遗产传承和发展"等三个方面进行研究现状的概括与分析。

一、关于马克思主义精神生产理论研究

马克思主义精神生产理论是马克思、恩格斯等人在探究人类社会精神生产实践规律过程中形成的重大思想成果，是马克思主义理论体系的重要组成部分，是人们全面认识社会发展和科学开展精神生产活动的行动指南。然而，由于马克思、恩格斯等人对精神生产理论的论述比较分散，并且没有形成专门的论著；同时，人们对马克思主义全面、完整、科学的认识受到历史环境的制约，所以在很长时间内马克思主义精神生产理论的内容没有被充分认知，它的价值地位也没有得到足够重视。根据笔者掌握的资料，我国在改革开放之前关于马克思主义精神生产理论的研究成果比较少，能找到的相关专著只有一部，在中国知网数据库里也仅能搜索到 20 篇以"精神生产"为主题的论文。直到改革开放之后，人们对马克思主义有了更为完整的认识，以及精神文明建设被提升到国家发展的战略地位，这才使得关于马克思主义精神生产理论研究逐渐发展起来。

当前关于马克思主义精神生产理论的相关研究成果主要归纳为三大类：第一大类是著作。其中，1930 年上海新生命书局出版的由马哲民著的《精神科学概论——马克思主义的"精神生活"及"精神生产"过程之研究》一书，是我国最早研究马克思主义精神生产理论的著作；在 1988 年由安起民翻译，В. И. 托尔斯特赫等苏联学者著的《精神生产——精神活动问题的社会哲学观》，是我国最早且比较全面的研究马克思主义精神生产理论的译著。之后出现的代表性著作有：夏忠赞的《精神生产领域若干专题研究》（1991年）和《精神生产概论》（1991 年）、张开诚的《物质生产精神生产人类自身生产》（1991 年）、刘贵访的《论精神生产力》（1994 年）、张华荣的《精神劳动与精神生产论》（2002 年）、景中强的《马克思精神生产理论研究》

（2004年）、郭正红的《现代精神生产论纲》（2004年）、李文成的《追寻精神的家园——人类精神生产活动研究》（2007年）、温恕的《精神生产与社会生产》（2008年）、何国瑞的《艺术生产原理》（2010年）、刘云章的《马克思主义精神生产研究》（2011年）、陈奇佳的《马克思精神生产理论的当代诠释》（2011年）以及宋成剑的《精神生产视野中的思想政治教育》（2011年）等。第二大类是硕博学位论文。中国知网数据库显示，以"马克思主义精神生产理论"为题名的学位论文，仅有幺建鹏的《马克思主义精神生产理论与中国先进文化》（2004年）以及张舒的《现代视域下的马克思主义精神生产理论》（2010年）这两篇硕士学位论文；以"马克思主义精神生产理论"为主题的学位论文则有140篇，其中较有代表性的是周力辉的《马克思恩格斯精神生产理论研究》（2012年）、吴朝邦的《马克思精神生产创新论》（2015年）、林岩的《马克思精神生产理论研究》（2015年）、肖轲的《中国特色社会主义精神生产方式创新研究》（2016年）等博士学位论文，以及关宝军的《马克思精神生产理论的当代观照》（2007年）、姜艺艺的《论马克思精神生产理论》（2007年）、樊新华的《马克思精神生产理论及其现实张力》（2009年）、刘云的《马克思精神生产理论与当代中国文化自觉》（2009年）等硕士学位论文。第三大类是期刊论文。在中国知网数据库中，以"马克思主义精神生产理论"为篇名的期刊论文仅为9篇，以"马克思主义精神生产理论"为主题的期刊论文则有541篇，其中294篇发表在核心期刊上。由于此类文章较多，在此就不一一列举了。综观以上三大种类的研究成果，学术界主要从以下几个方面展开研究：

（一）对马克思主义精神生产理论思想渊源和发展脉络的考究

学术界对此问题的研究体现出普遍共识：马克思主义精神生产理论的最终形成是建立在对前人思想成果的总结、批判和吸引的基础之上。其中，德国古典哲学中的精神生产理论和近代资产阶级古典经济学中的精神生产理论被看作最主要的两大思想渊源。李文成从马克思主义精神生产理论发展历程所依赖的养分说明了其重要的思想渊源。他指出，首先马克思、恩格斯吸收了黑格尔把精神生产和社会实践统一的观点；之后，马克思、恩格斯受费尔巴哈的影响，认识到精神、理论并不是第一性的东西，从而实现了从黑格尔唯心主义走向唯物主义的转变；再后来，马克思、恩格斯看到了费尔巴哈哲学基础的人本主义缺陷之后，开始了从政治经济学的角度研究精神生产理论，亚当·斯密、让·萨伊、威廉·舒尔茨、弗里德里希·李斯特等资产阶级经济学家关于精神生产的论述对他们产生了重要影响。因此，李文成得出了马克思主义精神生产理论带有人本主义和历史唯物主义双重性质的结论。①周力辉指出马克思恩格斯精神生产理论得以产生以及走向科学化、系统化的哲学根源是"以黑格尔和费尔巴哈为代表的德国古典哲学关于精神生产的思想成果"；经济学根源则是"以亚当·斯密、萨伊、施托尔希、李斯特等为代表的资产阶级古典经济学家从经济学角度对精神生产的探讨和研究"②。景中强则认为近代资产阶级古典经济学和德国古典哲学对精神生产理论进行了深入研究并且取得了很高成就，但是它们存在明显的缺陷，即德国古典哲学只是以高扬"人"的目的展开研究，其成果只见人不见物；资产阶级古典经济学则只是从追求"物"的视角展开研究，其成果只见物不见人。马克思主义精神生产理论则是在吸收两者的合理之处，以及克服两者存在的缺陷之后形成和发展的。③

　　一些学者对马克思主义精神生产理论比前人的思想成果更全面、更科学的原因进行了一定的探讨。周力辉认为这是由社会现实发展决定的，其中与工业革命引发社会急剧变迁的时代背景、自然科学划时代的发展、人类理性达到新境界的科学前提以及资本主义社会出现新特点的多维社会现状密切相关。④林岩则认为这除了与资本主义迅速发展和社会矛盾的暴露有关之外，还与马克思、恩格斯两人的经历和思想追求有关。⑤郭正红认为这主要是因为马克思、恩格斯把精神生产的理解建立在了历史唯物主义和剩余价值理论之上。⑥汤荣光则认为马克思主义精神生产理论是通过"将哲学批判精神与政治经济学视野相互融聚""奠基于社会结构和社会形态更替的辩证分析""体现于精神生产与物质生产及意识形态的密切关联性""寻求于对自身价值及其实现路径的回答"等四个方面的努力，从而实现了对前人理论成果的吸

---

① 李文成. 追寻精神的家园——人类精神生产活动的研究［M］. 北京：北京师范大学出版社，2007：1 - 26.
② 周力辉. 马克思恩格斯精神生产理论研究［D］. 苏州：苏州大学，2012：43.
③ 景中强. 马克思精神生产理论研究［M］. 北京：中国社会科学出版社，2004：32 - 68.
④ 周力辉. 马克思恩格斯精神生产理论研究［D］. 苏州：苏州大学，2012：58 - 63.
⑤ 林岩. 马克思精神生产理论研究［D］. 济南：山东大学，2015：37 - 42.
⑥ 郭正红. 现代精神生产论纲［M］. 北京：中央文献出版社，2004：10 - 15.

收和超越。①

　　一些学者则对马克思主义精神生产理论形成和发展的基本进程进行了考察。首先是对马克思、恩格斯创立马克思主义精神生产理论的历史阶段进行划分。其中，吴元庆、周世中根据原著文本所呈现的不同思想特征，将其划分为四个阶段，即《博士论文》阶段、《巴黎手稿》阶段、《德意志意识形态》阶段以及《资本论》阶段②；林岩、肖柯等人从思想完善程度作为划分标准，将形成历程划分为四个阶段，即经历了 1843 年至 1844 年的萌芽期、1845 年至 1848 年基本形成期、1849 年至 1883 年成熟期以及 1884 至 1893 年的进一步丰富和发展期；汤荣光则认为马克思、恩格斯关于精神生产理论研究是起源于《1844 年经济学哲学手稿》，丰富于《德意志意识形态》，而成熟于《政治经济学批判（1861—1863 年手稿)》的。③ 总的来说，学术界对马克思、恩格斯创立精神生产理论的历史过程进行考察所得到的结论基本相同，只是在具体时间点上存在细微差别。其次是对马克思、恩格斯之后马克思主义精神生产理论的发展进行论述。刘云章认为中国共产党十分重视精神生产，坚持将马克思主义精神生产理论与中国社会具体实际相结合，形成了中国化的马克思主义精神生产理论；除此以外，西方马克思主义也把精神生产作为研究的重要课题，其中文化问题成为他们理论关注的重心。④ 肖柯认为卢卡奇、科尔施、葛兰西等西方马克思主义学者的理论学说汲取了马克思主义精神生产理论的资源养分；在苏联以及东欧的一些社会主义国家中，由于受历史环境限制，对精神生产长期缺乏系统研究；而我国从新民主主义革命时期到今天，毛泽东、邓小平、江泽民、胡锦涛以及习近平等人为马克思主义精神生产理论注入了中国形态⑤；李朝东、许俊达认为精神生产研究是西方马克思主义思潮的一条重要线索，其中卢卡奇、柯尔施、葛兰西、本杰

---

① 汤荣光. 马克思精神生产理论导源 [J]. 毛泽东邓小平理论研究，2013 (5)：53 - 58.

② 吴元庆，周世中. 论马克思精神生产理论的渊源及其形成过程 [J]. 社会科学家，1986. (1)：32 - 37，40.

③ 汤荣光. 马克思精神生产理论导源 [J]. 毛泽东邓小平理论研究，2013 (5)：53 - 58.

④ 刘云章. 马克思主义精神生产研究 [M]. 北京：学苑出版社，2010：2 - 13.

⑤ 肖柯. 中国特色社会主义精神生产方式创新研究 [D]. 成都：西南交通大学，2016：27.

明、马尔库塞、哈贝马斯以及弗洛姆等人从文化批判与发展的视角对精神生产进行了相关研究,并产生了一定的拓展作用。①

(二) 对马克思主义精神生产理论内容体系的探讨

由于马克思、恩格斯关于精神生产的研究相对分散,所以不少学者在立足于马克思、恩格斯原著基础上对"马克思主义精神生产理论的内容体系是什么?"这一问题进行了探讨和诠释。

苏联 B. И. 托尔斯特赫等学者在《精神生产——精神活动问题的社会哲学观》的著作认为,马克思主义精神生产理论的内容体系包括四个方面:一是精神生产的概念范畴、形成过程和结构体系。这具体包括对精神生产内涵的定义、社会分工在精神生产形成过程的决定意义、精神生产的社会结构等方面的内容;二是关于物质生产和精神生产的相互作用。这具体包括物质生产决定精神生产、精神生产对物质生产起反作用等方面的原理和内容;三是精神生产的力量源泉、社会职能和运行机制。这具体包括对精神生产和发展的社会职能、社会文化来源和运行机制的特殊本质等方面的内容;四是历史阶段和精神生产类型。这涉及对原始社会、奴隶社会、封建社会、资本主义社会、社会主义社会等五种社会形态的精神生产特征进行概括和分析。

李文成在其所著的《追寻精神的家园——人类精神生产活动的研究》指出,马克思、恩格斯将精神生产活动置于历史唯物主义和剩余价值理论的基础之上形成了自身的内容体系。首先,他们规定了"精神生产"的含义,即政治、法律、道德、哲学、艺术、科技等高级形式意识的生产;其次,他们把"反映"和"生产"有机地结合起来,阐明了精神生产的本质和特性;一方面,从认识论角度出发阐明意识反映存在,阐明了精神内容的客观性,强调客观世界的第一性和精神、意识的第二性。另一方面,从历史观的角度阐明精神、意识是由人们生产出来的,是社会生产的产物;最后,他们对精神生产力、精神生产关系、精神生产发展形态、精神产品特征、物质生产与精神生产的不平衡关系等具体问题进行深入论述。

刘云章在其所著的《马克思主义精神生产研究》一书中,从五个方面对马克思主义精神生产理论内容体系进行了研究和探讨。第一,精神生产的本

---

① 李朝东,许俊达. 如何把握西方马克思主义的精神生产概念 [J]. 教学与研究,1997 (11): 53 - 56.

质。他把精神生产概括为：从事特定社会生产部门的人们运用其思维能力和思维手段，对反映在自己头脑中的客观现实和已有思想材料进行加工，创造出一定的精神价值，并且通过相应的物质手段将其物化为精神产品或体现为精神服务，以满足个人和社会需要的现实的社会实践活动。第二，精神生产的作用。他认为物质生产、精神生产、人自身生产构成了社会全面生产系统，它们之间彼此联系、相互作用。其中，精神生产对于物质生产具有引领发展方向、构筑社会制度保障、营造良好精神氛围、优化实体性要素等方面的作用；精神生产对于人自身生产起着促进人类生育文化进步和推动人类生殖方式变革的作用。第三，精神生产的动力。他指出物质生产、精神需要、文化交流、文化创新和精神消费是推动精神生产发展最重要的五大力量。第四是精神生产的过程。他认为精神生产过程就是人生产"意义"的过程，而这一过程受生产主体、生产手段、生产客体等因素的制约。第五是精神生产的产品。他指出精神产品不仅具有满足人的精神需要、促进人全面发展的个体功能，而且具有发展社会经济、维护政治统治和推动文明进步的社会功能。面对当前人追求精神产品价值的多元化局面，我国要坚持把社会效益放在首位，实现社会效益和经济效益的统一。

除了著作以外，还有不少论文对马克思主义精神生产理论的内容体系进行了一定的探索，在此就不一一赘述了。概括而言，学术界和理论界认为马克思主义精神生产理论的内容体系包括精神生产的内涵、外延，精神生产的特点和价值，精神生产的过程和运行机制，精神产品的形式、特征和价值等方面内容。同时，学术界和理论界也主要是围绕这些内容而展开深入研究的。

（三）对马克思主义精神生产理论地位和作用的分析

随着时代变化，人们越来越关注马克思主义精神生产理论，并且对它的地位和现实意义进行了重要探索。

一部分学者探索了精神生产理论在整个马克思主义理论体系的地位。景中强认为把握马克思主义精神生产理论是唯物史观的核心内容，是理解马克思主义理论精神实质的关键所在。他指出，由于过去对马克思主义精神生产理论的认识存在不足，造成了唯物史观精神实质被曲解、适用范围受到限定以及马克思主义理论被不同程度地误解为"过时论"的严重后果。① 周力辉同样认为马克思主义精神生产理论是唯物史观的重要组成部分。② 刘云章在其著作中指出马克思主义精神生产理论是马克思主义理论体系的重要组成部分，是在马克思主义发展过程中不断凸显的一个重要理论"生长点"。③ 林岩在其博士论文中具体分析了马克思主义精神生产理论在马克思主义理论体系的四大价值：一是为回答思维与存在的哲学基本问题提供了实践论基础；二是为发现唯物史观提供了社会建构与方法建构；三是为解决必然和自由的哲学主题提供了必要路径；四是体现了马克思主义关于人的发展最高价值的旨归④。总的来说，学术界普遍肯定马克思主义精神生产理论是马克思主义理论不可或缺的组成部分，是理解唯物史观的关键点。

一部分学者探讨了马克思主义精神生产理论对现实发展的指导意义。首先，有学者认为马克思主义精神生产理论是中国文化产业发展的理论基础。张培奇、张生指出，马克思主义精神生产理论深刻地表明发展文化产业要求精神生产者要处理好个人价值与社会价值之间的关系，要树立以促进人的全面而自由发展为宗旨的文化产业发展观，要积极利用世界范围内一切民族的优秀文化成果。⑤ 谢名家指出，文化产业是精神生产发展的现代形态，是以马克思的历史决定论、社会生产理论作为理论基础和科学依据的，发展文化产业必须要坚持马克思主义精神生产理论。⑥ 李汉杰、王树松指出，精神生产理论是马克思主义文化观的核心内容，是理解和发展文化产业的重要理论基础。⑦ 其次，有学者认为马克思主义精神生产理论对社会主义意识形态建设具有指导和启示作用。王岑指出，马克思主义精神生产理论表明了社会主义意识形态建设的三大方向和路径，即坚持马克思主义意识形态的主导地

---

① 景中强. 精神生产：历史唯物主义亟待于深入研究的一个重大课题［J］. 理论与改革，2006（5）：20－22.

② 周力辉. 马克思恩格斯精神生产理论研究［D］. 苏州：苏州大学，2012：14.

③ 刘云章. 马克思主义精神生产研究［M］. 北京：学苑出版社，2010：1.

④ 林岩. 马克思精神生产理论研究［D］. 济南：山东大学，2015：98－105.

⑤ 张培奇，张生. 马克思的精神生产理论及其对我国文化产业发展的启示［J］. 文化产业研究，2016（1）：240－248.

⑥ 谢名家. 文化产业：精神生产发展的现代形态［J］. 思想战线，2007（1）：47－59.

⑦ 李汉杰，王树松. 马克思的精神生产理论对我国文化产业发展的指导意义［J］. 理论观察，2016（9）：12－13.

位、加强社会主义意识形态结构性建设以及实现社会主义意识形态的理论创新。① 胡潇指出，从马克思主义精神生产理论出发考察精神生产方式变革能为当前社会主义意识形态建设提供对策，即意识形态的思想政治导向性和文化生产市场性的"有缝对接"、意识形态建构性与社会随机性的有效融通以及意识形态精神生产的主旋律和文化多样性的有机融合。② 最后，有学者认为马克思主义精神生产理论对构建和谐社会具有指导意义。陈新汉指出，马克思主义精神生产理论表明在构建和谐社会中要协调精神生产中商品性与非商品性之间的关系。③ 朱志远指出，马克思主义精神生产理论表明了精神产品的质量和水平决定着人类社会的文明程度，所以不断提高精神生产及其产品质量和水平是构建和谐社会的重要任务。④ 总而言之，学者们在这方面的研究是多维度的，具体包括对文化、经济、政治、科技、教育等方面的发展产生的作用和意义。

综上所述，改革开放以来关于马克思主义精神生产理论的研究蓬勃发展，它的理论渊源、形成过程、基本内容和现实价值等被充分、清晰地勾画出来了。这为马克思主义精神生产理论与中国具体问题相结合的研究奠定了良好基础。然而，由于马克思主义精神生产理论是开放的发展的体系，它的理论化、系统化、具体化仍然面临不少需要进一步探讨的问题。问题即机遇，它们将为马克思主义精神生产理论的进一步研究提供更宽广的学术空间。

二、关于非物质文化遗产传承和发展研究

近些年来，在我国关于非物质文化遗产传承和发展的研究可以称得上是"显学"。截至 2017 年 10 月，中国国家数字图书馆网站显示以非物质文化遗产为主题的图书有 1600 种；中国知网数据库显示以非物质文化遗产为篇名的

① 王岑．马克思精神生产理论与社会主义意识形态建设［D］．合肥：合肥工业大学，2010：33 – 37.
② 胡潇．精神生产方式的变革与意识形态建设［J］．马克思主义与现实，2017（2）：47 – 53.
③ 陈新汉．马克思全面生产理论对构建和谐社会的方法论启示［J］．湖南社会科学，2005（6）：1 – 6.
④ 朱志远．马克思精神生产理论及其当代价值研究［D］．广州：东华理工大学，2013：32.

期刊论文有 9809 篇，以"非物质文化遗产传承和发展"为篇名的期刊论文有 205 篇。关于非物质文化遗产的传承和发展研究成果的数量颇多，然而具有优秀质量的学术成果却偏少。例如，在中国国家数字图书馆网站搜索到的图书占半数以上的是名录、图典、普查手册和教材，在中国知网数据库搜索到的论文有 80% 以上是来自普通期刊，这表明关于这方面研究的学术性有待加强。本书通过对各种各样的成果进行归纳、总结和提炼，认识到学术界主要从以下四个方面对非物质文化遗产的传承和发展开展研究。

（一）对非物质文化遗产基本属性研究

明确非物质文化遗产的基本属性是研究非物质文化遗产传承和发展的基础环节。所以，学术界在这方面做出了不少努力。

第一，对非物质文化遗产概念的理论分析。非物质文化遗产是传承和发展的对象，只有清晰地认识对象，才可能产生明确的行动方案。所以，不少学者把非物质文化遗产概念的理论分析置于重要地位。

首先，对非物质文化遗产概念的渊源进行考究。有学者指出非物质文化遗产概念有两大渊源：一是联合国教科文组织受日本政府提出的"无形文化财产"概念的启发，它颁行的《保护非物质文化遗产公约》英文版就是用"Intangible Cultural Heritage"（无形文化遗产）来表述；二是与联合国教科文组织在 1989 年制定的文件——《关于保护传统文化与民间创作的建设》使用的"口头与非物质遗产"的表述密切相关。① 也有学者认为，尽管 1978 年联合国教科文组织通过的《保护世界文化遗产和自然公约》把世界遗产特指为物质性遗产，并没有包括非物质文化遗产，但是此时的非物质文化遗产概念的实质已经形成和被关注了。② 由此可见，非物质文化遗产概念主要是由联合国教科文组织推动、认可和修正而形成的。

其次，对非物质文化遗产概念的形成历程进行探讨。宋俊华、王开桃认为，非物质文化遗产概念的表述最终形成经历了没有与物质文化遗产相区分而统称为"文化遗产"的阶段，然后到 1982 年获得了"民间文化"的表述阶段，接着到 1989 年改变为"传统文化与民间创作"的表述阶段，再到

---

① 向云驹. 人类口头与非物质遗产 [M]. 银川：宁夏人民教育出版社，2004：28.
② 杨怡. 非物质文化遗产概念的缘起、现状及相关问题 [J]. 文物世界，2003（2）：27-31.

1998 年转变为"人类口头和非物质遗产"的表述阶段，最终在 2003 年发展为"非物质文化遗产"的表述阶段。① 也有学者认为，从"无形文化财"的提出，然后到"无形文化遗产""民间创作""人类口头和非物质遗产"等概念先后的使用，最终到非物质文化遗产概念的确定，非物质文化遗产的概念发展实质跨越了五大里程碑，经历了四次修改与完善的过程。②

最后，对联合国教科文组织关于非物质文化遗产概念的界定进行批判性思考。联合国教科文组织在《保护非物质文化遗产公约》中对非物质文化遗产的内涵和外延进行了明确界定。由于该公约具有较高的权威性，我国学术界和政府部门普遍认同该公约关于非物质文化遗产内容和外延的界定。然而，这并不意味着公约的界定是完美无缺的。其中，宋俊华、王开桃认为联合国教科文组织对非物质文化遗产的内涵和外延的界定存在四大缺陷：一是概念术语未能达到统一；二是概念的名与实不相符；三是对于之前使用过的概念的缺陷清理得不够彻底；四是没能实现概念内涵的完全确定。③ 所以，他们通过对文化遗产、物质文化遗产、非物质文化遗产、文化场所等的特性进行对比分析，实现了对非物质文化遗产概念的重新界定与深入诠释，增强了学术性。

第二，对非物质文化遗产本质与特征的理论概括。学者们普遍认为，非物质文化遗产的本质在于其传承和发展的精神性和文化性。刘魁立指出，非物质文化遗产不可能作为一种意识形态而独立存在，它离不开物质作为载体，但是人们真正看重的是物质背后所隐含的精神内涵以及历史传统。所以他从人的本质出发，把非物质文化遗产的本质确定为我们每个民族历代先辈经过不懈奋斗而创造的历史纪录，是民族历史这棵参天大树生成的"年轮"。④ 龙先琼指出，非物质文化遗产是一种"活"着的文化形态，体现出

① 宋俊华，王开桃. 非物质文化遗产保护研究 [M]. 广州：中山大学出版社，2013：25 - 27.
② 张春丽，李明星. 非物质文化遗产概念研究述论 [J]. 中华文化论坛，2007（2）：137 - 140.
③ 宋俊华，王开桃. 非物质文化遗产保护研究 [M]. 广州：中山大学出版社，2013：28 - 32.
④ 刘魁立. 从人的本质看非物质文化遗产 [J]. 江西社会科学，2005（1）：95 - 101.

环境遗存、传承载体和精神内质的综合特征。① 魏丽英从非物质文化遗产与物质文化遗产的对比出发，认为非物质文化遗产的本质是"以抽象的、无形的'非物质'形态存在""以口述、身体示范、观念转移及心理积淀方式传播"的人类不断叠加和更新的历史文化记忆。②

一些学者在立足于把握本质的基础上，对非物质文化遗产的特征进行了概括。吴馨萍认为，非物质文化遗产的本质特征表现在三个维度，即作为人实践行动的动态性和传承性；作为艺术、文化表达形式的创造性和独特性；作为民族民间文化的集体性和区域性③；李昕则认为，非物质文化遗产的主要特征表现为活态性、生态性、传承性以及变异性④；宋俊华则认为，非物质文化遗产是人类特殊的遗产形态，从内容到形式都有自身的特殊性，集中表现为传承性、社会性、无形性、多元性以及活态性等特征⑤。总的来说，学术界关于非物质文化遗产本质和特征的概括既存在研究视角的不同、理解程度的差异、表述方式的差别，又在总体观点上表现出较强的一致性。

第三，对非物质文化遗产价值研究。价值是客体满足主体需要的基本属性。那么，产生于古代的非物质文化遗产能满足现代人的哪些需要呢？赵蔚峡认为，非物质文化遗产的价值源泉在于它蕴含丰富的历史资源、文化资源、精神资源、科学资源、经济资源、社会资源，具体表现为历史、精神、文化的普适性价值，以及科学、经济、社会等其他方面的价值。⑥ 王文章在《非物质文化遗产概论》一书中指出，非物质文化遗产价值十分丰富。从历时性看，具有历史、文化、精神价值；从共时性看，具有科学、社会和谐、审美价值；从现实看，具有教育、经济价值。⑦ 杨亮、张纪群认为，非物质文化遗产通过产生身份辨识、情感记忆和生活支撑等作用来表征中国人的本

① 龙先琼. 关于非物质文化遗产的内涵、特征及其保护原则的理论思考 [J]. 湖北民族学院学报（哲学社会科学版），2006（5）：47-52.
② 魏丽英. 关于非物质文化遗产的传承与保护的理论思考——基于非物质文化遗产与物质文化遗产的本质区别 [C]. 福建省闽学研究会. 闽学与武夷山文化遗产学术研讨会论文集. 武夷山：闽学与武夷山文化遗产学术研讨会，2006：118-121.
③ 吴馨萍. 无形文化遗产概念初探 [J]. 中国博物馆，2004（1）：66-70.
④ 李昕. 再论非物质文化遗产的基本特征 [J]. 民族艺术研究，2008（3）：4-7.
⑤ 宋俊华. 非物质文化遗产特征刍议 [J]. 江西社会科学，2006（1）：33-37.
⑥ 赵蔚峡. 非物质文化遗产价值论 [D]. 北京：中国艺术研究院，2013：34-35.
⑦ 王文章. 非物质文化遗产概论 [M]. 北京：文化艺术出版社，2006：83-132.

质特征。① 日本学者菅丰的视角比较独特。他认为，与其他文化现象相比较而言人们很难找到非物质文化遗产本质性、根源性的价值。但是，这并不意味着非物质文化遗产是毫无价值的，只是需要建立在特定的条件之下才能挖掘出来。这个特定的条件是非物质文化遗产要与人类发生确切关系才有可能生成价值。他指出，非物质文化遗产如果是作为能够持续给人们带来幸福的一种资源而存在的话，那么它就是蕴藏价值的。在经济、政治、社会、精神等各个方面，非物质文化遗产确实存在有助于持续增强人类幸福感的可能性。所以，非物质文化遗产在与其他的文化形式相比较中表现出自身的价值，并且成为人类保护的对象。② 还有学者从地区、微观等视角对非物质文化遗产价值进行研究，比如汪振军对河南非物质文化遗产具有的价值进行了深入思考③、袁瑛对非物质文化遗产在西部大开发及少数民族发展的价值进行了深入阐述④。总的来说，人们根据社会发展的多元需要在多维度挖掘了非物质文化遗产存在的内在价值。

（二）对非物质文化遗产传承和发展规律研究

事物发展有其既定的规律，只有认识规律，按照规律办事，人们才有可能顺利地达到预设的目标。实现促进非物质文化遗产生命力发展的目标，离不开对非物质文化遗产传承和发展规律的科学把握。然而，当前学术界关于非物质文化遗产传承和发展规律的研究相对较少，散见于一些著作和期刊论文的讨论之中。归纳起来主要有以下几个方面的成果：

第一，强调非物质文化遗产变化发展是历史必然的产物。刘锡诚指出，"民间艺术在不断地嬗变之中。变是常态"，"要认识和尊重民间艺术自然嬗变的规律"⑤；刘云升认为，社会转型、制度变革，必然引起传统文化变迁，非物质文化遗产也不能例外。所以在面对非物质文化遗产传承和发展的衰败

---

① 杨亮，张纪群. 非物质文化遗产的价值及价值结构问题——中国非物质文化遗产研究的方法论思考 [J]. 理论导刊，2017 (8)：89 – 92.

② ［日］菅丰. 何谓非物质文化遗产的价值 [J]. 陈志勤，译. 文化遗产，2009 (2)：106 – 110.

③ 汪振军. 河南非物质文化遗产价值与传承思考 [J]. 河南社会科学，2009 (1)：1 – 2.

④ 袁瑛. 论传承和保护西南少数民族非物质文化遗产的现代价值——以非物质文化遗产中的生态保护观念为例 [J]. 中国市场，2006 (26)：45 – 46.

⑤ 刘锡诚. 非物质文化遗产：理论与实践 [M]. 北京：学苑出版社，2009：37.

时，不能情绪化，而是要理性化，即政府"不能违背市场规律，不能强制性地挽救，而是应当因势利导地挖掘遗产持有人主动传播文化的积极性"①。

第二，对影响非物质文化遗产传承和发展的条件和动力进行分析。刘锡诚认为，引发民间艺术嬗变的因素多种多样，包括有宗教信仰的变迁与更易，生产方式的变化，传承中显现的自然衰减或者增添②；陈沛照在反思人们对非物质文化遗产传承和发展规律普遍认识不足的基础上，指出非物质文化遗产的价值与意义是由它的创造主体与传承主体赋予的，所以创造主体与传承主体是非物质文化遗产传承和发展的核心力量③；李华明指出，原生态环境、传承人、文化环境等是影响非物质文化遗产传承和发展的重要因素④；刘云升认为，非物质文化遗产传承和发展的根本动因是人生存与发展的需要⑤。

第三，分析了非物质文化遗产自然传承的规律。孙晓霞从非物质文化遗产存在"保护性破坏"的问题出发，指出非物质文化遗产传承和发展是建立在民间文化生存发展的自然规律之上，促进非物质文化遗产传承和发展需要依靠更多的民间社会的自发力量⑥；鲁晓春认为，非物质文化遗产是建立在农耕社会和自然经济之上，以个体或群体接力式地自然传承和发展⑦。这些学者认为，只有尊重非物质文化遗产自然传承的规律，才可能促进非物质文化遗产的传承和发展。

从以上的论述可以看出，学术界关于非物质文化遗产传承和发展规律的研究具有一定成果，但是也存在认识不够全面、不够深刻的问题。受这些问

---

① 刘云升. 非物质文化遗产保护的理性回归 [J]. 河北师范大学学报（哲学社会科学版），2009（3）：161 – 165.

② 刘锡诚. 非物质文化遗产：理论与实践 [M]. 北京：学苑出版社，2009：37.

③ 陈沛照. 主体性缺失：当前非物质文化遗产保护省思 [J]. 广西民族大学学报（哲学社会科学版），2014（6）：87 – 92.

④ 李华明. 遵循非物质文化遗产的内在规律是消除"记忆丧失"的首要条件 [J]. 湖北民族学院学报（哲学社会科学版），2005（4）：44 – 48.

⑤ 刘云升. 非物质文化遗产保护的理性回归 [J]. 河北师范大学学报（哲学社会科学版），2009（3）：161 – 165.

⑥ 孙晓霞. 民间社会与非物质文化遗产保护 [J]. 民间艺术，2007（1）：22 – 25，92.

⑦ 鲁晓春. 非物质文化遗产传承模式的反思与探讨 [J]. 东岳论坛，2013（2）：137 – 141.

题的困扰，人们对促进非物质文化遗产传承和发展缺乏足够的科学支撑，引发了"破坏性保护"的问题。

（三）对促进非物质文化遗产传承和发展价值研究

非物质文化遗产的价值与促进非物质文化遗产传承和发展的价值既有联系性，又有区别性。非物质文化遗产的价值是促进非物质文化遗产传承和发展的前提和基础，而促进非物质文化遗产传承和发展又能更好地维护和发展非物质文化遗产所蕴含的价值。然而，促进非物质文化遗产传承和发展的价值不只是局限于非物质文化遗产本身，它的意义会更宏观。所以，不少学者对促进非物质文化遗产传承和发展的价值进行了探讨。

宋俊华、王开桃在回答"为什么要促进'非物质文化遗产'传承和发展"的问题时，阐明了非物质文化遗产的传承和发展的价值。他们认为，非物质文化遗产的传承和发展具有满足传承者生存需要和发展需要的意义，而当前非物质文化遗产的传承和发展面临的问题制约了传承者生存需要和发展需要的实现，所以促进非物质文化遗产的传承和发展具有深刻的现实基础。① 王文章从国际和国内两个维度阐明促进非物质文化遗产传承和发展的价值。他指出，在国际层面上将有利于维护和促进世界和平、有利于维护世界文化发展的多样性、有利于促进全人类特定文化权利的实现；在国内层面上将有利于维护我国传统文化和民族文化的多样性、有利于促进我国文化创新和发展先进文化、有利于促进我国和谐文化建设、有利于促进我国文化事业和文化产业的发展。② 有学者从文化发展的视角，阐明促进非物质文化遗产传承和发展的价值。柳长华认为，促进非物质文化遗产的传承和发展有利于满足人类对文化多样性的需要③；孙亚强认为，促进非物质文化遗产的传承和发展具有跨越时空的价值，能够为促进文化多样性、推动经济发展、构建和谐社会提供动力④；卢衍鹏认为，促进非物质文化遗产的传承和发展既是应对

---

① 宋俊华，王开桃. 非物质文化遗产保护研究［M］. 广州：中山大学出版社，2013：63 - 75.

② 王文章. 非物质文化遗产概论［M］. 北京：文化艺术出版社，2006：133 - 167.

③ 柳长华. 非物质文化遗产保护能为我们带来什么［J］. 西安交通大学学报（社会科学版），2008（4）：89 - 91.

④ 孙亚强. 跨越时空的动力——非物质文化遗产保护的当代价值［J］. 黑龙江史志，2013（2）：56 - 58，76.

遗产消逝的当下策略，也是促进文化创造、转型、重构而要采取的长远谋划。① 有学者从人权保护的视角阐明非物质文化遗产传承和发展的价值。其中，刘壮认为从联合国积极推动非物质文化遗产抢救和保护的动因来看，它实质是为了对人权的改善和保护。从具体价值分析，促进非物质文化遗产的传承和发展有助于维护和实现人的生存权利、发展权利、受教育权利、文化权利②；于嘉认为，非物质文化遗产是人类文化权益之一，促进非物质文化遗产的传承和发展对维护公民的文化权利具有重要的意义③。

价值对人的现实行动具有导向作用。人们对促进非物质文化遗产传承和发展的价值越明晰，行动方向就会越明确，行动措施就会越有力量。当前学术界对此问题有一定的研究，这为促进非物质文化遗产的传承和发展提供了重要的方向和力量。但是从掌握的资料来看，这方面的研究无论是在深度还是在广度上，都存在很大的提升空间。

（四）对促进非物质文化遗产传承和发展方法研究

在非物质文化遗产的研究中，关于促进其传承和发展的方法研究热度最高、论述也最多。根据中国知网数据库显示，以"非物质文化遗产保护""非物质文化遗产传承和发展"为主题的文章超过三成是关于方法研究的。探讨其中的原因，这既包括寻找合适方法的重要性，又包括寻找合适方法的复杂性、艰难性。虽然对促进非物质文化遗产传承和发展的方法研究成果比较多，但是总体表现在以下三个方面：

1. 对促进非物质文化遗产传承和发展国际经验的探索

日韩欧美等国家和地区对促进非物质文化遗产传承和发展的探索起步较早，具有先进的经验。我国有不少学者怀着学习、借鉴和吸收的态度，对这些国家和地区促进非物质文化遗产传承和发展的经验进行了研究。

第一，最突出的是对日本经验的探讨。李致伟在其博士论文中指出，日本促进非物质文化遗产的传承和发展有三大关键点：一是确立了良好的意识，这不仅是对民众开展各种非物质文化遗产普及教育的结果，更重要的是

---

① 卢衍鹏. 非物质文化遗产保护：为何与何为 [J]. 民间艺术研究，2011（6）：5 - 10.

② 刘壮. 论非物质文化遗产保护的人权价值 [J]. 民族艺术，2010（2）：6 - 12.

③ 于嘉. 浅析非物质文化遗产保护对公民文化权利的作用 [J]. 传播与版权，2014（2）：137 - 138.

政府普及传统文化教育的结果；二是在面对西方文化的强烈冲击时，日本文化没有断裂的优势得以体现，并且始终没有推行西方文化至上的文化政策；三是形成自下而上的非物质文化遗产保护体制，在这种体制中民间力量在发展与实践中发现问题，而政府则调动力量来解决发现的问题①。廖明君、周星认为，日本在促进非物质文化遗产传承和发展的经验：一是促进目的的明确性，即以非物质文化遗产作为"资源"加以盘活；二是促进政策具有连贯性，即促进传统遗产传承和发展的政策从明治时期已经形成，尽管后来屡有修改和补充，但是其精神实质始终是连续的；三是促进的对象和范围具有全面性和系统性，包括有形文化财、无形文化财、民俗文化财、纪念物、传统建筑物群等；四是促进行动是以田野调查先行和全面、扎实的学术研究积累为基础②。汪舟认为，日本在非物质文化遗产传承和发展的成功经验包括：一是形成了完整的认证与保护体系。二是具体操作的可行性和富有针对性，例如针对后继者匮乏，采取研修形式来应对；针对民众熟悉度不高，实行巡演制度来应对；针对传统技艺与现代科技的差距，允许其自我发展和采取创新来应对等③。

第二，对韩国、泰国等国家的经验研究。沈燕通过翻译韩国学者任敦姬的文章介绍了韩国在促进非物质文化遗产传承和发展的经验，文章指出韩国不仅形成了完整的文化遗产项目和"人间国宝"的认定体系，更为重要的是构建了为文化遗产提供高度精致与结构化的传承体系。④ 高寿福认为，韩国在促进非物质文化遗产的传承和发展过程中政府认识比较清晰、法律制度和政策措施比较完备、全民意识参与比较浓厚、商业化运作比较到位等经验值得中国学习和借鉴⑤；巴胜超、蔡珺认为，泰国提出了"知识性文化遗产"

① 李致伟. 通过日本百年非物质文化遗产保护历程探讨日本经验 [D]. 北京：中国艺术研究院，2014：5-6.
② 廖明君，周星. 非物质文化遗产保护的日本经验 [J]. 民族艺术，2007 (1)：26-35.
③ 汪舟. 日本非物质文化遗产保护与传承经验及对我国完善相关保护体系的启示 [J]. 旅游纵览，2016 (1)：181-184.
④ [韩] 任敦姬. "人间国宝"与韩国非物质文化遗产保护：经验和挑战 [J]. 沈燕，译. 民间文化论坛，2016 (2)：12-14.
⑤ 高寿福. 韩国非物质文化遗产保护工作经验之我鉴 [J]. 延边党校学报，2008 (2)：62-64.

这一新颖的概念，并将之划分为七大领域的做法值得中国学习和借鉴。①

第三，对欧美等国家经验的探讨。刘淑娟认为，欧美一些国家在促进非物质文化遗产传承和发展中的政府足够重视、相关法规法律不断臻善、保护与市场开发有机结合、重视公众参与、发挥宣传和教育作用等方面的经验值得中国学习和借鉴。② 戴旸介绍了美国、加拿大等国家为非物质文化遗产建档的经验。他指出，美国的建档实践充分运用了田野调查、实地访谈和文化调查等人类学与社会学研究方法，并且将数字录音和摄像技术很好地融入其中；加拿大的建档标准建设呈现出"政府重心下移、地方多元创新"的特点，实操性非常强③；王文章指出，法国设立历史文化遗产保护区和创办"文化遗产日"的经验很值得我国借鉴和学习④。

显然，日韩欧美等国家和地区关于促进非物质文化遗产的传承和发展呈现出起步较早、措施有效、成就高的特点，有很多经验值得我国学习和借鉴。当前我国学者越来越重视这方面的研究，这为我国探索促进非物质文化遗产传承和发展的方法提供了参考。

2. 对促进非物质文化遗产传承和发展方法的多维探索

对于"应该如何促进非物质文化遗产传承和发展"的问题，学术界出现了"仁者见仁，智者见智"的多元探索局面。

第一，不少学者认为国家的政策和法律保障是至关重要的途径。王琨认为，政府建构起完善的政策体系是促进非物质文化遗产传承和发展的重要路径，我国政府应该从优化政策的静态体系和过程体系两个维度来完善政府保护非物质文化遗产的政策体系⑤；凌照、周耀林在借鉴国际经验和总结国内经验的基础上，认为促进非物质文化遗产的传承和发展始终离不开政策保障，我国政府需要完善和强化保护机构管理、传承人管理、项目保障等方面

---

① 巴胜超，蔡珺. 知识性文化遗产——泰国非物质文化遗产保护的经验与启示 [J]. 兰州大学学报（社会科学版），2014（6）：136-141.

② 刘淑娟. 欧美国家非物质文化遗产法律保护经验对我国的启示 [J]. 华侨大学学报（哲学社会科学版），2015（2）：79-84.

③ 戴旸. 非物质文化遗产建档标准的建设：国外经验与中国对策 [J]. 档案学通讯，2016（6）：11-15.

④ 王文章. 非物质文化遗产概论 [M]. 北京：文化艺术出版社，2006：252.

⑤ 王琨. 我国非物质文化遗产保护政策体系研究 [D]. 西安：长安大学，2012：45-55.

的政策①；杨渝君、杨小兰认为，运用法律工具是促进非物质文化遗产传承和发展的方法之一，他们从非物质文化遗产的文化属性和财产属性出发，指出公法、私法互补共存是促进非物质文化遗产传承和发展的重要法律模式②；李宗辉认为，我国政府应该以知识产权为中心加强非物质文化遗产的法律保护③；丁莺则认为，根据非物质文化遗产的"草根"特性，促进非物质文化遗产的传承和发展要利用和完善非物质文化遗产民间习惯法④。不难看出，学术界对于政策和法律手段在促进非物质文化遗产的传承和发展中的作用高度认可，而且研究成果颇多。

第二，有部分学者认为，产业开发是重要途径。李昕认为，非物质文化遗产具有稀缺性、不可再生性和经济价值的增值性等特点，从而成为最能体现文化差异性的文化资源，并且具备了进入文化产业、成为文化资本的潜质⑤；欧阳正宇认为，应该对非物质文化遗产进行旅游开发，这不仅有利于提升旅游产品的文化内涵和游客体验的层次性，同时有利于为非物质文化遗产内在价值的保护和传承拓宽途径⑥；丁丽瑛认为，非物质文化遗产的产业化开发应该遵循产业扶持与市场准入结合、文化传承与产品创新结合、公权管理与私权保护结合的三大路径⑦。除了有学者在宏观层面对非物质文化遗产的产业化进行诸多研究之外，还有不少学者有针对性地从微观层面入手探讨非物质文化遗产产业化的方法，比如朱坤学对武术产业开发的研究；于宁、赵永峰、万文君等人对"人龙舞"体育产业开发研究；闫辉对音乐类非物质文化遗产的产业化研究等。一些学者还从地区视角对非物质文化遗产的

① 凌照，周耀林. 我国非物质文化遗产保护政策的推进 [J]. 忻州师范学院学报，2011 (3)：117 – 122.

② 杨渝君，杨小兰. 非物质文化遗产的法律保护 [J]. 社会纵横，2014 (10)：49 – 53.

③ 李宗辉. 非物质文化遗产的法律保护——以知识产权法为中心的思考 [J]. 知识产权，2005 (6)：54 – 57.

④ 丁莺. 试论"非遗"民间习惯法保护的利用与完善 [J]. 地方文化研究辑刊，2017 (1)：308 – 315.

⑤ 李昕. 非物质文化遗产：文化产业发展重要的文化资本 [J]. 广西民族研究，2008 (3)：164 – 167.

⑥ 欧阳正宇. 非物质文化遗产旅游开发研究 [D]. 兰州：兰州大学，2012：83 – 84.

⑦ 丁丽瑛. 保护非物质文化遗产与开发传统文化产业的结合路径 [J]. 海峡法学，2011 (3)：12 – 17.

产业化进行研究，比如张新沂对天津民间艺术产业开发研究；曾芸对贵州非物质文化遗产产业化发展研究；林炜铃对泉州木偶戏旅游创意产业开发研究等。

第三，有部分学者推崇建立文化生态保护区的方法。高丙中、宋红娟认为，文化生态保护区的理念具有多方面的创新价值，是整体性促进非物质文化遗产传承和发展的有效措施①；陈华文指出，我国从 2007 年已经开始实践以建立文化保护区的方法来促进非物质文化遗产的传承和发展，实践经验证明方法是可行的，而未来应该在强化管理机制、协调不同行政区工作、建设展示场馆和传承场所、保护项目与传承人等方面下功夫②；李荣启认为，建立文化生态保护区既能使非物质文化遗产外在的文化生态环境得到科学的改善和优化，又能使非物质文化遗产的内在精神得以延续和发展，是整体促进非物质文化遗产传承和发展的有效措施③；还有刘锡诚、乌丙安、向云驹等学者也十分支持建立文化生态保护区来促进非物质文化遗产的传承和发展。除了以上几个方面外，一些学者还从加强民间参与、学校教育、新媒体宣传等方面探索促进非物质文化遗产传承和发展的方法。总的来说，学术界普遍重视促进非物质文化遗产传承和发展的方法研究，这些研究呈现出成果多、方法多元的特点。

3. 对促进非物质文化遗产传承和发展方法的历史反思

随着促进非物质文化遗产传承和发展工作的深入发展，一些学者开始反思实践措施和方法的得与失。这既体现出他们具有高度的文化自觉性，又反映出实践措施和方法需要不断完善的目标追求。学者们的反思主要集中在以下方面：

第一，对项目名录制度和代表性传承人名录制度的反思。两大名录制度的建立对促进非物质文化遗产的传承和发展发挥着巨大作用。但是，在实践过程中两大名录制度依然存在不少值得反思的地方。谭宏认为，当前非物质

---

① 高丙中，宋红娟. 文化生态保护区建设与城镇化进程中的非遗保护：机制梳理与政策思考 [J]. 西北民族研究，2016（2）：198 - 204.
② 陈华文，陈淑君. 中国文化生态保护区的实践探索研究 [J]. 浙江师范大学学报（社会科学版），2016（2）：1 - 18.
③ 李荣启. 文化生态建设与非物质文化遗产的整体性保护 [J]. 美与时代，2015（2）：26 - 31.

文化遗产名录制度会带来申报主体与遗产主体、名录价值与遗产价值、名录分类与遗产种类、名录申报与遗产传承等方面的冲突，协调这些冲突将会有效地完善名录制度，以及更加有效地推动非物质文化遗产的传承和发展①；熊晓辉认为，当前名录制度值得反思的地方包括："项目的主体价值被掩盖，遴选程序被政府包办""名录的表述过于抽象，名录名称过于偏大且笼统""导致传承人积极性不高，并引发传承人之间的矛盾""导致保护的封闭性"②；而陈兴贵认为，我国传承人名录制度的不完善，导致一些民间艺人无法进入各级名录，传承人被人为地阶层化，并且引发民间艺人与传承人以及不同级别传承人之间的矛盾，从而造成一些集体项目无法正常地开展活动，传承人的保护工作难以得到群众的有力支持③；还有杨征认为，代表性传承人名录重点突出了"传承人个体"，但是缺乏对"传承人群体"的关注④。

第二，对促进非物质文化遗产传承和发展标准的反思。刘锡诚反思了学术界以"主体价值观"来评判非物质文化遗产的错误倾向，指出促进非物质文化遗产的传承和发展应该超越"去其糟粕"与"取其精华"的二元对立方法论⑤；孔维强和刘云升指出科学是有局限的，精华与糟粕也可以相互转化，以"科学与迷信""精华与糟粕"等二元对立的标准来保护非物质文化遗产值得深刻反思⑥；陈宗花以民歌为切入点，反思民间艺术的"原生态"一元制评价体系，主张建立多元的评价体系⑦。

第三，对促进非物质文化遗产传承和发展思维和行动的反思。黄仲山反思了存在的"圈地思维"，指出非物质文化遗产具有较强的地域性，并且受

---

① 谭宏. 冲突与协调——中国非物质文化遗产名录制度的人类学反思 [J]. 文化遗产，2016（4）：65－73，158.

② 熊晓辉. 非物质文化遗产名录内在机制及保护实践的反思 [J]. 文化遗产，2017（4）：63－68.

③ 陈兴贵. 非物质文化遗产代表性传承人名录制度反思 [J]. 重庆文理学院学报（社会科学版），2016（4）：1－9.

④ 杨征. 论非物质文化遗产"代表性传承人"保护政策中"群体性"的缺失 [J]. 云南社会科学，2014（6）：89－93.

⑤ 刘锡诚. 非物质文化遗产：理论与实践 [M]. 北京：学苑出版社，2009：103－107.

⑥ 孔维强，刘云升. 反思"非遗"的保护标准 [J]. 河北法学，2013（9）：52－56.

⑦ 陈宗花. 关于非物质文化遗产评价标准问题的反思——以当前原生态民歌评价为中心 [J]. 河南社会科学，2008（3）：13－15.

狭隘的利益驱动以及对传承和发展规律认识不清的影响，各地促进传承和发展的行动存在明显的"圈地思维"，这严重地影响到保护行动的有效性①；李富祥反思了"政府主导"的思维和行动，指出它使非物质文化遗产与民众生活的割裂，导致民众文化自觉性的缺失②；刘爱华对"产业化"的思维和行动进行了反思，指出非物质文化遗产的产业化大步向前却引发了生态变迁迅速、碎片化现象突出、保护机制不够完善、社会参与明显不足等问题③；除了对以上的思维和行动进行反思以外，还有对"原真性""生产性""生活性"等思维和行动也进行了反思。乌丙安反思了文化生态保护区建设所存在的问题：一方面是由于对"文化生态"概念认识不清导致思路不清、模式不定；另一方面是以建立文化生态保护区的名义，打造文化生态旅游区，其目的不是为了整体保护非物质文化遗产，而是为了开发旅游、追求经济利润④。从以上各方面的反思来看，促进非物质文化遗产的传承和发展任重而道远，学术界仍需要努力探索。

总而言之，进入 21 世纪以来我国关于非物质文化遗产的研究成了学术热点。学术界从非物质文化遗产的基本属性、传承和发展规律、价值和方法等方面展开了研究，并且形成了丰富的理论成果。在这些研究成果中，关于非物质文化遗产的基本属性研究比较成熟，学术界的观点比较一致；关于非物质文化遗产的传承和发展规律及价值研究还不是很重视，成果偏少，并且深度不足，具有很大的提升空间；关于促进非物质文化遗产的传承和发展方法研究的成果最多，体现出重视程度高、实践性强、视角多元、措施多样等特点。但是，由于非物质文化遗产的传承和发展充满复杂性，以及当前对非物质文化遗产的传承及发展规律及价值把握存在一定局限性，所以不少方法值得深刻反思和继续深入探索。

---

① 黄仲山. 反思非物质文化遗产保护中的圈地思维［J］. 理论月刊，2015（10）：61 - 65.
② 陈兴贵. 非物质文化遗产代表性传承人名录制度反思［J］. 重庆文理学院学报（社会科学版），2016（4）：1 - 9.
③ 刘爱华. 工具理性视角下的非物质文化遗产保护困境探析［J］. 民族艺术，2014（5）：123 - 127.
④ 乌丙安. 关于文化生态保护区建设基本思路和模式的思考［J］. 四川戏剧，2013（7）：19 - 22.

三、关于马克思主义精神生产理论与非物质文化遗产传承和发展相结合研究

马克思主义是人类实践的科学指南，它在各个方面都指导着中国特色社会主义的建设。目前，学术界关于马克思主义精神生产理论与非物质文化遗产传承和发展相结合的研究产生了一定的研究成果，但是仍然有待加强。

关于马克思主义精神生产理论与非物质文化遗产传承和发展相结合的研究成果偏少，基本体现在学术论文之中。这些学术论文包括：刘伟的《从马克思艺术生产理论看非物质文化遗产保护》（2010 年）、刘江的《文化遗产：我们应当继承什么——以马克思主义的眼光考察文化遗产的继承问题》（2011 年）、宋俊华的《文化生产与非物质文化遗产生产性保护》（2012 年）、甘子成的《马克思精神生产理论对非物质文化遗产保护的价值阐释》（2016 年）、刘倩的《马克思精神生产理论视域下的非物质文化遗产保护》（2017 年）、罗丹的《〈德意志意识形态〉中交往思想对我国非物质文化遗产保护的启示》（2016 年）、鲍展斌的《对争议性非物质文化遗产保护的哲学思考——以麻将文化为例》（2017 年）等。

学术界关于马克思主义精神生产理论与非物质文化遗产的传承和发展相结合的总体观点是，马克思主义精神生产理论对非物质文化遗产的传承和发展具有方法论意义。具体的观点和分析主要体现在以下几个方面：

一是从马克思主义精神生产理论认识非物质文化遗产的基本属性。刘倩认为，非物质文化遗产具有人类精神生产的本质属性，从而表现出人本性、物质性、社会性等特征[①]；刘伟认为，非物质文化遗产属于艺术生产的类型，具有社会和谐、艺术审美、文化传承、产业开发、娱乐休闲等价值[②]。

二是以马克思主义精神生产理论为基础，明确促进非物质文化遗产传承和发展的准则和目的。刘江根据马克思主义精神生产理论分析，文化遗产的本质意义是它所内蕴的体现时代性、民族性和人民性的精神意识。所以，传承文化遗产不是要重复历史的文化面貌，而是要吸收文化遗产所蕴含的精神

---

① 刘倩. 马克思精神生产理论视域下的非物质文化遗产保护 [J]. 人民论坛·学术前沿, 2017 (9)：107 – 110.
② 刘伟. 从马克思艺术生产理论看非物质文化遗产保护 [J]. 学术论坛, 2010 (8)：165 – 168.

意识；同时发展文化遗产不但要严格维护遗产的本来形式，更要注重宣传、吸收和弘扬文化遗产的内在精神。①

三是以马克思主义精神生产理论为基础，探索促进非物质文化遗产传承和发展的方法。宋俊华受马克思主义精神生产理论的启发，指出实行生产性保护是确保和促进非物质文化遗产生命力的不二法门，这其中要以生产的代代相传为目的，因项目制宜为准则，尊重传承人愿望为根本，依法进行为保障②；罗丹认为非物质文化遗产是人类交往的重要成果，它应该以"拓展交往范围，扩大传承受众面"以及"利用艺术性，增强经济效益和社会效益"作为传承和发展的主要思路；刘倩认为，非物质文化遗产作为精神生产的价值范畴，它未来的生产方向是：不脱离人的需要、体现主体价值创造、注重社会整体发展③。

四、研究现状总体分析

综观上述研究成果，学者们在马克思主义精神生产理论、非物质文化遗产传承和发展、马克思主义精神生产理论与非物质文化遗产传承和发展相结合等方面进行了深入探讨，并取得了一定的研究成果，而且研究成果质量也逐步提高。这为今后进一步深化研究与实践建设奠定了必要的学术基础和提供了理论资源与具体思路。

然而相关分析表明，本选题有两个方面的研究需要显著加强：

（一）关于马克思主义精神生产理论时代化和具体化研究

马克思主义的生命力在于它具有与时俱进的品质，而最突出的价值在于它能对现实产生指导意义。然而，学术界对马克思主义精神生产理论的研究主要集中于思想渊源、发展脉络、内容特征的分析，缺少对时代化、具体化的深入探索，它的理论品质和应有价值没有获得足够重视。同时，在建设中国特色社会主义新时代，精神文化发展变得异常重要，这使得马克思主义精

---

① 刘江．文化遗产：我们应当继承什么——以马克思主义的眼光考察文化遗产的继承问题 [J]．长江师范学院学报，2011（1）：64－67.
② 宋俊华．文化生产与非物质文化遗产生产性保护 [J]．文化遗产，2012（1）：1－5，157.
③ 刘倩．马克思精神生产理论视域下的非物质文化遗产保护 [J]．人民论坛·学术前沿，2017（9）：107－110.

神生产理论的时代化和具体化变得更加迫切。所以，无论从理论发展的角度还是从现实需求的角度，学术界都应该显著地增强马克思主义精神生产理论时代化、具体化研究。

（二）关于马克思主义精神生产理论指导非物质文化遗产传承和发展研究

尽管学术界对非物质文化遗产传承和发展的研究成果比较多，在关于非物质文化遗产的内容、特性、价值等方面有较高的共识，但是也存在明显问题。其中之一，就是忽视了从马克思主义精神生产理论的视角展开研究。非物质文化遗产历史悠久、种类繁多、地域特色明显、价值重要，因而研究非物质文化遗产的视角必定是多元的。马克思主义精神生产理论作为唯物史观的重要内容，对精神文化发展具有普遍的指导意义；同时，非物质文化遗产是精神生产的重要成果，促进非物质文化遗产的传承和发展是精神生产发展的应有之义。所以，以马克思主义精神生产理论指导非物质文化遗产的传承和发展十分重要。然而，学术界关于这方面的研究却是相当缺乏，所以有必要加强。

从对已有研究成果的概括、分析和总结来看，马克思主义精神生产理论对于促进非物质文化遗产的传承和发展研究显得重要而紧迫。这不仅有利于推进马克思主义精神生产理论的时代化、具体化，还有利于促进非物质文化遗产传承和发展获得科学的理论指导。而关于这方面的研究不仅具备了一定的理论基础，还具有很大的创新空间，具有充分的可行性。

第三节　研究思路、重点、难点、创新点以及方法

一、研究思路

本书研究的总体思路是运用马克思主义精神生产理论的立场、观点和方法分析非物质文化遗产传承和发展的动力、价值和问题，在此基础上进一步探究促进非物质文化遗产传承和发展的方法。通过这样的研究，本书将清晰地勾画出马克思主义精神生产理论在非物质文化遗产传承和发展中的意义，对非物质文化遗产的传承和发展形成深入的理性认识。

对马克思主义精神生产理论的研究是本书的根基。在本书的第一章和第

二章，笔者重点对马克思主义精神生产理论、马克思主义精神生产理论与非物质文化遗产传承和发展的关联性展开了研究。首先，考察马克思主义精神生产理论的思想渊源和形成历程，分析马克思、恩格斯在对前人思想成果进行批判、吸收和超越而将精神生产规律研究建立在唯物史观和剩余价值理论这两大基石之上。其次，进一步考察了马克思、恩格斯关于精神生产内涵、内容形态、特性等方面的论述，分析非物质文化遗产的传承和发展属于精神生产的具体形态，它们两者之间具有紧密的联系性。最后，分析马克思主义精神生产理论对非物质文化遗产的传承和发展具有方法论的指导意义。

对马克思主义精神生产理论在非物质文化遗产传承和发展的具体化、时代化研究是论文的中心。首先，实践要顺利地开展并取得良好效果离不开对推动实践发展力量的科学认识和深刻把握。本书第三章将以马克思、恩格斯、列宁、毛泽东、邓小平、江泽民、胡锦涛、习近平关于精神生产动力的阐释为基础，分析非物质文化遗产传承和发展的动力系统，明确促进非物质文化遗产传承和发展需要考虑的主要因素。其次，人们的实践行动是以取得价值的多寡为导向。本书第四章将以马克思、恩格斯、列宁、毛泽东、邓小平、江泽民、胡锦涛、习近平关于精神生产功能的阐释为基础，分析非物质文化遗产传承和发展对社会发展具有的物质作用和精神作用，明确促进非物质文化遗产传承和发展的价值力量。再次，实践行动要以解决问题作为出发点，否则就是无病呻吟。本书第五章将以马克思、恩格斯、列宁、毛泽东、邓小平、江泽民、胡锦涛、习近平关于精神生产受到诸多因素制约的阐释为基础，分析当代非物质文化遗产传承和发展面临的挑战，明确促进非物质文化遗产传承和发展需要重点解决的问题。最后，本书第六章在综合前面五部分研究的基础上，提出了促进非物质文化遗产传承和发展要遵循精神生产规律的方法和建议。

二、研究重点

本书的主旨是以马克思主义精神生产理论为基础研究非物质文化遗产传承和发展，从而彰显马克思主义精神生产理论的真理性以及其对促进非物质文化遗产传承和发展的指导意义。所以，本书需要剖析和解决四个重大问题。

第一，对马克思主义精神生产理论进行研究，分析它的思想渊源和具有科学性的内容、品质，为论文研究奠定理论基础。

第二，阐明马克思主义精神生产理论与非物质文化遗产的传承和发展存在内在的关联性，指明马克思主义精神生产理论对非物质文化遗产的传承和发展具有指导意义，以及强调促进非物质文化遗产的传承和发展需要运用马克思主义精神理论作为指导思想。

第三，运用马克思主义精神生产理论分析非物质文化遗产的传承和发展对于整个社会生产系统发展的价值，突出促进非物质文化遗产传承和发展的必要性。

第四，运用马克思主义精神生产理论分析影响非物质文化遗产传承和发展的动力因素，明确当代非物质文化遗产传承和发展遭遇困境的主要原因，以及努力寻找解决问题的方法。

三、研究难点

本书的研究存在三大难点：

第一，对马克思主义精神生产理论的立场、观点和方法的阐述存在较大难度。马克思、恩格斯等人对马克思主义精神生产理论的研究并没有形成系统的著作和结构体系，它的基本立场、观点和方法只是散见于不同的文章和著作之中。这给研究带来的挑战是：需要对马克思、恩格斯的众多文章与著作全面地阅读、熟悉，并且能够较好地把握其中的精髓。同时，在很长的一段时间里我国社会主义建设片面地从意识形态斗争、阶级斗争的视角发展精神生产，这使得精神生产理论研究缺乏充分的社会实践经验，学术界、理论界对马克思主义精神生产理论的研究相对薄弱。这些因素导致本论题的研究缺乏良好的理论基础。

第二，要阐明马克思主义精神生产理论与非物质文化遗产传承和发展的关联性存在较大难度。马克思主义精神生产理论是对人类精神生产实践规律的科学总结，而非物质文化遗产的传承和发展是人类精神生产活动的具体形态之一，两者具有密切的关系。但是，两者的关系具有很强的隐蔽性，需要深入考察、剖析才能走向明确化、具体化，所以难度不小。

第三，以马克思主义精神生产理论为基础探究促进非物质文化遗产传承和发展的方法存在较大难度。马克思主义精神生产理论具有为精神生产发展提供方法指导的功能。然而，非物质文化遗产传承和发展既具有精神生产的共性，又表现出具体形式的个性。如何针对非物质文化遗产传承和发展的个性来寻找促进的方法呢？这是论题研究的难点之一。

四、研究创新点

目前以马克思主义精神生产理论为基础研究非物质文化遗产的传承和发展具有很大的学术空间。本书通过吸收和借鉴已有的研究成果，形成了以下方面的新思考：

第一，马克思主义精神生产理论与非物质文化遗产的传承和发展具有内在关联性。关于马克思主义精神生产理论或者非物质文化遗产传承和发展的研究成果都有不少，但是探索两者之间关联性的成果却是相当少。本书对此问题展开了一定研究，在某种程度上改善了学术界存在的不足。根据马克思、恩格斯的观点，精神生产除了拥有与物质生产相同的——作为人类劳动的普遍特性外，还拥有受动性、人本性、观念性、自由性和创造性等反映自身本质的特征。从对非物质文化遗产传承和发展的分析可知，它主要依赖于人们口传心授、言传身教的方式实现代际传递，具有明显的社会受动性、人本性、实践性、观念性、自由性和创造性等特征，属于精神生产的重要范畴。所以，本书认为马克思主义精神生产理论作为人类精神生产实践规律的科学总结，它对精神生产的具体形态具有普遍的指导性，它对非物质文化遗产的传承和发展也就必然具有指导性。

第二，以马克思主义精神生产理论为基础能够清晰地认知到非物质文化遗产的传承和发展具有历史合力因素。学术界重点开展了促进非物质文化遗产传承和发展方法的研究，缺少对推动非物质文化遗产传承和发展动力的研究。本书以马克思、恩格斯、列宁、毛泽东、邓小平、江泽民、胡锦涛、习近平关于精神生产动力阐释为基础，整体地、系统地阐述了非物质文化遗产传承和发展的历史合力因素，认为自然环境、人文环境是非物质文化遗产传承和发展的外在环境依托；认为人的精神需要、物质生产发展、受众群体、文化交流是非物质文化遗产传承和发展的社会推动力；认为非物质文化遗产的传承和发展具有相对独立性，表现为代表性传承人产生的引领作用，对社会发展具有能动性、与经济发展存在不平衡关系等特点。

第三，以马克思主义精神生产理论为基础研究非物质文化遗产传承和发展具有的社会价值。作为一种文化现象，非物质文化遗产的传承和发展不仅是受动的，而且对社会发展具有能动作用。过去不少学者往往从物质或者精神的某个视角分析非物质文化遗产的传承和发展对社会发展的作用，研究成果显得微观、甚至是片面。本书依据精神生产对社会有机体具有的功能出发，以更为宏观的视角分析非物质文化遗产的传承和发展的社会作用。它对社会物质生产主要有两层作用：从传统层面看它能够为人们的生产生活提供一定的物质用品；从现代经济层面看它能够转化为一定的经济资源，能够助力于旅游、文化等新业态发展。它对社会精神发展主要有三个层面作用：从个人层面看它能够在一定程度上满足人们对"真、善、美"的追求，从社会层面看它具有促进社会交往发展的作用，从国家层面看它具有提升国家文化自信的价值。而最终无论是对物质发展的作用，还是对精神发展的作用，非物质文化遗产的传承和发展归根结底都是为了实现人的全面而自由的发展服务。

第四，马克思主义精神生产理论表明遵循精神生产规律是促进非物质文化遗产传承和发展的重要路径。由于不同学者立足的理论基础不同，所以获得促进非物质文化遗产传承和发展的方法就会有所差异。目前学术界以精神生产理论为基础，探索促进非物质文化遗产的传承和发展方法的成果比较少。本书以马克思主义精神生产理论作为基础，确定非物质文化遗产的传承和发展受外在环境的影响，与传承主体力量、传承成果品质、传承媒介和平台、传承受众群体等要素密切相关，还受到具体项目特性的制约。所以，促进非物质文化遗产的传承和发展既要保护好外在环境基础，又要优化和增强传承主体、传承成果、传承媒介和平台、传承受众群体等要素的关系和作用，还要顾及不同项目的活态性以及个体差异性。

五、研究方法

采用合适的研究方法是实现研究目的的关键所在。根据选题具有的特点以及需要解决的问题，本书主要采取以下研究方法：

（一）历史与逻辑相结合法

本书以马克思、恩格斯对前人精神生产理论进行批判、吸收的历史考察为基础，逻辑地分析马克思主义精神生产理论的思想渊源、概念范畴、内容结构、精神品质以及与非物质文化遗产传承和发展的内在关联性；同时，以非物质文化遗产形成、传承和发展的历史考察作为基础，逻辑地分析非物质文化遗产传承和发展的规律、价值、当代困境以及改进方法。

（二）文献研究法

本书通过查阅和分析《马克思恩格斯选集》《马克思恩格斯论文学与艺术》《马克思恩格斯论艺术》《列宁选集》《毛泽东选集》《邓小平文选》《江泽民文选》《胡锦涛文选》《习近平谈治国理政》等经典文献资料，对马克思主义精神生产理论展开系统的分析研究；通过搜集、分析、鉴别、整理学术界形成的关于精神生产理论研究和非物质文化遗产传承和发展研究的论文、著作等重要文献资料，为论题的研究构筑起了坚实的理论基础并明确了努力的方向。

（三）社会实践调查法

本论题不仅是一个理论性问题，更是一个实践性问题，关于非物质文化遗产传承和发展的研究需要建立在一定的社会实践调查之中。笔者通过参观、参与广东省珍稀剧种展演与研讨会、粤剧《白蛇传·情》和昆曲青春版《牡丹亭》的表演与研讨会、广州市"文化遗产日"展演、从化区"文化遗产日"展演、广州非物质文化遗产学堂等实践活动，对不少非物质文化遗产项目进行了解和调查；通过开展《青少年对非物质文化遗产传承发展的认知与态度调查》分析非物质文化遗产在青少年群体传承和发展的机遇与挑战；通过走访从化区、番禺区沙湾镇、雷州市、阳春市、怀集县、紫金县、新丰县等地方，对不少非物质文化遗产项目的生存状况进行了解和调查。

（四）跨学科研究法

本书以马克思主义理论学科作为基础，分析古代非物质文化遗存传承和发展的规律、价值、问题和路径，体现出交叉学科相互融合的研究特点。所以，本书采用了将马克思主义理论、历史学、文化学、社会学、哲学、心理学、传播学等跨学科相互融合和促进的研究方法。

（五）定性分析法

本书通过分析、综合、比较、抽象和概括等过程，对精神生产的本质、特征、形态，对非物质文化遗产传承和发展的规律、价值、当代挑战等进行定性分析；通过相关统计数据收集、整理，对非物质文化遗产项目的种类丰富性、价值性、濒危状况等进行定性分析。

第四节　相关概念界定

概念是对思维对象的特征进行高度抽象和凝练的结晶，它体现出"事物的本质、事物的全体、事物的内部联系"①。所以，对概念的科学把握是理论研究的重要基础。根据本书研究的主旨，有必要对"精神生产""马克思主义精神生产理论""非物质文化遗产""非物质文化遗产传承与发展"这四大核心概念进行界定。

一、精神生产

精神生产作为人类社会生产活动的重要形式，是从生产力进步、社会分工中发展起来的。尽管精神生产作为客观的历史现实古已有之，但是人们把它作为特定概念进行理性的界定和抽象的概括却开始于近代社会。

在西方哲学史中，黑格尔是第一个明确提出精神生产概念的人，之后费尔巴哈对精神生产的特性展开了较为系统的研究。在西方经济学中，弗里德里希·李斯特被认为是最早提出和明确阐述精神生产概念的思想家；亚当·斯密、大卫·李嘉图、昂利·施托尔希等人对精神生产概念进行过深入的探究和论述。在马克思、恩格斯的著作中，第一次使用精神生产概念的是在《神圣家族》一文，而比较系统地阐述这一概念的是在《德意志意识形态》一文。

精神生产是一个相对抽象而又比较复杂的概念，不同思想家对它的界定存在明显差异。黑格尔在论述史诗创作中提出了精神生产概念，认为"史诗作为一部实在的作品，毕竟只能由某一个人生产出来。尽管史诗所叙述的是全民族的大事，作诗者毕竟不是民族集体而是某某个人。……因为诗创作是一种精神生产，而精神只有作为个别人的实在的意识和自我意识才存在"②。黑格尔把艺术、宗教、哲学、科学、知识创造都称为精神生产的具体形式，

---

① 毛泽东选集：第1卷［M］．北京：人民出版社，1991：285.
② ［德］黑格尔．美学：第三卷（下册）［M］．朱光潜，译．北京：商务印书馆，1981：113-114.

把精神生产定义为满足"精神社会需要""精神旨趣"的活动。再往深层次把握，黑格尔语境中的精神生产是绝对精神、绝对心灵自我活动、自我创造、自我认识的过程。

费尔巴哈是黑格尔精神生产概念的批判者。他批判黑格尔把艺术、宗教、哲学当作绝对精神活动是犯了将精神生产与现实的人的感觉和思维相分离的错误，强调"精神生产是我的内在需要，并且因此而最深地吸引住我；如同疾病一般地纠缠着我。精神作品并不是制造出来的——在这里，制造只是最外在的活动而已——它们是在我们里面发生出来的"①。费尔巴哈还概括出了精神生产的重要特性：一是精神生产对待生产对象的方式和物质生产不同。它不是以实用的眼光，而是以欣赏、审美和研究的眼光去看待生产对象；二是精神生产是人"固有的内在本性"的发挥；三是精神生产是个人意识变成社会意识、主观精神转变成客观精神的过程；四是精神生产具有间歇性，即指物质产品可以连续不断地生产，精神产品则要有一个酝酿过程。

弗里德里希·李斯特把精神生产定义为"内在财富的生产方式"。他指出："不论何处、不论何时、国家的福利同人民的智力、道德与勤奋总是成正比例的。财富就随着这些因素而增进或减退。"② 从他的话语可以理解到，精神生产是智力、道德与勤奋等精神要素推动社会财富不断增长的过程。在此基础上，弗里德里希·李斯特论证了精神生产与物质生产相互依存的关系；提出了精神生产力的概念，把精神生产力定义为精神资本。

马克思、恩格斯在《德意志意识形态》一文对精神生产做出了重要表述："思想、观念、意识的生产最初是直接与人们的物质活动，与人们的物质交往，与现实生活的语言交织在一起的。观念、思维、人们的精神交往在这里还是人们物质关系的直接产物。表现在某一民族的政治、法律、道德、宗教、形而上学等的语言中的精神生产也是这样。"③ 马克思、恩格斯关于精神生产的定义是建立在实践的哲学观、剩余价值的经济理论以及实现共产主义的社会理想的基础之上，他把依靠人的精神能动性而开展的哲学、政治、

① ［德］费尔巴哈. 费尔巴哈哲学著作选集：下卷 ［M］. 荣震华，王太庆，刘磊，译. 北京：商务印书馆，1984：261.

② ［德］弗里德里希·李斯特. 政治经济学的国民体系 ［M］. 陈万煦，译. 北京：商务印书馆，1961：96.

③ 马克思恩格斯选集：第 1 卷 ［M］. 北京：人民出版社，2012：151.

法律、道德、宗教、文学、艺术、科技等活动称为精神生产的具体形式。

后来，不少从事马克思主义理论研究的学者又依据马克思、恩格斯关于精神生产所展开的论述，对精神生产概念进行了界定。苏联学者 В. И. 托尔斯特赫等人认为，"精神生产就是一定社会形式意识的生产，或者确切些说，是意识社会形式的生产"①。他接着又补充道："不应该把意识生产的全部领域归于精神生产，而只能把专门从事精神劳动的特殊部分的人们进行意识生产的那一部分领域归于精神生产。"② 我国学者李文成也持有相类似的观点，他把意识生产分为初级形式（日常实践中的意识）的生产和高级形式的生产，认为马克思、恩格斯的"精神生产"是指高级意识的生产，即政治法律观点、哲学、道德、宗教、艺术、科学等方面的生产。③ 还有学者指出："精神生产是精神生产者（包括专门的精神生产者和业余的精神生产者）能动地创造观念形态产品（即精神产品）的特殊的社会性活动。"④

显然，不同思想家、学者所采用的视角不同，对精神生产概念的定义就会存在差异性。但是，马克思主义者是站在唯物史观的立场、以辩证法的思维方式对精神生产概念进行阐述，他们既充分肯定了精神生产的人本性，又充分强调了精神生产的财富增殖性，所以具有唯心主义思想家、形而上学唯物主义思想家或者资产阶级经济学家关于精神生产认识所不具备的全面性和科学性。

本书尝试站在马克思主义的立场，从与物质生产对比的纬度对精神生产概念做出相应的界定。首先，精神生产是社会生产活动中的重要范畴，它与物质生产、人自身生产相对应。物质生产作为人类生存的第一性活动，对精神生产具有决定性意义；精神生产作为人类生存不可或缺的活动，对物质生产、人自身生产具有能动的反作用。其次，在面对自然、社会等生产对象时，物质生产发生的是一种物质形式向另一种物质形式转化和变换的过程，但是精神生产发生的主要是人的观念形态凝聚或者转化、变换的过程。再

---

① ［苏］В. И. 托尔斯特赫. 精神生产——精神活动问题的社会哲学观［M］. 安起民，译. 北京：北京师范大学出版社，1988：137.
② ［苏］В. И. 托尔斯特赫. 精神生产——精神活动问题的社会哲学观［M］. 安起民，译. 北京：北京师范大学出版社，1988：146.
③ 李文成. 略论精神生产的概念和历史形式［J］. 哲学研究，1985（6）：36 - 42.
④ 姚休. "精神生产"概念的科学表述［J］. 浙江大学学报，1991（1）：97.

次，精神生产包含物化过程，它将观念形态转化为精神产品和精神服务需要有物质载体的支撑，但是这种物质性与物质生产为实现物质性的目的不同，这里的物质性是媒介、中介，而不是目的。最后，精神生产是创造价值的过程，它包含有生产、流通、交换和消费等环节，它最主要的价值体现在对人精神层面的满足，而相比较而言物质生产价值更多的是对人肉体层面和本能层面的满足。因此，本书认为精神生产是社会特定主体运用思维能力和方法，对大脑已获得的客观事实和思想材料进行加工创造的过程，从而形成一定观念性、意识性的成果，并且通过一定的物化形式，以交换、消费等方式来满足人们精神需要的社会实践活动。

二、马克思主义精神生产理论

对理论体系的内涵、范畴和基本原理进行科学把握是运用理论体系有效指导实践活动的关键所在。思想界和学术界对"精神生产"的研究探索形成了不同类型的精神生产理论体系，其中主要包括德国古典哲学中的精神生产理论，近代资产阶级古典经济学中的精神生产理论、马克思主义精神生产理论等。虽然不同精神生产理论体系之间的思想渊源、立场、观点和方法存在一定的关联性，但是更明显表现出的是差异性。例如，德国古典哲学中的精神生产理论是站在人本主义的立场研究精神生产；近代资产阶级古典经济学家的精神生产理论是以财富增长的目的而研究精神生产的；马克思主义精神生产理论则在既关注人的发展，又重视财富增长的唯物史观中研究精神生产。

关于马克思主义精神生产理论的定义有狭义和广义之分。狭义的马克思主义精神生产理论是指马克思和恩格斯关于人类精神生产的立场、观点和方法。景中强的《马克思精神生产理论研究》（2004 年）著作、陈佳奇的《马克思精神生产理论的当代诠释》（2011 年）著作、周力辉的《马克思恩格斯精神生产理论研究》（2012 年）博士论文，主要采用的是狭义的马克思主义精神生产理论。广义的马克思主义精神生产理论既包括马克思和恩格斯关于人类精神生产的立场、观点和方法，又包括列宁、毛泽东、邓小平、江泽民、胡锦涛、习近平对马克思、恩格斯关于精神生产理论的立场、观点和方法及进一步创新和发展的成果。郭正红的《现代精神生产论纲》（2004 年）著作、刘云章的《马克思主义精神生产研究》（2011 年）的著作，主要采用的是广义的马克思主义精神生产理论。总的来讲，狭义和广义的马克思主义精神生产理论并不存在立场、观点和方法的不同或者对立，只是存在理论范畴大一些还是小一些的区别。

本书采用的是广义的马克思主义精神生产理论。这主要是基于以下几个方面的考虑：

第一，马克思主义是不断发展和完善的理论体系，它在不同时代所生发出的理论成果既一脉相承，又体现出不同时代的针对性，我们有必要进行整体的研究和运用。从马克思、恩格斯开始关注和研究精神生产活动至今，已经一百多年了。在这一历史过程中，马克思主义精神生产理论的实践应用经历了巨大的挑战，既有惨痛的教训，又有宝贵的经验。然而，无论是教训还是经验都对当前的精神生产实践活动有很高的指导价值。同时，马克思主义精神生产理论的新成果既深刻地体现出时代的特征，又始终坚持马克思、恩格斯的立场、观点和方法。所以，我们在运用马克思主义精神生产理论的过程中不应该将不同时代所形成的理论成果割裂开来，而是要综合地、整体地运用。

第二，人类精神生产是不断发展的，不同时代的精神生产特征存在差异性，我们应该用历史和发展相结合的眼光来研究人类的精神生产活动。马克思、恩格斯对精神生产的探索是在资本主义工业革命的上升期，这时候的机械化大生产占据了社会发展的主导地位，无产阶级受到资产阶级沉重的压榨，精神生产则深受这样的生产状况、经济基础的影响。所以，马克思、恩格斯研究精神生产的主要目的是批判资本主义社会化大生产所带来的罪恶，为克服人的异化指明方向。与马克思、恩格斯所处的时代相比，现代社会发生了巨大的变迁，精神生产的主体、方式、手段和对象等都出现了前所未有的景象，比如精神生产主体日益多元化、互联网已经成为精神生产重要平台等。面对时代的变化发展，马克思、恩格斯思想的继承者和发展者对精神生产的发展始终保护高度的时代敏感性，形成了一系列真知灼见。毛泽东强调文艺发展要始终坚持为人民服务的方向、邓小平将科技的地位提升到"第一生产力"的高度、江泽民把发展先进文化作为执政党先进性的重要体现、胡锦涛充分重视和谐文化在社会科学发展中的作用、习近平将中国精神视为实现民族复兴的力量支撑。这些新思想、新观点对新时代精神生产活动都具有指导意义。

第三，非物质文化遗产的传承与发展是建设中国特色社会主义需要迫切解决的精神生产问题之一，我们有必要运用马克思主义中国化的理论成果加以指导解决。非物质文化遗产作为农耕文明的产物，它的生存空间受到工业文明进程的不断挤压，它的传承和发展面临前所未有的挑战。然而，中国实现现代化不仅需要物质发达、制度完善，还需要文化的繁荣、国人精神的富足。因此，化解非物质文化遗产传承与发展的挑战是中国现代化进程需要解决的重大问题。正确的实践行动离不开科学的理论指导。中国共产党在马克思主义中国化过程中实现了两次历史飞跃，形成了两大理论成果——毛泽东思想和中国特色社会主义理论体系。这两大理论成果蕴含有发展精神生产的指导精神。在建设中国特色社会主义的方方面面都离不开两大理论成果的指导，要解决非物质文化遗产传承与发展的难题也需要这两大理论成果在立场、观点、方法等方面给予科学的支撑。

三、非物质文化遗产

"非物质文化遗产"的英文表述是"intangible cultural heritage"，它的最终形成经历了较为漫长的过程，并且与联合国教科文组织借鉴日韩的经验、不断地修正密切相关。

学术界普遍认为，"非物质文化遗产概念是受日本'无形文化财'概念启发而提出来的"[①]。在1950年，日本通过了一部旨在保护文化遗产的法律——《文化财保护法》。这部法律将保护对象归纳为八大类型：有形文化财、无形文化财、民俗文化财、史迹名胜、天然纪念物、传统建筑群、文化财保存技术、埋藏文化财。在这里，日本在世界首创了无形文化财的保护。受日本影响，韩国也形成了《文化财保护法》，并且也使用了"无形文化财"概念。所以，联合国教科文组织最终使用的"非物质文化遗产"概念是吸收了日本、韩国的经验，并借鉴了"无形文化财"的提法。[②]

"非物质文化遗产"概念的最终形成与联合国教科文组织对文化遗产保护的认识的不断深化有着密切关系。1972年联合国教科文组织在巴黎讨论

---

① 宋俊华，王开桃. 非物质文化遗产保护研究［M］. 广州：中山大学出版社，2013：26.

② 王文章. 非物质文化遗产概论［M］. 北京：文化艺术出版社，2006：41.

《保护世界文化和自然遗产公约》时，出现了一份涉及保护非物质文化遗产的提案，这份提案最终被毫无异议地否定了。直到 1982 年，联合国教科文组织才认可非物质文化遗产的保护，但是当时使用的概念表述是"民间文化"。在 1989 年，联合国教科文组织通过了《关于保护传统文化与民间创作的建议》，用"传统文化与民间创作"代替了"民间文化"的表述。在 1997 年，联合国教科文组织在《宣布人类口头与非物质文化遗产代表作申报书编写指南》中，用"人类口头和非物质遗产"取代了"传统文化与民间创作"的表述，这种表述与"非物质文化遗产"的表述越来越相近了。在 2003 年，联合国教科文组织通过了《保护非物质文化遗产公约》，最终明确了"非物质文化遗产"这一概念的表述。

《保护非物质文化遗产公约》将"非物质文化遗产"定义为："指被各群体、团体、有时为个人视为其文化遗产的各种实践、表演、表现形式、知识和技能及其有关的工具、实物、工艺品和文化场所。各个群体和团体随着其所处环境、与自然界的相互关系和历史条件的变化不断使这种代代相传的非物质文化遗产得到创新，同时使他们自己具有一种认同感和历史感，从而促进了文化多样性和人类的创造力。"① 将"非物质文化遗产"的范畴概括为：①口头传说和表述，包括作为非物质文化遗产媒介和语言；②表演艺术；③社会风俗、礼仪、节庆；④有关自然和宇宙的知识和实践；⑤传统的手工艺技能。总的来说，联合国教科文组织对"非物质文化遗产"概念的认识经历了不断修正、不断深化的过程。

在我国，2004 年之前的学术文章和官方文件一直都使用"民间文化"或者"民族民间文化"这些术语来指称现在所说的"非物质文化遗产"。直到 2004 年全国人大常委会批准我国政府加入《保护非物质文化遗产公约》之后，我国才正式使用"非物质文化遗产"这一表述。2005 年 3 月 26 日国务院颁发的《关于加强我国非物质文化遗产保护工作的意见》是我国政府第一次在官方文件中正式使用"非物质文化遗产"这一概念。2011 年我国颁行了《中华人民共和国非物质文化遗产法》，这是我国针对非物质文化遗产相关活动、行动的最权威规范。该法律认为非物质文化遗产是指各族人民世代相传

---

① 联合国教科文组织. 保护非物质文化遗产公约［EB/OL］. 联合国教科文组织数字图书馆，2003 - 10 - 17.

并视为其文化遗产组成部分的各种传统文化表现形式，以及与传统文化表现形式相关的实物和场所。它的范畴包括：传统口头文学以及作为其载体的语言；传统美术、书法、音乐、舞蹈、戏剧、曲艺和杂技；传统技艺、医药和历法；传统礼仪、节庆等民俗；传统体育和游艺；其他非物质文化遗产。

本书以联合国教科文组织以及我国非物质文化遗产法对非物质文化遗产界定为基础，认为"非物质文化遗产"是指人类社区、群体或者个人在历史上创造的并且通过非物质方式被世代认可、传承和发展的文化财富。对该概念进行进一步的分析：一是非物质文化遗产具有历史的久远性，它是人类社区、群体或者个人在历史上创造的文化遗存，至少经历了百年以上的岁月洗礼；二是非物质文化遗产的传承和发展是动态的，即在历史演进过程不断变化和发展的文化遗存；三是非物质文化遗产的传承和发展主要是通过传承人口述或者表演、身体示范等口传心授、言传身教为中心的非物质方式进行传播和发展的文化遗存；四是非物质文化遗产是被后代认可，能满足后代需要特别是精神需要的文化遗存。本书认为"非物质文化遗产"的范畴包括：民间文学、传统音乐、传统舞蹈、传统戏剧、曲艺、传统体育、游艺与杂技、传统美术、传统技艺、传统医药和民俗等类型。总的来说，尽管"非物质文化遗产"概念的表述具有新颖性、复杂性，甚至有些让人费解的特点，但是它所指的内容、对象却是十分具体的，是人们十分熟悉和普遍关注的文化形态。非物质文化遗产就在人们的身边、就在人们的生产生活之中。

四、非物质文化传承与发展

"传承"包含有"传授和继承"的意思，强调事物代际之间的传播；"发展"则包含有"事物由小到大、由简单到复杂、由低级到高级的变化"以及"扩大"的两层意思，体现出事物运动增强的效果。"传承"和"发展"的意思表明，它们既蕴含有实践行动的过程性，又蕴含有实践行动的效果性。就非物质文化遗产的传承和发展而言，它是指传承人运用一定的方法对非物质文化遗产的技艺、精神进行传授、传递而使它们被一代接一代的人所享用、继承，它的生命力获得维持、延续甚至由弱小到强大的实践过程。

具体分析，非物质文化遗产传承和发展包括以下方面的内容：一是，它以非物质文化遗产的生成为基础，生成是传承和发展的前提条件，不能把生成与传承和发展割裂开来；二是，它的推动主体主要是传承人，而面向的对象则主要是传承人的后代、后辈，所以它具有明显代际间传播的特点；三是，它主要依靠传承人运用心传口授、言传身教等动态的方法而展开的，这与物质文化遗产的固态保存、静态留传有着根本区别；四是，它是一个由传承人传授、传递，受众群体接受、认可、运用甚至是创新的交往互动过程；五是，它传承和发展的内容主要是技艺和精神，具有守护民族文化根脉、增强国家文化多样性的功能；六是，追求非物质文化遗产在时代变迁中能够始终保持生命力，甚至是增强生命力。所以，非物质文化遗产的传承和发展是人类重要的文化实践活动之一。

第一章

马克思主义精神生产理论：人类精神生产规律的科学总结

在社会全面生产系统中，精神生产是与物质生产、人自身生产相互对应的部门，是人类社会实践活动的重要维度。而精神生产理论则是指人们对精神生产实践规律进行理性总结和高度概括的思想成果。

在马克思主义精神生产理论建构之前，近代资产阶级国民经济学家和德国古典哲学家各自从不同视角对人类精神生产实践规律进行了重要探究和总结，并且分别系统地形成了富有代表性的经济学和哲学两大领域的精神生产理论。这两大领域的精神生产理论的系统形成，标志着人类在认识和探索精神生产实践规律方面取得了重大飞跃。然而，它们又各自存在明显的局限性。近代资产阶级国民经济学家只是从物质生产、财富创造和经济增长的角度片面地考察人类精神生产实践；而德国古典哲学家则是脱离物质生产，只是片面地从人的发展角度、以唯心主义的方法论探究人类精神生产实践。所以，它们虽然表现出了明显的历史进步性，但是并没有真正科学地把握人类精神生产实践的规律。

马克思、恩格斯在对他们之前的旧哲学和近代资产阶级国民经济学批判和继承的过程中形成了实践论和剩余价值论这两大理论学说，从而奠定了科学把握人类精神生产实践规律的基础，实现了对前人理论成果的继承和超越。列宁、毛泽东、邓小平、江泽民、胡锦涛、习近平分别结合自身所处的时代环境和国家建设的现实要求，推进了马克思主义精神生产理论的创新发展。马克思主义精神生产理论的构建和发展，促进了人们对社会生产系统全面而科学的把握，为人们进一步认识和发展精神生产实践提供了重要的方法依据。

第一节　马克思主义精神生产理论的思想渊源

　　近代资产阶级国民经济学中的精神生产理论和德国古典哲学中的精神生产理论都是马克思主义精神生产理论的直接思想渊源。其中，它们取得的成就是马克思主义精神生产理论形成的重要基础和养分，而它们存在的缺陷则是马克思主义精神生产理论形成的突破口和生长空间。所以，要研究马克思主义精神生产理论必然要求对这两者所取得的成就和存在的缺陷进行理解和分析。

一、近代资产阶级国民经济学中的精神生产理论

　　资本主义社会将人的逐利性发挥得淋漓尽致，"它使人和人之间除了赤裸裸的利益关系，除了冷酷无情的现金交易，就再也没有任何别的联系了"①。所以，近代资产阶级国民经济学正是在对"财富来源于哪里""如何创造和积累更多财富""何种生产劳动创造财富"等深层次问题的不断探究的过程中，逐步形成了比较系统的精神生产理论。

　　重商主义被看作资产阶级最初的经济学派。它充分肯定了对外贸易在资本主义原始积累中发挥的巨大作用，提出了"对外贸易是货币财富真正源泉"的理论观点。②而被马克思称作近代资产阶级真正经济学鼻祖的法国重农学派则对重商主义的观点给予了批判和否定，提出"土地才是财富唯一源泉"的理论观点。发展到英国古典政治经济学流行时期，亚当·斯密提出和论证了极具影响力的理论观点，即他在严厉批判和推翻重商主义关于财富来源于流通领域的理论观点的基础上，提出和论证了财富是来源于生产领域的理论观点。在这一理论观点中，他将人类劳动具体地划分为生产性劳动和非

---

① 马克思恩格斯选集：第1卷［M］．北京：人民出版社，2012：403．
② ［英］托马斯·孟．英国得自对外贸易的财富［M］．袁南宇，译．北京：商务印书馆，1959：4．

生产性劳动两种类型①，其中认为生产性劳动是创造财富的，而非生产性劳动则是不创造财富的。为了进一步清晰地阐述自己的理论观点，亚当·斯密首先以制造业工人的劳动作为具体事实证明，"他们的劳动可以固定并且实现在特殊商品或可卖商品，可以经历一些时候，不会随生随灭。那似乎是把一部分劳动贮存起来，在必要时提出来使用"②，明显地属于生产性劳动；接着他以家仆的劳动作为相反的例证指出，他们的劳动是"不固定亦不实现在特殊物品或可卖商品上"③，同时"要把它的价值保存起来，供日后雇佣等量劳动之用，是特别困难的"④，这就决定了家仆们的劳动是明显属于非生产性劳动；他再进一步指出，类似于家仆的劳动还包括政府官员、牧师、医生、律师、演员、歌唱家、舞蹈家等职业者所开展的劳动。所以，在近代资本主义经济学发展过程中，重商主义、重农主义以及亚当·斯密等学派或者经济学家是把精神劳动看作非生产性劳动的，他们并没有完全重视精神劳动在财富创造和增长过程中所起到的重要作用。

这些将非生产劳动排斥在财富增长和创造之外的观点引发了很大的争论，并且遭受到了一些经济学家的严厉批判。马克思曾对参与争论的经济学家做过这样的评价："反对亚当·斯密提出的关于生产劳动和非生产劳动的区分的论战，主要是由二流人物（其中施托尔希还算是最出名的人物）进行的。"⑤ 尽管马克思评价的语气带有讽刺性和显得比较苛刻，但是他的话语却能很好地反映出当时不少经济学家在探索和论证"精神生产是否创造社会财

---

① 亚当·斯密确立了区分生产性劳动和非生产性劳动的两大标准。第一是要分清劳动是与资本相交换，还是与收入相交换。当与资本相交换产生并生产出剩余价值的劳动就是生产性劳动；当与收入相交换而不产生剩余价值的劳动就是非生产性劳动。第二是要分清劳动是固定在商品的使用价值中，还是随生随灭而不固定在商品之中。当物化在商品中的劳动为生产劳动；当不物化在商品的劳动则为非生产性劳动。这两大标准存在着内在的关联性。其中，第一个标准是基础，第二标准则是第一个的补充和发展。参见：邹柏松. 评亚当·斯密划分生产劳动的两个标准 [J]. 华南师范大学学报（社会科学版），1991（8）：84-87.
② [英] 亚当·斯密. 国民财富的性质和原因的研究 [M]. 郭大力，王亚南，译. 北京：商务印书馆，1988：303.
③ [英] 亚当·斯密. 国民财富的性质和原因的研究 [M]. 郭大力，王亚南，译. 北京：商务印书馆，1988：304.
④ [英] 亚当·斯密. 国民财富的性质和原因的研究 [M]. 郭大力，王亚南，译. 北京：商务印书馆，1988：304.
⑤ 马克思恩格斯全集：第26卷（第1册）[M]. 北京：人民出版社，1972：167.

富?"这一问题。而马克思所说的这些所谓的"二流人物"实际包括了昂利·施托尔希、让·萨伊、托马斯·马尔萨斯、弗里德里希·李斯特、詹姆斯·穆勒、威廉·罗雪尔等后来非常著名显赫的经济学家。在这些经济学家中,昂利·施托尔希和弗里德里希·李斯特的批判和探索对近代资产阶级国民经济学中的精神生产理论的最终建构起到了决定性作用。

昂利·施托尔希深入地探讨和分析了精神生产的内涵、外延和作用,以及精神产品的主要特征等方面内容。首先,昂利·施托尔希指出亚当·斯密理论观点存在不足的主要根源是他并没有对非物质价值和财富做出应有的合理区分。接着,昂利·施托尔希力图发展和建构自己的关于"内在财富"理论,以此来克服亚当·斯密关于精神劳动属于非生产劳动的理论观点所存在的错误。

在"内在财富"理论中,昂利·施托尔希对"内在财富"的概念内涵进行了界定和分析,指出它是由"健康、灵巧、才智、趣味、德行、宗教、安全、闲暇"等内容形态所构成的①;同时,他充分肯定了"内在财富"在社会发展的历史地位,强调人在没有"内在财富"之前是绝不会生产出财富的,只有"以内在财富的名义,在自然和人的劳动下产生的所有非物质产品,均具有一定的效用,而且构成人的精神财产"②。除此以外,他还对比了物质财富和内在财富之间存在的异同,指出"内在财富……是可占有的,但无法传递;如此一来,内在财富只拥有一种直接价值,本身既不能买也不能卖,人们只能买卖生产它的劳动……因为它不能出让"③。所以依据昂利·施托尔希论述的内容来看,他所强调的主体和对象实质就是精神要素,所建构的"内在财富"理论实质就是后人所说的精神生产理论。马克思对于昂利·施托尔希在这方面所做的工作给予了相当高的评价,认为:"施托尔希事实上是第一个试图以新的论据来反驳斯密对生产劳动和非生产劳动的区分的人。"④

---

① 陈佳奇. 马克思精神生产理论的当代诠释 [M] // [俄] 昂利·施托尔希. 政治经济学教程:萨伊1823年评注版第3卷. 北京:人民出版社,2011:181.

② 陈佳奇. 马克思精神生产理论的当代诠释 [M] // [俄] 昂利·施托尔希. 政治经济学教程:萨伊1823年评注版第3卷. 北京:人民出版社,2011:180.

③ 陈佳奇. 马克思精神生产理论的当代诠释 [M] // [俄] 昂利·施托尔希. 政治经济学教程:萨伊1823年评注版第3卷. 北京:人民出版社,2011:184.

④ 马克思恩格斯全集:第26卷(第1册)[M]. 北京:人民出版社,1972:295.

弗里德里希·李斯特在对过去理论批判的基础上，对精神生产活动的性质、作用等方面进行了详细分析和深入论证。弗里德里希·李斯特认为，亚当·斯密理论观点存在缺陷的主要原因，是他仅仅"把物质财富或交换价值作为研究的唯一对象，把单纯的体力劳动认为是唯一的生产力"①。而为了克服亚当·斯密关于精神劳动属于非生产劳动的理论观点所存在的缺陷，弗里德里希·李斯特提出和建构起了"生产力理论"，形成了"国家财富并不是在于交换价值的占有，而是在于对生产力的占有"的核心观点。②

在弗里德里希·李斯特建构的理论语境中，生产力"不仅包括有机器和工厂，而且还包括有道德、智力和社会各方面的内容"③，是个人生产能力、精神生产能力、物质生产能力在政治生产能力整合之下形成的一种具有持久性、有效性和总体性的力量。弗里德里希·李斯特关于"生产力理论"的建构进一步促进了精神生产理论的发展，它突出表现在以下五个方面：一是完全明确地提出"精神生产"这一概念，对它的内涵和范畴进行了较为清晰的界定；二是比较明确地阐述了精神生产在社会发展扮演的角色以及所起到的重要作用；三是论证了精神生产和物质生产之间具有的相互依存关系；四是明确地提出"精神劳动的生产力"概念，并且把它看作能够带来社会财富增长的"精神资本"；五是明确物质生产力和精神生产力之间应该相互协调发展的原则。④

经过昂利·施托尔希和弗里德里希·李斯特等人的理论探索和贡献之后，近代资产阶级国民经济学中的精神生产理论得到了系统阐述和深入发展。这对于认清资本主义财富积累、资本主义社会化大生产等实践规律产生了很大的促进作用。然而，这一学派的理论还存在多方面的明显缺陷。首先，它是近代资产阶级国民经济学对财富来源追问的产物，只是片面地探讨了精神生产在财富创造和增长过程的作用，并没有涉及精神生产在整个社会

---

① ［德］弗里德里希·李斯特. 政治经济学的国民体系［M］. 陈万煦，译. 北京：商务印书馆，1961：126.

② ［德］弗里德里希·李斯特. 政治经济学的国民体系［M］. 陈万煦，译. 北京：商务印书馆，1961：296.

③ ［德］弗里德里希·李斯特. 政治经济学的国民体系［M］. 陈万煦，译. 北京：商务印书馆，1961：19.

④ 余章宝. 李斯特精神生产理论新探［J］. 中共浙江省委党校学报，2002（5）：50 - 53.

生产的作用，特别是没有涉及人本质发展方面的作用，从而表现出了"见物不见人"的缺陷；其次，无论是昂利·施托尔希还是弗里德里希·李斯特，他们的理论建构都存在相同问题，即没有具体地、历史地考察人类的生产实践活动，所以他们对精神生产的理解也就缺乏必要的实践基础。对于这个问题，马克思曾对昂利·施托尔希做出过严厉的批判，认为他只是把物质生产当作一般的物质财富的生产来考察，而不是历史地考察它本身，同时也不是把它当作一定历史地发展的特殊实践形式来加以考察，因此导致了失去理解一定社会形态下自由的精神生产的必要基础。① 最后，它在关于精神生产的一些具体论述中存在简单化、片面化以及绝对化等方面的问题。例如，昂利·施托尔希认为精神生产是由"健康、灵巧、才智、趣味、德行、宗教、安全、闲暇"等几大类型构成的，并声称"别无其他"。显然，这就过于绝对化了。以上列举的明显缺陷表明，近代资产阶级国民经济学中的精神生产理论并没有真正、全面、科学地反映人类精神生产实践的基本规律。

二、德国古典哲学中的精神生产理论

近代资本主义生产力的高速发展，促使进一步消除中世纪宗教和神学所留下来的禁锢、束缚，以及培育出更加理性和自由的国民精神成为当时资本主义国家发展的重要课题。因而德国古典哲学家立足于自身的研究传统和国家发展的现实需要，将关注的重点放在"人的自由和个性解放"之上。他们通过不断地追问"人的本质是什么""人的主体性是怎么建构的""人的理性生成依据是什么""如何才能更加高扬理性和自由"等问题，从而形成了有别于近代资产阶级国民经济学中的精神生产理论。

康德、黑格尔、费希特以及费尔巴哈等著名的德国古典哲学家对人类精神生产实践规律进行了深入的探究和系统的总结。其中，黑格尔的探索对德国古典哲学中的精神生产理论的形成起着决定性作用。他深入地系统地探讨了精神的含义，精神生产的本质、动力等方面的内容，构建起了深邃的精神哲学。

---

① 马克思恩格斯全集：第26卷（第1册）［M］．北京：人民出版社，1972：296.

首先，黑格尔阐述和分析了精神的含义。他认为"精神始终是理念"①，它具体包括有主观精神、客观精神和绝对精神这三个由低级到高级的内容层次。他从广义的角度分析，认为精神作为"主观精神"与"客观精神"的共同体，实际指的是"绝对精神"；从狭义的角度分析，认为"精神"是自然界长期进化、发展而来的产物。其次，黑格尔在对精神含义分析的基础上，阐明了精神生产的实质和动力。他明确指出："精神在它的有限化里始终是无限的，因为它在自身中扬弃着有限性。"② 换而言之，精神生产的实质是"绝对精神"对有限性的扬弃和发展，实现外化或对象化的过程。那么，精神又何以能够"绝对地从限制、从它的他物里解放出来，并因而达到绝对的身为存在，使自己成为真正无限的"呢③？黑格尔经过探究而获得的答案是，"矛盾是一切运动和生命力的根源；事物只因为自身具有矛盾，它才会运动，才具有动力和活动"④。所以，精神生产的根本动力必然是由"绝对精神"自身内在矛盾所产生的。再次，黑格尔从否定性辩证法出发，阐述了精神生产与人发展之间的逻辑关系。他指出，精神生产是人主体性赖以生成的依据，是人的类本质的体现，以及是人与动物根本区别的标志。最后，黑格尔明确了精神生产的外延，指出法律、道德规范、伦理、宗教、文学艺术、哲学等都是精神生产的具体形式。

黑格尔在精神领域开展的探索和理论建构对促进德国古典哲学中的精神生产理论的发展起到了重要作用；同时，他的理论成果在后来也深深地影响了马克思和恩格斯关于精神生产理论的建构。但是，黑格尔对于人类精神生产实践规律的把握却存在明显的不足，即把物质与精神的关系本末倒置了，所以他的理论成果是属于客观唯心主义的范畴。

继黑格尔之后，费尔巴哈也是对促进德国古典哲学中的精神生产理论发展起决定性作用的人物之一。费尔巴哈试图以唯物主义作为基点，从黑格尔的对立面把握人类精神生产的实践规律。他批判黑格尔把思维从人本身割裂

---

① ［德］黑格尔．哲学百科全书 III：精神哲学［M］．杨祖陶，译．北京：人民出版社，2015：24.

② ［德］黑格尔．哲学百科全书 III：精神哲学［M］．杨祖陶，译．北京：人民出版社，2015：28.

③ ［德］黑格尔．哲学百科全书 III：精神哲学［M］．杨祖陶，译．北京：人民出版社，2015：29.

④ ［德］黑格尔．小逻辑［M］．贺麟，译．北京：商务印书馆，1980：420.

出来并且夸大为主体的错误，强调现实的人、肉体的人才是精神生产主体，而不是所谓的"绝对精神"。人类精神生产不是毫无条件的，而是要建立在自然之上，需要依靠语言、文字等手段加以实现的，"语言不是别的，正是类的实现"①。他强调精神生产更不是随心所欲的，它需要经过一个由量变到质变的发展过程。费尔巴哈指出，精神生产动力在于人内在价值的需要。他明确强调："精神生产是我的内在需要，并且因此而最深地吸引住我；如同疾病一般地纠缠着我。精神作品并不是制造出来的……在这里，制造只是最外在的活动而已……它们是在我们里面发生出来的。"② 费尔巴哈还指出人类精神生产最大的敌人在于宗教，其认为"基督教就其本质而言并不在自身之中具有文化、教养之原则，因为，它仅仅依靠幻想、上帝、天国来克服尘世生活之界限与负担"③。所以，费尔巴哈把对宗教的批判与克服看成是精神生产发展的重要影响因素和具体表现。

从费尔巴哈阐述的观点可以看出，他试图以自然作为基础，人作为主体，将以往唯心主义哲学家们所探讨的精神生产理论引向唯物主义的立场，这对于把握人类精神生产实践规律又向前推进了一大步。但是，"他不了解'革命的''实践批判的'活动意义"④。所以他并没有真正找到理论建构的科学基石，并没有看到精神的能动作用，并没有在本质上解决以往哲学家所存在的问题，在本质上依然还处于唯心主义的泥潭之中。

总体而言，以黑格尔和费尔巴哈为代表的德国古典哲学家在对人的本质的追问过程中，将精神生产理论发展到了新的高度，为马克思主义精神生产理论的形成和发展提供了重要的思想材料。然而，他们也并没有真正科学地把握人类精神生产的实践规律。这其中共同的根源是，他们依然没有真正找到把握精神生产实践规律的理论基石，依然处于唯心主义的旋涡之中。这具体表现为：一是它走向近代资产阶级经济学家相反的极端，即出现"见人不见物"的偏差，没有能够在物质利益的基础上探索精神生产，所以理论建构

---

① ［德］费尔巴哈. 费尔巴哈哲学著作选集：上卷［M］. 荣震华，译. 北京：商务印书馆，1984：54.
② ［德］费尔巴哈. 费尔巴哈哲学著作选集：下卷［M］. 荣震华，译. 北京：商务印书馆，1984：261.
③ ［德］费尔巴哈. 费尔巴哈哲学著作选集：下卷［M］. 荣震华，译. 北京：商务印书馆，1984：257.
④ 马克思恩格斯选集：第1卷［M］. 北京：人民出版社，2012：133.

又是蹩脚的；二是它将精神生产引向神秘化。其中，黑格尔将精神生产看作"绝对精神"将"有限性"加以发展和扬弃的过程。这实质将精神生产带入了极端抽象和无现实主体的境地，而费尔巴哈也有同样的错误，即"对对象、现实、感性，只是从客体的或者直观的形式去理解"①。这实质是将精神生产带入到具体的片面化、机械化的境地；三是唯心主义的方法论，即没能科学地辩证地界定精神与物质之间的关系。例如，黑格尔没有看到物质的决定性作用，而是过分地夸大了精神力量，强调："关于精神的知识是最具体的，因而是最高和最难的"②，而"精神的东西本身应该起决定性的作用，并且迄今事物的进程就是如此"③。费尔巴哈则试图将黑格尔哲学本末倒置的情况颠覆过来的，但是它却极端地否定了精神的能动性作用，所以表现出明显的机械唯物主义的色彩，实质并没有摆脱唯心主义的错误。

第二节　马克思主义精神生产理论的建构和发展

人们创建和发展一种理论的目标是为了满足国家和社会现实发展的需要。而为了全面科学地把握社会发展的新特点，特别是为了深入地批判资本主义的剥削制度，马克思、恩格斯在立足于现实的基础上对精神生产实践规律进行了深入的考察。在考察过程中，他们以唯物辩证法作为准则，批判地吸收了前人总结的精神生产理论成果的精华，同时克服了它们存在的不足，实现了马克思主义精神生产理论的科学建构。

一、立足于资本主义高速发展的建构条件

恩格斯指出："每一历史时代的经济生产及由此必然产生的社会结构，是该时代政治的和精神的历史的基础。"④ 随着工业革命的深入推进，资本主义社会获得了高速发展，它的优越性和弊端都空前地显现出来。与前人相

① 马克思恩格斯选集：第 1 卷［M］．北京：人民出版社，2012：133．
② ［德］黑格尔．哲学百科全书 III：精神哲学［M］．杨祖陶，译．北京：人民出版社，2015：9．
③ 马克思恩格斯全集：第 3 卷［M］．北京：人民出版社，1960：818．
④ 马克思恩格斯文集：第 1 卷［M］．北京：人民出版社，2009：9．

比，马克思和恩格斯具有更充分、更深刻地把握精神生产现实基础的优势。

一方面，在马克思、恩格斯生活的时代，资本主义发展生产力的优越性得到了前所未有的展现。在形式上表现为，机械化大生产代替了手工工场生产，以往生产受到人力、兽力的局限和大自然力量的控制得到了巨大的克服，而科技更是明显地成为"生产财富的手段，成为致富的手段"①。在效果上表现为，它超越了过去一切时代的总和。用马克思、恩格斯的原话表述："资本主义在它的不到一百年的阶级统治中所创造的生产力，比过去一切时代创造的生产力还要多，还要大。"② 在世界影响上表现为，资本的力量冲破了世界各民族存在的障碍和藩篱，跨越了国家、民族和地区在全球各地扩张、落户、创业的界限，人类历史由原始封闭的民族历史向广阔的世界历史转变，全球化成为世界发展的总体趋势。

在这样高速发展的现实条件之下，人类社会精神生产的特点被更加鲜明、更加显著地体现出来。一是科技这一精神生产形态被前所未有地重视和发展，即"科技因素第一次被有意识地加以发展、应用并体现在生活之中，它的规模是以往的时代根本想象不到的"③。二是精神生产及其产品向物质生产领域转化的速度越来越快，过程越来越短，效率越来越高。换而言之，精神生产在创造和积累财富过程中的作用越来越明显、越来越突出。三是精神生产及其发展方向越来越摆脱"物质基础的纠缠"，相对独立性更强。这些新景象充分表明，在资本主义生产力突飞猛进的发展中，马克思、恩格斯能够比前人掌握到更多分析、理解和研究精神生产的新材料。

在马克思、恩格斯所生活的时代，资本主义的弊端又严重地暴露出来。生产资料私人占有与生产社会化之间不可调和的矛盾，导致经济危机周期性爆发。每一次资本主义经济危机的爆发都像一场大瘟疫一样，使政府混乱、银行关门、企业倒闭、工人失业……更为突出的是在当时社会化大生产的条件下，科技革命给资本主义社会带来财富迅速积累和增长的同时，也造成了工人阶级异化状况的产生和不断加剧。这具体表现为以下方面：一是资本有机构成的必然提高，导致了资本对劳动力需求的下降和对工人剥削加强，工

---

① 马克思. 机器、自然力和科学的应用 [M]. 北京：人民出版社，1978：206.
② 马克思恩格斯文集：第1卷 [M]. 北京：人民出版社，2009：36.
③ 马克思恩格斯全集：第47卷 [M]. 北京：人民出版社，1979：572.

人工资下降和失业风险的增加。二是工人生产出来的产品成了自己劳动的异己力量。当他们创造的产品越多时，他们的劳动价值反而变得越廉价，他们的生活反而变得越贫穷。三是工人的劳动变成异己的力量。他们在被强迫和被奴役中进行着重复而单调的流水线生产，肉体和精神都受到不同程度的折磨。不仅他们的劳动是属于资本家的，而且自身也是属于资本家的。四是工人与人的类本质之间的异化。人的本质是要在自由自觉的生产劳动中展现出来。但是，在当时私有制条件下，工人的劳动仅仅是一种"维持自己生存的手段"，很难反映出自己作为人的本质规定。五是人与人之间的关系相异化。人与他人的关系，本应该是自身本质的确证。但是，在当时社会却演变成为一种强制性关系，即工人阶级与资产阶级的尖锐对立。在这种对立关系中，处于强势的资产阶级占有了工人的劳动、劳动产品，支配了工人的本质；而弱势的工人阶级只能忍受着被压迫和被剥削的状况。

面对资本主义社会的各种弊端，马克思、恩格斯希望通过研究各种生产实践以求达到批判资本奴役劳动、技术统治人的丑恶现象，寻找克服和扬弃人被异化的方法，以及最终实现人的全面而自由的发展目标。正是基于这样的社会理想追求，马克思、恩格斯加强了人类精神生产实践方面的研究。

正是在高速发展的过程中，资本主义社会既充分地显示出了其生产力的巨大优势性，又明显地暴露出了其制度存在的严重弊端。这样的现实基础，使得马克思、恩格斯在精神生产理论的建构中比前人拥有了更加充分、更加丰富的现实材料，从而获得更加强大的研究动力。当然，随着资本主义社会现实基础的不断发展变化，马克思主义精神生产理论的某些具体观点可能会存在一定程度的时代局限性。但是，它给人们提供的是一种分析和解决精神生产问题的方法原则，具有与时俱进的精神品格，它的科学性始终不会褪色。

二、由量变到质变的发展轨迹

事物发展是一个由量变走向质变的过程。前文已论述到近代资产阶级经济学中的精神生产理论、德国古典哲学中的精神生产理论都是关于人类精神生产实践规律探索的重要思想成果。而马克思、恩格斯正是从这些"已有的材料出发"，经历了从量变到质变的思想发展轨迹，实现了对精神生产理论全面而科学的构建。

在读大学期间，马克思是黑格尔哲学思想的忠实追随者。所以，当时他对人类精神生产的理解和认识深刻地打上了黑格尔精神生产思想的烙印。例如，"自我意识"是黑格尔建构"绝对精神"的关键环节。马克思在其博士论文——《论德谟克利特的自然哲学和伊壁鸠鲁的自然哲学之间的差别》里就明显遵循黑格尔哲学思想的精神内核和逻辑思维，充分肯定"自我意识"在事物发展的主体地位，指出其是精神生产的主体，是创造自然和世界万物的主体。当然，此时的马克思也表现出与黑格尔不同的哲学思考，即在高度强调"自我意识"作用的同时，把精神生产与人类认识世界、改造世界的实践结合起来。但是从根本上分析，这些不同的新思考依然是立足于黑格尔精神生产思想构架之内所取得的。同样地，青年时期的恩格斯是拥护"黑格尔青年派"的积极分子。其中，他在撰写的《谢林和启示》一文中极力地维护黑格尔哲学，批判谢林背叛了黑格尔哲学，从而导致谢林自身犯了完全限制和反对理性认识，将哲学引发到宗教神秘主义的严重错误。所以，在这一时期马克思和恩格斯关于精神生产的认识都是处于萌芽状态，并且深深地打上了黑格尔精神生产思想的烙印。

随着认识和实践的深入发展，马克思、恩格斯认识到黑格尔精神哲学存在着把物质和精神关系本末倒置的问题。于是，他们逐步地转向接受从批判黑格尔精神哲学而建立起来的费尔巴哈的哲学思想。在 1843 年到 1848 年年间，马克思、恩格斯开始了从客观现实出发研究精神生产实践规律的历程。在《神圣家族》一文中，他们阐述了物质生产对社会发展的决定作用，并且第一次使用了"精神生产"这一概念；在《德意志意识形态》一文，他们进一步明确和剖析了物质对精神、意识的决定性作用；在《黑格尔法哲学批判》一文，他们看到了"市民社会"是认识人类历史发展过程的钥匙；在《1844 年经济学哲学手稿》一文，他们深刻地阐述了私有制财产的创造和积累对资本主义制度建立的作用。同时从人的不同需求出发，把生产区分出"物质生产"和"精神生产"两种类型，以及明确指出精神生产的主体是现实的人，而客体则是包括动物、植物、阳光、空气、土壤等在内的客观存在。显然，受费尔巴哈哲学思想的影响，马克思、恩格斯认识到了物质生产对精神生产起决定作用的原理、涉及精神生产力与精神生产关系的问题。同时，马克思、恩格斯对于费尔巴哈哲学思想并不是盲目遵从和接受的，而是饱含批判和进一步发展的独立思考。他们看到了费尔巴哈强调物质绝对地决定精神、意识的错误，并且通过研究、探索形成了精神、意识对物质具有能动反作用的原理。概括而言，在这一阶段马克思、恩格斯认识到了物质与精神之间的辩证关系，把人类对精神生产实践规律的认识和把握向前推进了一大步。

马克思、恩格斯继续推进关于精神生产的研究探索。在 1849 年到 1883 年年间，马克思主义唯物史观和剩余价值理论获得了全面确立。而在它们确立的过程中，马克思、恩格斯所撰写的《政治经济学批判》《剩余价值理论》《资本论》《论蒲鲁东》《路德维希·费尔巴哈和德国古典哲学的终结》《哥达纲领批判》《反杜林论》《自然辩证法》等论著，蕴含有对精神生产理论基本原理的具体而又深入的阐述。这其中包括对精神生产和物质生产之间关系的阐述、对精神生产和精神消费之间关系的阐述、对精神生产运行机制的阐述、对精神生产形态范畴的阐述、对精神生产在社会发展的价值与功能的阐述、对分工在推动精神生产发展意义的阐述等。这些探索成果表明，马克思主义精神生产理论已经发展到了成熟阶段。

或许，牛顿的名言——如果说我看得比别人更远些，那是因为我站在巨人的肩膀上，用在马克思、恩格斯建构和发展精神生产理论的过程也是十分适合的。他们正是立足于资本主义高速发展的时代和现实条件，以不断批判和吸收前人的理论成果为基础，经过了由量变到质变的思想发展历程，实现了对精神生产实践规律全面而科学的把握。

三、走向科学性的三维考察

马克思主义具有科学的思想理论基础、揭示了人类社会发展客观规律、为改造自然提供科学的方法，所以是一门科学。在马克思主义精神生产理论的建构中，马克思、恩格斯从物质生产、剩余价值理论以及社会全面生产三个维度考察了人类精神生产活动特别是资本主义社会的精神生产活动，从而克服了近代资产阶级国民经济学只是从财富生产维度考察的片面性，以及德国古哲学只是从人的本质生成维度考察的片面性，推动了人们对精神生产实践规律的科学把握。

（一）从物质生产实践维度的考察

马克思、恩格斯通过对社会全面而深入的探究，认为："全部社会生活在本质上是实践的。"① 正是因为如此，"思想、观念、意识的生产最初是直接与人们的物质活动，与人们的物质交往，与现实生活的语言交织在一起的。观念、思维、人们的精神交往在这里还是人们物质关系的直接产物。"② 而在马克思、恩格斯之前的唯心主义、机械唯物主义的根本缺点，正是由于没有从实践去了解"对象、现实、感性"，所以才出现了片面地、机械地把握精神生产实践规律的偏差。

这深刻地表明，人们应该"从物质实践出发来解释各种观念形态"③。精神生产作为人类特有的社会活动，是从物质生产中分离出来的，并且始终受到物质生产的"缠扰"。例如，在物质生产高度发达的资本主义社会，精神生产也获得了更大发展的条件，即劳动生产率的全面提高能够"给所有的人腾出了时间和创造了手段，个人会在艺术、科学等等方面获得发展"④。精神生产相对于物质生产实践又具有能动性和相对独立性的特点：一方面是精神生产具有满足人的精神需求的功能，能够"为物质生产提供理论观点、科学知识、价值观念、行为规范实践理念等"⑤；另一方面是精神生产具有独立性，它并不是绝对地与物质生产相一致、相平衡。例如精神生产中的文学艺术，"它一定的繁盛时期绝不是同社会的一般发展成比例的"⑥。

通过从物质生产实践维度的考察，马克思、恩格斯充分肯定了物质生产与精神生产的辩证关系，明确了影响精神生产发展的决定因素以及精神生产具有的社会作用，为马克思主义精神生产理论的构建奠定了实践哲学基础。

（二）从剩余价值理论维度的考察

在对实践的探究中，马克思、恩格斯意识到仅仅从哲学批判出发把握精神生产实践规律是不够全面的，这还需要从剩余价值理论的维度出发。关于这方面的考察，他们以批判和吸收亚当·斯密等经济学家坚持的"精神劳动为非生产性劳动，不创造财富"的理论观点作为基础。

---

① 马克思恩格斯选集：第 1 卷 [M]．北京：人民出版社，2012：135.
② 马克思恩格斯选集：第 1 卷 [M]．北京：人民出版社，2012：151.
③ 马克思恩格斯文集：第 1 卷 [M]．北京：人民出版社，2009：554.
④ 马克思恩格斯全集：第 46 卷（下册）[M]．北京：人民出版社，1979：219.
⑤ 景中强．马克思精神生产理论研究 [M]．北京：中国社会科学出版社，2004：148.
⑥ 马克思恩格斯文集：第 5 卷 [M]．北京：人民出版社，2009：21.

第一，马克思、恩格斯批判将生产劳动和非生产劳动绝对化地区分的错误，认为它们的区分应该是有条件的和相对的。他们指出："一种劳动可以是生产劳动也可以是非生产劳动。"他们以具体的事例分析道："密尔顿创作《失乐园》得到 5 磅，他是非生产劳动者。相反，为书商提供工厂式劳动的作家，则是生产劳动者……一个自行卖唱的歌女是非生产劳动者。但是，同一个歌女，被剧院老板雇用，老板为了赚钱而让她去唱歌，她就是生产劳动者，因为她生产了资本。"①

第二，马克思、恩格斯认为对于这两种劳动区分和判断的标准不是在于劳动具有的"自然性"，而是在于劳动凝聚的"社会性"。在资本主义的剥削之中，一切精神生产无不与资本的增值密切相关，所以它必然是属于生产性劳动的。根据此原理，马克思、恩格斯阐述了精神生产特别是科技这种精神生产对社会发展产生的巨大推动力。其中，马克思明确地提出了科学技术是生产力的观点；恩格斯则清晰地分析道："在一个超越于利益的分裂（正如同在经济学家那里利益是分裂的一样）的合理制度下，精神要素当然就会列入生产要素中，并且会在政治经济学的生产费用项目中找到自己的地位。到那我们自然就会满意地看到科学领域中的工作也在物质上得到了报偿。"②

第三，马克思、恩格斯批判了资产阶级统治者以其错误的精神生产理论作为辩护手段，开展着无处不在的剥削以及制造着深重的罪恶。他们富有预见性地指出：未来社会的精神生产不再是对人压迫的手段，而是人达到全面而自由发展共同体的必要条件。

马克思、恩格斯通过从剩余价值理论出发对资本主义精神生产活动进行考察，这就明确了精神生产具有创造和积累社会财富的功能，以及进一步揭示了资本家剥削工人阶级的本质和手段，为马克思主义精神生产理论的构建奠定了经济学基础。

（三）从社会全面生产维度的考察

马克思、恩格斯把人类社会看作一个全面的生产系统。它具体包含有物质生产、人的自身生产、精神生产这三个子系统。这三个生产子系统之间存在着密切的联系，既表现出相互促进性，又表现出相互制约性。马克思明确

---

① 马克思恩格斯全集：第 26 卷（第 1 册）[M]．北京：人民出版社，1972：432.

② 马克思恩格斯全集：第 1 卷 [M]．北京：人民出版社，1956：607.

指出，人们"不应该把社会活动的这三个方面看作三个不同阶段，而应该看作三个方面，或者……三个要素"①。

具体而言，人类自身的生产是社会存在和发展的"第一前提"。人类的存在，也即社会主体获得了存在。否则，一切社会实践都将无法开始或者必将走向终止。物质生产则是人类的"第一个历史活动"，是社会存在和发展的核心内容，为人的生存发展提供必要的物质基础。而精神生产则是从物质生产发展中分离出来的，是社会分工的必然产物，是人获得进步、发展的重要标志。马克思深刻地指出："分工只是从物质劳动和精神劳动分离的时候起才真正成为分工。"② 所以，精神生产从来都无法摆脱物质生产的"纠缠"，并且存在"支配着物质生产资料的阶级，同时也支配着精神生产资料"规律的作用。③ 尽管精神生产比其他两种生产出现的时间要晚一些，并且始终受物质生产制约，但是它在人类社会全面生产的系统中发挥着先导作用，"引领着物质生产和人类自身的生产，并且推动着整个社会不断进步"④。

正是通过从社会全面生产的维度去考察精神生产，马克思、恩格斯明确了精神生产系统在社会全面生产具有的价值地位，为马克思主义精神生产理论的建构指明了促进人全面而自由发展的理想目标。

通过以上三个维度的考察，马克思、恩格斯为构建精神生产理论找到了坚实的实践哲学基础和政治经济学的分析方法，并且确定了在未来社会的理想追求。基于这些因素的共同作用，马克思主义精神生产理论实现了科学的建构。

四、与社会主义实践相结合的创新发展

恩格斯说："我们的理论是发展着的理论，而不是必须背得烂熟并机械地加以重复的教条。"⑤ 与时俱进是马克思主义最重要的理论品质。这正是170多年来马克思主义始终保持旺盛生命力的关键所在。作为马克思主义理论体系的重要内容之一，精神生产理论在社会主义建设中，在解决具体国

---

① 马克思恩格斯选集：第1卷［M］. 北京：人民出版社，2012：159 - 160.
② 马克思恩格斯选集：第1卷［M］. 北京：人民出版社，2012：162.
③ 马克思恩格斯选集：第1卷［M］. 北京：人民出版社，2012：178.
④ 刘云章. 马克思主义精神生产研究［M］. 北京：学苑出版社，2011：82.
⑤ 马克思恩格斯选集：第4卷［M］. 北京：人民出版社，2012：588.

家、具体民族、具体时代的实践问题中实现了与时俱进的创新发展。列宁、毛泽东、邓小平、江泽民、胡锦涛、习近平是推动马克思主义精神生产理论创新发展的主要实践者。

在解决苏俄建立和巩固无产阶级意识形态问题中，列宁深刻阐述了意识形态的内涵、总结出了影响意识形态发展的决定性因素、建立起了加强意识形态建设的阵地、制定出了加强意识形态建设的方法，推进了马克思主义精神生产理论在世界第一个社会主义国家中落实和发展。在领导新民主主义革命实践中，毛泽东形成了新民主主义文化纲领，使马克思主义精神生产理论在与我国革命实践结合中获得了落实和发展；在领导社会主义建设实践中，毛泽东强调教育、科技、文化是精神生产的主要内容，确立了加强精神生产建设的制度体系，形成和落实"古为今用，推陈出新""百花齐放，百家争鸣"的文化方针，使马克思主义精神生产理论在我国社会主义建设的初步探索中获得了落实和发展。在改革开放初步实践中，邓小平在全社会全面恢复了马克思、恩格斯关于"精神生产是社会生产一部分"的思想内容，重视精神劳动、脑力劳动的作用，强调物质文明和精神文明要相互协调发展，使马克思主义精神生产理论在中国社会转型中获得了落实和发展。在改革开放的进一步实践中，江泽民和胡锦涛都特别重视加强中国特色社会主义文化建设，强调发展社会主义先进文化、建设社会主义和谐文化是党和国家建设的重要任务，推动了精神生产与社会其他领域相互协调发展，使马克思主义精神生产理论又获得了进一步发展。在进入中国特色社会主义新时代的实践中，习近平围绕实现全面建成小康社会和实现社会主义现代化强国的战略目标，强调精神生产的重大价值力量，形成了中国梦、中国精神、社会主义核心价值观、文化自信等方面的思想内容，使马克思主义精神生产理论在指导中国特色社会主义新时代建设中获得了创新发展。

总而言之，马克思主义精神生产理论具有与时俱进的品质。它不仅为社会主义国家解决精神生产问题提供了方法依据，而且不断吸收社会主义革命、建设、改革和发展的实践经验，使理论精神、理论内容都获得了新的升华，实现了新的进一步的发展。

第三节　马克思主义精神生产理论的基本内容

马克思、恩格斯并没有专门撰写出关于精神生产发展的相关论著，他们在这方面的理论观点只是散见于《关于费尔巴哈的提纲》《〈黑格尔法哲学批判〉导言》《1844年经济学哲学手稿》《神圣家族》《德意志意识形态》《共产党宣言》《路德维希·费尔巴哈和德国古典哲学的终结》《资本论》《反杜林论》《自然辩证法》等诸多的论著之中。事实上，在百科全书式的马克思主义理论中，关于某些问题或领域只是只言片语以及点到为止的论述并非少见。尽管这些论述相对分散，但是它们之间却存在着深刻的内在关联性，体现出马克思、恩格斯对某些问题或领域非常独到的见解和深远的影响。因此，从马克思、恩格斯分散的论述中，人们依然能够发现马克思主义精神生产理论蕴含有系统性和科学性的内容结构。

一、对精神生产基本属性的规定

属性的规定即对对象特征的一种刻画。马克思、恩格斯通过从唯物史观、认识论以及人与动物之间的区别三个层面，刻画出了精神生产的总体特征。而人们能够从这三个层面的刻画中，基本把握好精神生产的实质。

（一）精神生产是人类重要的社会实践形式

实践是马克思主义理论最根本的基石，是其科学性的根源所在和核心反映。人存在于社会之中，就必须要去开展认识世界和改造世界的实践活动，以最大限度地满足肉体和精神各方面发展的需要，而人类的第一大实践是物质生产。马克思指出物质生产是人类生产第一前提，"人们为了能够'创造历史'，必须能够生活。但是为了生活，首先需要吃喝住穿以及其他一切东西"①。在人类社会早期历史中，人们面临着严峻的生存问题，精神生产很难以独立的形态出现。只有随着物质生产力的发展，"已经得到满足的第一个需要本身、满足需要的活动和已经获得的为满足需要而用的工具又引起新的

---

① 马克思恩格斯选集：第1卷［M］. 北京：人民出版社，2012：158.

需要"①，这即精神需要。换而言之，人类在物质生产力发展中产生了分工，精神生产实践变得重要起来，它才逐渐分离出来而获得独立的形态。特别是到了工业革命之后，精神生产实践在社会发展中居于主导地位，科技以第一生产力的形态影响着社会发展的方方面面，它的独立形态变得越来越突出。由此可以看到，物质生产与精神生产是人类社会实践的两大方面，它们既体现出历时性，先有物质生产提供的基础性、条件性，然后再逐渐从分工中发展、独立出精神生产；它们又体现出共时性，即为人的发展服务，共同满足同时代人们肉体和精神的需求。

马克思、恩格斯之前的旧哲学没有找到"实践"这一块理论基石，将精神生产片面地抽象化，把精神生产实践引到唯心主义的神秘境地。这显然是不科学的。精神生产具有实践的一般特征：

第一，精神生产是人类自觉的、有目的性的活动。人类开展生产实践的动力来源于解决自身需要与现实之间的矛盾，所以所有的生产实践活动都是围绕着这一根本的价值预设性和合目的性而展开的。对此，马克思以最蹩脚的建筑师都比最灵巧的蜜蜂更高明的事实加以说明，他指出最蹩脚的建筑师"在用蜂蜡建筑蜂房以前，已经在自己的头脑中把它建成了"②，而蜜蜂却是无法做到这样的。所以，精神生产具有生产活动的一般特点，它的所有活动环节都具有价值预设性和追求合目的性。例如，艺术家创作出各种各样的作品，归根到底是作者思想的现实呈现，它要么反映创作者的命运和心境，要么反映大时代发展状态和对人的影响，要么实现自己灵魂的洗涤，要么实现对时代追求的呐喊。

第二，精神生产是人本质对象化的活动。人的生产是在不断向自然、社会索取各种内容材料的同时，又将自身力量对象化于自然和社会等存在物的过程。而精神生产的实质是将人的精神力量对象化的过程，它创造出的产物或者是无形的或者是有形的。例如，舞台艺术表演是展现出人精神意志的过程，这样的结果可以看作无形产物；而书本、画册等是凝聚着人精神思想的成果，这可以看作有形产物。

---

① 马克思恩格斯选集：第1卷［M］. 北京：人民出版社，2012：159.
② 马克思恩格斯论文学与艺术：第1卷［M］. 陆梅林，辑注. 北京：人民文学出版社，1982：66.

第三，精神生产能够创造出重要的社会财富。实践活动带来社会财富。精神生产活动推动着社会资本的增殖，提升着人的精神境界，是社会更有内涵和持久发展的重要动力。这个过程中产生的社会财富，既有利于满足当代人的需要，又有利于为下一代人的生存发展提供条件。

（二）精神生产是人类重要的认识活动

人类的认识不是凭空而来的，而是来源于社会实践。在前文已论述到精神生产是社会实践的重要形式，所以精神生产是人类认识的重要来源之一。

第一，精神生产反映出人类认识由低级到高级过程的特点。人类认识过程包含有感性认识和理性认识两个阶段，它们是同一过程的两个具体方面。毛泽东在《实践论》中明确地指出："认识过程中两个阶段特征，在低级阶段，认识表现为感性的，在高级阶段，认识表现为理性的，但任何阶段，都是统一的认识过程中的阶段。"[1] 而精神生产蕴含由低级向高级发展的两个阶段。其中，精神生产低级阶段是指人们日常意识的生产，是精神生产主体对客体的一种直观简单的反映过程；精神生产高级阶段是对道德、法律观点、宗教、哲学、艺术、科学、技术等理性观念创作的过程，是超越一般思维的反映，体现出严密的逻辑结构和艺术提炼的特点。在现实生活中，人们认为精神生产的高级阶段才是真正的意义生产。同时，"判定认识或理论之是否真理，不是依主观上觉得如何而定，而是依客观上社会实践的结果而定"[2]。所以，判断精神生产过程和成果是否是科学的、合理的、符合人民利益的必然要回到社会实践中进行检验。

第二，精神生产反映出人类认识具有历史延续性的特点。恩格斯指出每一个时代哲学都是由先驱者传递下来的特定思想资料作为前提的[3]；克罗伯认为"文化发展的过程是增加的，因此也是积累的，而生物进化过程是代替的过程"[4]。这表明人类所有的认识都不是凭空创造的，而是由人类积累、由量变向质变发展而成的结果。所以，人类认识除了来源于当代实践之外，还具有历史延续性，即在继承过去知识的基础上实现知识创新发展。精神生产

---

① 毛泽东选集：第1卷［M］．北京：人民出版社，1991：286.
② 毛泽东选集：第1卷［M］．北京：人民出版社，1991：284.
③ 马克思恩格斯论文学与艺术：第1卷［M］．陆梅林，辑注．北京：人民文学出版社，1982：115.
④ 覃光广．文学词典［M］．北京：中央民族学院出版社，1988：45.

深刻体现出人类认识的历史延续性。一方面，人类精神生产体现出认识的继承性，它的活动过程需要前人的思想材料和研究成果作为基础，需要在实践中不断积累和沉淀；另一方面，人类精神生产体现出认识的发展性，它需要不断地深化和突破对未知领域的探索和新生事物的探讨，从而不断满足人们产生的新的精神需要。总而言之，精神生产对过去的继承是实现自身不断发展的根基，对过去的突破则是使自身不断适应时代发展的要求、创造更大价值的追求。

（三）精神生产是人的本质属性的体现

古代有不少先哲十分重视对人的本质属性的探讨，直接提出了"人是什么""人从哪里来，到哪里去""认识你自己"等深邃的哲学命题。他们大多数人是从精神理性的角度回答这类问题的。例如：孟子认为"天人相通"；《淮南子》认为"烦气为虫，精气为人"；普罗泰戈拉认为"人是万物的尺度"；亚里士多德认为"人是理性动物"；笛卡尔认为"我思故我在"；康德认为"人为自然立法"等。

马克思、恩格斯认为从精神理性的角度认识人的本质属性具有合理性的一面，但这并不全面和科学。他们指出，人的本质属性是"一切社会关系的总和"①。这其中物质生产是人本质属性的基础性体现。人与动物的区别开始于人的物质生产，"一当人开始生产自己的生活资料的时候，即迈出由他们的肉体组织所决定的这一步时候，人本身就开始把自己和动物区别开来"②。马克思、恩格斯之前的旧哲学正是由于没有能够看到物质生产的重要作用，所以造成了对人本质认识的重大缺陷。精神生产则是人本质属性的重要体现。动物本性与他的生命活动完全是同一的，但人的生命活动是具有精神性的、有意识性的"自由自觉的活动"。马克思、恩格斯指出吃、喝、性行为等本能固然是人真正的机能，然而"如果使这些机能脱离了人的其他活动，并使它们成为最后的和唯一的终极目的，那么，在这种抽象中，它们就是动物的机能"③；人只有在自由自觉的精神生产时代才能真正开始通往自由王国④。由此可见，精神生产是人真正超越动物本能的重要反映。所以，恩格

① 马克思恩格斯选集：第1卷［M］. 北京：人民出版社，2012：139.
② 马克思恩格斯选集：第1卷［M］. 北京：人民出版社，2012：147.
③ 马克思恩格斯选集：第1卷［M］. 北京：人民出版社，2012：54.
④ 马克思恩格斯全集：第25卷［M］. 北京：人民出版社，1974：926.

斯将精神生产高度赞誉为"有机物最高精华的运动""地球上的最美的花朵"。马克思又从反面的视角论述精神生产在反映人的本质属性的作用，他指出如果人的精神受到束缚，那么人的本质就会受到压制，人就会被推向动物界，正如中世纪时代的欧洲是"人类史上的动物时期，是人类动物学"①。

总的来说，物质生产是人类赖以生存的基础，是人与猿类实现相互区别的基本条件和重要标志；而精神生产则是人的本质属性对于肉体和心理表层具有超越性和创造性的重要标志。

二、对精神生产结构体系的阐释

马克思、恩格斯认为精神生产是社会生产系统的重要组成部分，受物质生产、人自身生产等因素的制约。因此，精神生产理论的外部结构体现在精神生产与物质生产、人自身生产存在的相互关系之中。但是，精神生产又是相对独立的生产部门，因而又具有内在的结构体系。这具体表现在精神生产力和精神生产关系存在的相互关系之中。由于本书前面已经论述过精神生产与物质生产、人自身生产的关系，所以就不重复论述了。在此，笔者将主要论述马克思主义精神生产理论中关于精神生产内在结构体系的内容。

（一）精神生产力

精神生产具有相对的独立性，这首先表现为具有生产力的特点。在《1857—1858年经济学手稿》一文中，马克思第一次明确地提出和使用"精神生产力"的概念。他指出："货币的简单规定本身表明，货币作为发达的生产要素，只能存在于雇佣劳动存在的地方……在那里，货币不但绝不会使社会形式瓦解，反而是社会形式发展的条件和发展一切生产力即物质生产力和精神生产力的主动轮。"②

在马克思主义语境中，精神生产力包含有两层相互联系的含义：一是人们具有生产精神产品的能力；二是人们具有改造和利用客观世界的精神能力。这样的精神能力具有与物质生产力相同的构成要素，即精神生产主体、精神生产资料和精神生产客体。这三大要素表现出的作用和能力正是精神生产力的集中反映。其中，精神生产主体是社会发展分工的产物，是整个生产

---

① 马克思恩格斯全集：第3卷［M］．北京：人民出版社，2002：102.

② 马克思恩格斯全集：第46卷（上册）［M］．北京：人民出版社，1980：173.

过程中最活跃的因素，它的数量、质量以及职业品格等直接决定精神生产力水平的高低；精神生产资料是联系精神生产主体与客体的中介，它包括物质性的和精神性的两种类型。马克思指出："经过仔细的分析总是发现，在任何劳动中，都使用某种劳动材料和劳动资料。"① 任何生产都是需要中介连接的，否则将无以为继，所以精神生产资料的丰富程度是影响精神生产力发展的重要因素；精神生产客体是指精神生产主体要认识、加工或者改造的对象，这包括自然界、人类社会、人的精神世界和人的精神产品等。在精神生产过程中，人们将自己的精神意志转化于客体之中并且为自身所占有和享用。所以，当精神客体所延伸和拓展的领域越广阔，所产生的效果就越明显，所收获的价值就越大，这表明精神生产力产生的力量就越强大。归纳而言，马克思主义精神生产理论充分肯定了精神生产具有生产力的性质，表明了精神生产在社会发展中起到重要推动力的作用。

（二）精神生产关系

精神生产具有相对独立性，还表现为具有生产关系的独特性。人的社会属性决定其既不能孤立地从事物质生产，也不能孤立地进行精神生产；物质生产由多个环节构成，精神生产也同样如此。所以，精神生产关系必然是客观存在的。那么，精神生产关系的实质是什么呢？列宁指出，马克思、恩格斯的基本思想是"把社会关系分成物质的社会关系和思想的社会关系"，所以精神生产关系实质就是指"思想的社会关系"②。精神生产关系的生成与体现，是建立在精神产品生产、分配、交换以及消费各个环节的相继运行之中。这四大环节之间的关系，是一个过程中的四个方面。其中，生产环节制造出产品，为满足人类的需要奠定基础；分配环节则是依照社会规则决定个人所获得这些产品的比例和份额；交换环节则是个人依据自身的需要和能力把已经分配好的产品实现再分配；消费环节则是产品直接转变成满足个人需要或者再生产消耗的对象。

马克思、恩格斯在研究中揭示了物质生产力决定精神生产力，同时它们又共同决定和影响精神生产关系的原理。这表明，在精神生产领域不能简单地套用精神生产力决定精神生产关系的原理。这是因为与物质的社会关系是

---

① 马克思恩格斯全集：第47卷［M］．北京：人民出版社，1979：57.

② 列宁全集：第1卷［M］．北京：人民出版社，1984：121.

由物质生产力直接决定不同，精神生产关系是受精神生产力影响的，但是其最终决定力量归根到底是物质生产力。所以，寻找直接决定精神生产关系的因素不应该停留在精神生产力之上，而是要往更深层次的物质生产力上探究。正如马克思所指出的："支配着物质生产资料的阶级，同时也支配着精神生产资料所有制。"① 显然，统治阶级之所以能够支配精神生产运行的全过程，正是由于他们在根本上掌握了物质生产资料所有权。

马克思、恩格斯又肯定了精神生产关系的能动反作用力。精神生产关系对于物质生产力、精神生产力并不是完全处于附庸和无能为力的境地的，而是具有一定的能动反作用力。当精神生产关系处于落后状态时，它会阻碍物质生产力、精神生产力的发展；反之，则能对它们的发展起到推动作用。这样的规律在我国社会主义建设中得到了重要的印证。在新中国成立初期，我国的精神生产关系脱离了现实生产力的发展水平，这使得人们精神生产活动出现了非正常的状况，从而加剧了社会主义建设的挫折和损失；改革开放以后，我国在"解放思想、实事求是"思想路线的指引下，精神生产关系与现实生产力获得了相互适应的发展，这使得人们的精神生产活动走向了正常化，精神生产活动的作用得到充分发挥，中国特色社会主义建设获得了新的发展动力。不难看出，马克思主义精神生产理论指明了精神生产关系的实质、基本环节、决定因素以及具有能动的反作用力。

三、对精神生产形态范畴的概括

精神生产的形态范畴是指精神生产内在和本质的具体表现形式。

一方面，马克思、恩格斯从宏观层面指出了精神生产的历史形态。他们以生产力为基础，生产关系为体现，将人类社会划分为原始社会、奴隶社会、封建社会、资本主义社会和社会主义社会这五种由低至高的发展形态。而与之相适应的是精神生产经历着原始社会、奴隶社会、封建社会、资本主义社会和社会主义社会这五种由低到高的发展形态。同时，他们通过对不同社会形态的精神生产进行比较发现，由于人与自然关系、生产方式、社会结构体系等都存在巨大差异性，所以不同社会形态的精神生产形态也存在明显的差异性。马克思指出："与资本主义生产方式相适应的精神生产，就和与

---

① 马克思恩格斯全集：第 3 卷［M］．北京：人民出版社，1960：52．

中世纪生产方式相适应的精神生产不同。"① 具体分析而言：在原始社会中，人类最重要和最显著的精神生产形态是图腾崇拜；在奴隶社会中，人类的精神生产是在神话思想基础上形成的神学；而对于中世纪封建社会的精神生产，马克思认为它在本质依然是神学的世界；在资本主义社会中，精神生产形成新思想，即"人道主义思想、宗教改革思想和唯理论思想"②；发展到社会主义社会，人的发展将成为社会价值的归宿点，科学、艺术、道德、哲学等精神要素将成为每一个全面而自由发展的人的重要条件。

另一方面，马克思、恩格斯从微观层面对精神生产的具体形态范畴进行了一定的论述。最初，马克思、恩格斯在撰写的《德意志意识形态》一文中，将精神生产的具体形态范畴概括和表述为"政治、法律、道德、宗教、形而上学等社会意识形态"。后来随着认识和实践的深入发展，他们在撰写的《1857年经济学手稿摘选导言》和《政治经济学批判（1857—1858年手稿）摘选》等著作中又加以补充发展，分别把文学艺术以及科学技术归纳为精神生产的具体形态范畴；在1872年恩格斯撰写的《论住宅问题》一文也间接地谈到精神生产的具体形态范畴包括有"政治、哲学和宗教"等形态。综合分析，马克思、恩格斯关于精神生产具体形态范畴的认识是不断补充和深化发展的过程，他们把社会意识形态建设、文学艺术发展和科学技术进步看作最重要的三大现实形态范畴。

四、对精神生产理想目标的确定

马克思主义是关于全人类解放的学说。马克思强调，未来社会将是"一个更高级的、以每个人的全面而自由的发展为基本原则的社会形式"③。恩格斯指出，"每一个人都无可争辩地有权全面发展自己的才能"④，"就是全面地发展自己的一切能力，其中也包括思维的能力"⑤。这充分表明，马克思主义追求的最高社会理想目标是实现"每个人的全面而自由的发展"。

---

① 马克思恩格斯全集：第33卷［M］. 北京：人民出版社，1973：346.
② ［苏］В. И. 托尔斯特赫. 精神生产——精神活动问题的社会哲学观［M］. 安起民，译. 北京：北京师范大学出版社，1988：302.
③ 马克思恩格斯全集：第23卷［M］. 北京：人民出版社，1972：649.
④ 马克思恩格斯全集：第2卷［M］. 北京：人民出版社，1957：614.
⑤ 马克思恩格斯全集：第3卷［M］. 北京：人民出版社，1956：330.

人的全面而自由的发展需要有充分的条件支撑。马克思指出，人的全面而自由的发展是"人以一种全面的方式，也就是说，作为一个完整的人，占有自己全面的本质"①。从单个完整的人而言，他的全面而自由的发展则是体力、智力、道德等多方面协调和充分的发展。这是因为体力是人存在的必需的生理基础，智力是人存在的必需的社会心理基础，道德活动则是人存在的必需的社会交往基础。再往深层分析，人的体力发展侧重建立在物质需要满足的基础之上，而智力、道德等的发展则更侧重于以精神需要获得满足为基础。江泽民指出："共产主义社会，将是物质财富极大丰富，人民精神境界极大提高，每个人全面而自由发展的社会。"② 由此可见，物质生产和精神生产是实现人的全面而自由发展的两大力量支撑。当社会真正进入谋求人的全面而自由的发展阶段时，人们能否获得精神需要的满足将会变得更加重要。马克思指出："不管有用劳动或者生产活动怎样不同，它们都是人体的机能，而每一种这样的机能不管内容和形式如何，实质都是人的脑、神经、肌肉、感官等的耗费。"③ 根据新时代的国情，习近平强调全面深化改革要实现让人民群众有更多的获得感的目标追求。关于人的获得感的问题，显然是涉及人的精神需要能否获得满足的问题。因而，众多的例证表明在影响人的全面而自由的发展的各要素中，精神生产处于核心地位。

精神生产能够为人的全面而自由的发展提供丰富资源。一是提供科学技术资源。它们能使生产力极大地提高，为物质生产发展提供不竭的动力，为人的全面而自由的发展增强物质保障；二是提供道德、法律资源。它们能对人和社会的行为产生规范作用，确保人的权利实现，社会达到公平正义、安定有序的状态，为人的全面而自由的发展提供制度保障；三是提供文艺资源。它们可以影响人的心灵，实现人的精神世界的自我满足和自我提升；四是提供教育资源。这能使精神成果等传递和延续、人的精神世界获得发展和完善。

上述分析表明，马克思主义精神生产理论将精神生产的理想目标确定为满足人的全面而自由发展的需要。

---

① 马克思恩格斯全集：第 42 卷［M］．北京：人民出版社，1979：123.
② 江泽民文选：第 3 卷［M］．北京：人民出版社，2006：293.
③ 马克思恩格斯全集：第 3 卷［M］．北京：人民出版社，1956：42.

小　结

精神生产是人类重要的实践活动。科学把握精神生产实践规律既有利于促进社会生产发展，又有利于深入认识人的本质属性。自古以来，人们就力图把握好精神生产实践规律，以求最终实现更好地认识世界和改造世界的目标。在人类历史发展到资本主义之后，伴随着社会分工的充分扩大、科学技术的广泛应用、生产力的高度发展，人们对精神生产实践规律的把握开始走向了系统化、理论化、科学化。

近代资产阶级国民经济学中的精神生产理论和德国古典哲学中的精神生产理论是最先系统化、理论化的精神生产理论。其中，近代资产阶级国民经济学家在探索创造社会财富的奥秘中，分析了精神生产的属性和价值，形成了以有效推动社会财富增长为中心的精神生产理论；德国古典哲学家在批判中世纪对人的蒙昧和禁锢中，在追求人的理性增长和自由觉醒中，分析了精神生产的属性和价值，形成了以人本主义为中心的精神生产理论。尽管这两大理论成果的研究视角和解决的具体问题有所不同，但是它们都充分表明了人类在把握精神生产实践规律的过程中获得了飞跃性进步。然而，由于受到时代条件以及阶级立场的局限，它们对精神生产实践规律的把握存在明显的片面性、机械性，实质都存在唯心主义倾向。

马克思、恩格斯所生活的时代，资本主义获得了更大、更全面的发展。这使得资本主义社会具有的进步性和存在的弊端都充分地显露出来了。所以，马克思、恩格斯获得了科学把握精神生产实践规律的良好社会条件和更丰富的现实材料。而为了掌握人类精神生产实践规律，以及揭示资本主义剥削工人的秘密，马克思、恩格斯在批判和吸收前人思想成果的条件下，以唯物史观和剩余价值理论为基石，经历了从量变到质变的思想发展轨迹，构建起了马克思主义精神生产理论。这标志着人类对精神生产实践规律的认识进入了科学的境界。马克思主义精神生产理论并不是教条，而是具有与时俱进的优良品质。它被列宁、毛泽东、邓小平、江泽民、胡锦涛、习近平运用于社会主义实践之中，在解决具体国家、具体民族和具体时代的精神生产问题中获得了创新发展。

从根本上说，马克思主义精神生产理论是马克思、恩格斯对人类精神生产实践规律探索和总结的思想成果。从具体上分析，它规定了精神生产是社会实践的重要形式，是人类重要的认识活动，是人的本质属性的重要体现；阐述了精神生产力与精神生产关系的结构体系；指明了精神生产要先后经历原始社会、奴隶社会、封建社会、资本主义社会和社会主义社会等五种历史形态；概括了精神生产包含有社会意识形态建设、文学艺术发展、科学技术进步为核心的多种形态范畴；明确了精神生产具有推动实现共产主义，促进人的全面而自由发展的价值功能。

总而言之，马克思主义精神生产理论作为人类精神生产实践规律的科学总结，它能够在社会主义建设中不断地与具体实践、具体民族、具体时代相结合，表现出强大的生命力。在建设和发展中国特色社会主义的新时代，促进精神生产建设和发展要始终坚持马克思主义精神生产理论的指导地位不动摇。

第二章

马克思主义精神生产理论与非物质文化遗产传承和发展的逻辑关系

本论题得以成立并且能够进一步研究的重要基础是要证明马克思主义精神生产理论与非物质文化遗产传承和发展存在紧密的逻辑关系。由于马克思主义精神生产理论是关于人类精神生产实践规律的科学总结，那么它必然对人类精神生产实践具有普遍的指导意义。这从马克思主义精神生产理论对意识形态建设、文艺发展、科技发展等发挥指导作用就能获得论证。同时，非物质文化遗产传承和发展是以口传心授、言传身教为核心延续方式的，是以创造满足人们精神需要的成果为中心的实践活动，具有鲜明的精神生产特性，属于精神生产的具体形态之一。所以，从普遍原理、一般规律对具体实践、个别活动具有指导意义的逻辑关系分析，它们之间存在密切的关联性。本章内容将重点发掘和阐述马克思主义精神生产理论与非物质文化遗产传承和发展具有的逻辑关系，明确马克思主义精神生产理论是非物质文化遗产传承和发展研究的理论基础。

第一节　马克思主义精神生产理论
对精神生产具有普遍的指导性

马克思主义精神生产理论是马克思、恩格斯通过对人类精神生产的具体实践进行不断考察，把具体现象、具体经验抽象地上升为普遍的概念、范畴和规律的思想成果。这使得它具备普遍指导精神生产实践的功能。恩格斯指出，"一切真实的、详尽无遗的认识都只在于：我们在思想中把个别的东西从个别性提高到特殊性，然后再从特殊性提高到普遍性；我们从有限中找出和确定无限，从暂时中找出和确定永久"①。所以，马克思主义精神生产理论

---

① 马克思恩格斯选集：第3卷［M］. 北京：人民出版社，2012：937.

对意识形态建设、文艺发展、科技发展等精神生产实践具有普遍指导性。

一、对意识形态建设的指导性

"意识形态生产是精神生产的核心维度""意识形态生产从属于精神生产"。① 马克思、恩格斯在建立精神生产理论的过程中,把意识形态建设作为重要的范畴进行探讨,形成了深刻的理论见解。首先,明确意识形态建设是历史发展的产物,它根源于分工扩大、阶级对立以及国家形成的历史进程中。分工的扩大推动了私有制的发展,导致了阶级对立,而为了调和阶级矛盾产生了国家这个共同体。为了论证和维护国家统治阶级的权力合法性,执政党必然需要进行意识形态建设。马克思指出,在国家统治阶级内部"一部分人是作为该阶级的思想家出现的,他们是这一阶级的积极地、有概括能力的意识形态家,他们把编造这一阶级的关于自身的幻想当作主要的谋生之道"②。其次,强调意识形态建设的主要功能是为了维护阶级利益。"每一个企图取代旧统治阶级的新阶级,为了达到自己的目的不得不把自己的利益说成是社会全体成员的共同利益"③。所以,每一个阶级为了夺取政权或者维护政权都必然要建设属于自己的意识形态体系。再次,批判剥削阶级意识形态的"颠倒性"和"虚假性"。"为什么意识形态家使一切本末倒置……法的观念。国家的观念。在通常的意识中被本末倒置"④;"意识形态是由所谓的思想家通过意识、但是通过虚假的意识完成的过程"⑤。马克思、恩格斯的相关论述表明,剥削阶级的意识形态对现实本末倒置,抽象粉饰他们的地位和利益;剥削阶级的意识形态为统治行动披上全民的虚假外衣,掩盖和遮蔽现实的阶级矛盾。最后,确立建设无产阶级意识形态的目标。剥削阶级意识形态的"颠倒性""虚假性"根源于私有制,目的是为了剥削和压迫被统治阶级。所以,加强无产阶级意识形态建设的主要任务是揭示私有制的根源,并且为无产阶级消灭私有制、推翻资产阶级的统治提供行动指南。

---

① 刘伟. 马克思的意识形态生产思想及其现实逻辑 [J]. 社会主义研究,2018 (1):24 – 29.
② 马克思恩格斯选集:第1卷 [M]. 北京:人民出版社,2012:179.
③ 马克思恩格斯选集:第1卷 [M]. 北京:人民出版社,2012:180.
④ 马克思恩格斯选集:第1卷 [M]. 北京:人民出版社,2012:214 – 215.
⑤ 马克思恩格斯选集:第4卷 [M]. 北京:人民出版社,2012:642.

马克思主义精神生产理论关于意识形态建设的内容观点为社会主义国家的意识形态建设指明了方向。一是要建立和巩固社会主义意识形态的领导权。马克思、恩格斯充分肯定无产阶级掌握意识形态的领导权在反对资产阶级斗争中的作用。所以，列宁、毛泽东、邓小平、江泽民、胡锦涛和习近平在领导社会主义建设的过程中十分强调建立和巩固社会主义意识形态的领导权。列宁指出："从马克思主义观点看来，否认或不了解领导权思想的阶级就不是阶级，或者还不是阶级，而是行会，或者是各种行会的总和。……既然过去有领导权，因此马克思主义者就与形形色色的脱离革命的人相反，现在和将来都必须坚持领导权思想。"① 毛泽东强调："掌握思想领导是掌握一切领导的第一位。"② 习近平强调要"牢牢掌握意识形态工作领导权"③。二是要将意识形态建设与社会其他领域建设相互融合。马克思、恩格斯强调意识形态根源于社会存在，并且对社会存在会产生能动的反作用力。所以，列宁、毛泽东、邓小平、江泽民、胡锦涛和习近平在领导社会主义建设中都重视将意识形态建设与其他领域建设的相互融合。列宁将意识形态建设"根植于当时俄国社会主义建设的现实生活"，把"促进意识形态的先进性体现在经济社会稳定发展和人民享受到苏维埃政权带来的好处上来"④。毛泽东在新民主主义革命时期提出了经济纲领、政治纲领、文化纲领，体现出意识形态建设与其他领域建设相结合的特点。邓小平、江泽民、胡锦涛和习近平在领导改革开放过程中始终坚持以经济建设为中心，坚持四项基本原则，保持经济建设与意识形态建设协调发展，发挥意识形态建设对经济建设的促进和保障作用。三是要坚决反对敌对势力的意识形态。马克思、恩格斯站在无产阶级的立场坚决反对敌对势力的意识形态。所以，列宁在领导苏俄建设过程中坚持抵御西方资本主义国家的渗透和颠覆，批判民粹主义、孟什维克主义。毛泽东在领导社会主义建设中强调："我们应当批判各种各样的错误思想。不加批评，看着错误思想到处泛滥，任凭它们去占领市场，当然不行。"⑤ 20世纪80年代，邓小平领导开展了反对精神污染和反对资产阶级自由化的斗

① 列宁全集：第20卷 [M]．北京：人民出版社，1989：111.
② 毛泽东选集：第2卷 [M]．北京：人民出版社，1991：435.
③ 党的十九大文件汇编 [G]．北京：党建读物出版社，2017：28.
④ 李陆迪．列宁意识形态理论研究 [D]．哈尔滨：东北农业大学，2017：26.
⑤ 毛泽东选集：第5卷 [M]．北京：人民出版社，1977：392.

争。20世纪90年代，江泽民领导开展了反对在发展市场经济中滋长的拜金主义、享乐主义和极端个人主义等腐朽思想的意识形态斗争；21世纪初期，胡锦涛强调"意识形态领域历来是敌对势力同我们激烈争夺的重要阵地"，要坚决批判敌对势力的意识形态。进入中国特色社会主义新时代，习近平强调要以社会主义核心价值观为引领，"旗帜鲜明反对和抵制各种错误观点"①。

列宁正是根据马克思、恩格斯的精神生产理论对意识形态建设指明的方向，通过加强无产阶级的意识形态建设，促进了苏维埃政权的建立、巩固了新生的苏维埃政权。在中国，毛泽东、邓小平、江泽民、胡锦涛和习近平等几代中共领导人也正是根据马克思、恩格斯的精神生产理论对意识形态建设指明的方向，始终在革命、建设、改革和发展过程中牢牢把握社会主义意识形态工作的领导权，善于把意识形态建设与社会各领域发展相融合，坚决抵御错误文化思潮，为促进社会主义事业不断地向前迈进奠定了基础，为推动中华民族从站起来到富起来再到强起来汇聚了强大的精神力量。

二、对文艺发展的指导性

"文化艺术体系是精神生产领域的第二大体系。"② 马克思主义精神生产理论表明，艺术生产是精神生产的重要形态之一。随着社会生产力的进步，分工得到了不断扩展，精神生产内部的组织结构逐渐实现了分离和精细化，产生了文学、宗教、道德、艺术等具体形态的精神生产。恩格斯在《自然辩证法》中指出："劳动本身经过一代又一代变得更加不同、更加完善和更加多方面了。除打猎和畜牧外，又有了农业，农业之后又有了纺纱、织布、冶金、制陶和航海。伴随商业和手工业，最后出现了艺术和科学；从部落发展成了民族和国家。法和政治发展起来了，而且和它们一起，人间事物在人的头脑中的虚幻的反映——宗教也发展起来了。"③ 马克思在《1844年经济学哲学手稿》中指出："宗教、家庭、国家、法、道德、科学、艺术等等，都

---

① 党的十九大文件汇编［G］．北京：党建读物出版社，2017：29.
② 李文成．追寻精神的家园——人类精神生产活动的研究［M］．北京：北京师范大学出版社，2007：178.
③ 马克思恩格斯选集：第3卷［M］．北京：人民出版社，2012：995.

不过是生产的一种特殊方式，并且受生产的普遍规律的支配。"①

为了加强人类精神生产实践的研究，马克思、恩格斯对艺术生产的相关问题进行了阐述。首先，明确了艺术生产的主客体。马克思认为"作家生产文化""诗人生产诗"、画家、音乐家、舞蹈演员等都是从事"艺术的生产的人"。艺术生产主体是在生产实践中形成和发展的，它的审美心理结构和创造能力需要在艺术生产实践中不断丰富和提高。艺术家是艺术生产主体的具体承担者，他们是现实艺术生产的直接推动力，他们的活动具有明显的自由创造性。与艺术生产主体相对应的是艺术生产客体，它们是指艺术生产主体所感觉、所掌握而用来构思审美意象的现实客观事物。艺术生产客体总体可分为两大类：一是自然客体。"植物、动物、石头、空气、光等等，一方面作为自然科学的对象，一方面作为艺术的对象……"②，这里所说的"植物、动物、石头、空气、光"是艺术生产的自然客体。二是社会客体，这包括有民族习惯、地方风俗、房屋街道和生活用品等。其次，分析了艺术生产的特性。艺术生产的最大特性是精神性：一方面是艺术生产过程需要发挥艺术生产主体自觉、自主的创造精神，体现艺术生产主体的人生感悟和审美体验；另一方面是"艺术的掌握世界的方式"是从审美的角度去掌握世界，所以艺术生产以审美价值为中心，同时糅合道德、政治、宗教、娱乐等方面的价值，形成了满足人的精神需要的功能。艺术生产还具有物质特性，即艺术生产主体以物质为媒介，将自身的精神创造反映和体现在一定的物质载体之上。艺术生产的两大特性表明，它具有满足人们一定需要的价值。最后，归纳了艺术生产的基本规律。马克思、恩格斯通过对具体艺术生产活动的考察，总结出了艺术生产的三大基本规律：一定的物质生产决定一定的艺术生产、艺术生产与社会的一般发展的"不平衡"、艺术生产与艺术消费相辅相成互相促进。③

艺术生产论"是有史以来人类文艺学说史上、美学史上的重大突破"④。马克思、恩格斯关于艺术生产问题的阐述为社会主义文艺发展指明了方向。列宁、毛泽东、邓小平、江泽民、胡锦涛和习近平分别沿着这个方向承前启

① 马克思恩格斯全集：第42卷［M］．北京：人民出版社，1979：121.
② 马克思恩格斯选集：第3卷［M］．北京：人民出版社，2012：55.
③ 杨逸．马克思恩格斯艺术思想研究．［D］．长沙：湖南师范大学，2016：71-78.
④ 何国瑞主编．艺术生产原理［M］．武汉：武汉大学出版社，2010：51.

后的领导社会主义文艺发展。首先，强调文艺工作者的创作要以人民为中心。艺术家是艺术生产的主体，文艺作品必然蕴含有艺术家的思想观念。这表明国家要对艺术家的创作思想和行动进行引领，使其符合社会主义发展的目标。社会主义事业要以人民为中心，文艺工作者的创作要体现出人民性。所以，列宁指出自由的写作"是为千千万万劳动人民，为这些国家的精华、国家的力量、国家未来服务"①；毛泽东指出"我们的文学艺术都是为人民大众的"②；邓小平认为"人民是文艺工作者的母亲"③；江泽民要求"在人民的历史创造中进行艺术的创造，在人民的进步中造就艺术的进步"④；胡锦涛指出"坚持以人民为中心的创作导向，艺术之树才能常青"⑤；习近平强调"把人民作为文艺表现的主体，把人民作为文艺审美的鉴赏家和评判者，把为人民服务作为文艺工作者的天职"⑥。其次，重视文艺发展的精神价值。马克思、恩格斯指明艺术生产的最大特性是精神性，文艺发展的核心价值是满足人的精神需要。所以，列宁在社会主义建设中特别重视解决"缺少文化"的问题，加大力度发展文艺；邓小平强调文艺工作者要"力求把最好的精神食粮贡献给人民"⑦；江泽民强调"文艺是民族精神的火炬""一切先进的健康的文学艺术，都给予人民以巨大的鼓舞和美的享受"⑧；习近平强调"举精神之旗、立精神支柱、建精神家园，都离不开文艺"⑨。最后，明确了在市场经济环境中文艺发展的基本要求。在现代社会里，文艺发展与市场经济有着密切联系。正如马克思指出："演员对于观众来说，是艺术家，但是对自己的企业主来说，是生产工人。"⑩ 但是，如果完全按照市场经济规律来

---

① 北京大学中文系文艺理论教研室．马克思恩格斯列宁斯大林论文艺［M］．北京：人民文学出版社，2007：202-203．
② 毛泽东选集：第3卷［M］．北京：人民出版社，1991：855．
③ 邓小平选集：第2卷［M］．北京：人民出版社，1994：211．
④ 江泽民．十四大以来重要文献选编：下册［G］．北京：中央文献出版社，2011：224．
⑤ 胡锦涛．在中国文联第九次全国代表大会、中国作协第八次全国代表大会上的讲话［N］．人民日报，2011-11-22（2）．
⑥ 习近平．在文艺工作座谈会上的讲话［N］．人民日报，2015-10-15（02）．
⑦ 邓小平选集：第2卷［M］．北京：人民出版社，1994：209．
⑧ 江泽民文选：第3卷［M］．北京：人民出版社，2006：398．
⑨ 习近平．在文艺工作座谈会上的讲话［N］．人民日报，2015-10-15（02）．
⑩ 马克思恩格斯论文学与艺术［M］．北京：人民文学出版社，1982：106．

推动文艺发展并不完全合适。马克思、恩格斯批判资本主义为追求剩余价值而使文艺发展偏离了本质,指出"资本主义生产就同某些精神生产部门如艺术和诗歌相敌对"①。在市场经济条件下,文艺发展要考虑经济效益,但是必须要以社会效益为中心。邓小平强调艺术工作者要"精益求精,力戒粗制滥造,认真严肃地考虑自己作品的社会效果"②;胡锦涛强调文艺发展"始终把社会效益放在首位"③;习近平强调文艺发展"不能完全不考虑经济效益。然而,同社会效益相比,经济效益是第二位的",文艺"不能当市场的奴隶,不要沾满了铜臭气"④。

从列宁、毛泽东、邓小平、江泽民、胡锦涛和习近平对社会主义文艺发展的相关论述可以看到,马克思、恩格斯的艺术生产论在实践中获得了落实和发展,它推动了社会主义文艺事业不断地向前发展。这就体现出马克思主义精神生产理论对文艺发展具有指导意义。

三、对科技发展的指导性

"马克思主义经典作家们还程度不同地把'脑力劳动'、'科学发展'、'科学和艺术的活动'以及天文学上的观察和发展等,也列入精神生产的范畴"⑤。人凭借精神的创造力量不断地推动科技发展。所以,马克思主义精神生产理论把人推动科技发展的实践活动确定为精神生产的一种特殊形式,把科技确定为精神生产的重要成果。

在马克思主义精神生产理论中,马克思、恩格斯充分肯定了科技具有生产力、具有社会革命的意义。马克思、恩格斯通过对资本主义发展历史的考察,强调科技具有生产力的作用。他们在《共产党宣言》中指出,资产阶级对"自然力的征服,机器的采用,化学在工业和农业中的应用,轮船的行驶,铁路的通行,电报的使用"等方式,展现出过去任何一个世纪都无法料

---

① 马克思恩格斯论文学与艺术 [M]. 北京:人民文学出版社,1982:99.
② 邓小平选集:第2卷 [M]. 北京:人民出版社,1994:211.
③ 胡锦涛. 在中国文联第九次全国代表大会、中国作协第八次全国代表大会上的讲话 [N]. 人民日报,2011 – 11 – 22(2).
④ 习近平. 在文艺工作座谈会上的讲话 [N]. 人民日报,2015 – 10 – 15(02).
⑤ 景中强. 马克思精神生产理论研究 [M]. 北京:中国社会科学出版社,2004:277.

想到的社会劳动竟蕴含有这么强大的生产力①。这样的历史事实表明，资本主义的财富积累、世界影响都是"取决于一般的科学水平和技术进步，或者说取决于科学在生产应用"②。马克思、恩格斯认为科技使生产力进步，必然又会引起社会的变革。马克思充分肯定，"科学是一种在历史上起推动作用的革命力量"，"把科学首先看成是历史的有力杠杆，看成是最高意义的革命力量"③；而恩格斯通过对十八世纪英国状况的考察指出"科学和实践结合的结果就是英国的社会革命"④。

马克思、恩格斯将科技肯定为生产力的思想观点对列宁、毛泽东、邓小平、江泽民、胡锦涛和习近平推动科技发展都产生了积极的指导意义。列宁认为，科技发展是社会主义革命胜利、政权巩固的基础，指出"没有建筑在现代科学的最新发明上的技术……则社会主义便无从谈起"⑤。为了推动科技发展，列宁强调要重视科技专家的作用和地位，不能对科技专家采取吹毛求疵的态度；要普及全民科技教育，为科技发展培养人才。

在中国，毛泽东立足于革命和建设的基本现实，充分肯定科技发展的社会作用以及制定科技发展的策略。他强调科技是"人们争取自由的一种武器"⑥，是提高生产力的必然力量，所以"科学技术这一仗，一定要打，而且必须打好"⑦；同时，他制定了"自力更生为主，争取外援为辅""必须打破常规，尽量采用先进技术"的科技发展方针路线。邓小平根据第三次科技革命的大趋势，认为科技不仅是生产力，而且是"第一"生产力。他指出，"经济发展得快一点，必须依靠科技和教育，我说科学技术是第一生产力"⑧。他认为，由于全球各国都受到信息产业或者文化产业比重不断上升以及体力劳动减少和脑力劳动增加等共同趋势的影响，所以科学技术已经全面渗透到劳动者、劳动资料和劳动对象之中，这对整个社会产生的影响不是用"加法"来计算，而是用"乘法"来计算。为了推动科技发展，邓小平强调

---

① 马克思恩格斯选集：第3卷［M］．北京：人民出版社，2012：405．
② 马克思恩格斯全集：第46卷（下册）［M］．北京：人民出版社，1980：217．
③ 马克思恩格斯选集：第3卷［M］．北京：人民出版社，2012：1003．
④ 马克思恩格斯文集：第1卷［M］．北京：人民出版社，2009：97．
⑤ 列宁．论工业化［M］．北京：人民出版社，1955：82．
⑥ 毛泽东文集：第1卷［M］．北京：人民出版社，1993：269．
⑦ 毛泽东文集：第8卷［M］．北京：人民出版社，1999：351．
⑧ 邓小平文选：第3卷［M］．北京：人民出版社，1993：377．

要尊重知识、尊重人才，加强科技人才队伍的建设和培养，切实做好科技研究和应用的后勤保障工作。江泽民在实践中进一步强调科技的生产力作用，指出科技是"先进生产力的集中体现和主要标志"①，主张要通过科教兴国战略、人才资源建设战略来推动科技发展。胡锦涛在面对社会发展的新要求时强调，科技不仅对经济领域的发展具有重要影响，而且是社会全面协调可持续发展的依靠；要通过落实自主创新、人才强国等战略来推动科技发展。习近平依据中国特色社会主义新时代的发展任务，强调"科技创新是提高社会生产力和综合国力的战略支撑"②，要求实施创新驱动发展战略，推动以科技创新为核心的全面创新。

列宁、毛泽东、邓小平、江泽民、胡锦涛和习近平对科技发展的重视和制定的战略表明，马克思、恩格斯关于科技是生产力的思想观点在社会主义建设中得到了充分实践和进一步发展。这表明马克思主义精神生产理论对科技发展具有指导意义。

总的来说，理论不仅来源于实践，是实践经验的总结和升华，而且又能进一步指导实践发展，为实践发展提供力量支撑。马克思主义精神生产理论作为人类精神生产实践规律的总结，对人类开展精神生产实践活动具有普遍指导意义。人类在开展精神生产实践活动中，要善于运用马克思主义精神生产理论作为指导，制定行之有效的方法。

第二节　非物质文化遗产传承和发展具有精神生产的属性

尽管"非物质文化遗产"这一概念在当代社会才被确定和使用，但是它所指代的内容却是古已有之。刘锡诚指出，非物质文化遗产"可以溯源于原始先民的文化创造"③。马克思主义精神生产理论蕴含有今天"非物质文化遗产"概念所指代的内容的研究，这主要包括有神话、诗歌、史诗、戏剧、民间习俗、民间文学等类型的研究。例如，马克思对神话和史诗的开端展开

---

① 江泽民文选：第 3 卷 [M]．北京：人民出版社，2006：275．
② 习近平．在党的十八届五中全会第二次全体会议上的讲话 [N]．人民日报，2015 - 10 - 29（01）．
③ 刘锡诚．非物质文化遗产：理论与实践 [M]．北京：学苑出版社，2009：48．

过研究，他指出："在野蛮时期的低级阶段，人的较高的特性就开始发展起来。个人尊严、雄辩口才、宗教情感、正直、刚毅、勇敢，当时已成为品格的一般特点，但和它们一同出现的还有残酷、诡诈和狂热。在宗教领域里发生了对自然力量的崇拜以及人格化的神灵和伟大的主宰的模糊的观念；极简单的诗歌创作、共同住宅以及玉蜀黍团子——这一切都属于这个时期的东西。"① 恩格斯对民间文学开展了深入的研究，他不仅指出民间歌手是民间文学的创造者、保存者，民间文学具有审美教育的使命，而且形成了"从人民的利益的观点来考察民间文学""运用比较方法研究民间文学""反对对民间文学作品进行'不必要的增补'""反对'强制地去消灭那些经不起批判的'民间文学作品"的民间文学研究方法论②。

　　马克思主义精神生产理论表明，马克思、恩格斯把神话、诗歌、史诗、戏剧、民间习俗、民间文学等今天所称为"非物质文化遗产"的内容作为精神生产的产物进行研究。实际上，非物质文化遗产传承和发展是精神生产活动的具体表现形态，它具有精神生产的普遍特性。

一、具有精神生产的受动性

　　精神生产的社会发展作用很大，是社会生产的部门之一。然而，追根溯源，它始终存在受动性的一面。精神生产总是与社会发展密切联系，它的内容、性质、范围和水平都受到一定的社会历史条件制约，随着一定的社会历史条件变化而变化。

　　在人类原始社会阶段，精神生产与物质生产紧密地交织在一起，是物质生产无法分离的一部分。由于当时人们的生产能力极端低下，面临如何生存下去的巨大问题。所以，人们的思维活动和行为方式必然是在谋求生存的范围内展开的，精神生产还不具备独立发展的条件。"人愈是时时陷入饥饿的困境，他也就愈耽迷于对猎物的幻想，因此用幻想的巫术方式去弥补一些现实的狩猎手段的不足，就成为这种狩猎巫术的主要内容。"③ 随着社会生产力的发展、制度的进步、分工的扩大，精神生产才逐渐形成了自身的独立形

---

① 马克思恩格斯论艺术：第 2 卷［M］．北京：中国社会科学出版社，1983：4.
② 孙铭有．恩格斯文艺思想论：下册［M］．北京：大众文艺出版社，2009：186 - 201.
③ 朱狄．艺术起源［M］．北京：中国社会科学出版社，1982：148.

态。恩格斯在《反杜林论》中充分肯定奴隶制具有积极意义表明，制度进步、分工扩大对于精神生产形成独立形态以及获得进一步发展具有基础性的意义。他指出："当人的劳动生产率还非常低，除了必要生活资料只能提供很多剩余的时候，生产力的提高、交往的扩大、国家和法的发展、艺术和科学的创立，都只有通过更大分工才有可能，这种分工的基础是从事单纯体力劳动的群众同管理劳动、经营商业和掌管国事以及后来从事艺术和科学的少数特权分子之间的分工。这种分工的最简单的完全自发的形式，正是奴隶制。"① 奴隶制推动分工，从而衍生出了一个脱离实际劳动的特殊阶级来从事劳动管理、国家事务、哲学、艺术、科学等精神生产活动。所以，恩格斯肯定地说："只有奴隶制才使农业和工业之间的更大规模的分工成为可能，从而使古代世界的繁荣，使希腊文化成为可能。没有奴隶制，就没有希腊国家，就没有希腊的艺术和科学。"② 这些论述表明，精神生产始终是建立在物质生产的基础之上，受分工、历史传统、制度发展等因素的制约。换而言之，离开了物质生产、制度、分工、传统等特定要素的支撑，精神生产也难以顺利地发展。

非物质文化遗产的传承和发展是一种历史文化现象，它具有其自身发展的规律，但这种规律的发生也始终离不开物质生产、制度、分工等因素的影响。例如，梅州客家山歌是入选我国国家级非物质文化遗产名录的重要项目之一，它的传承和发展深深体现了非物质文化遗产的传承和发展受到物质生产发展的基础性影响。当客家人的祖先从中原地区逐渐南迁至梅州地区时，由于所到之处都是生产条件十分恶劣的山区，"他们在那荒山原野奋斗过程中，心有所感就把那种喜怒哀乐，用歌声表示出来"③，所以梅州地区的客家山歌也就逐渐地形成和发展起来了。后来，随着梅州地区客家人口的急剧膨胀以及所在区域土地相对贫瘠，造成生产力难以承载如此大规模的人口增长。不少客家人因此而向外迁徙，以便谋求生存和发展，梅州也就成了中国著名的"华侨之乡"。同时，"歌随人走，客家山歌也就流传于海内外客家人的聚居地"④。又如岭南古琴艺术也是入选我国国家级非物质文化遗产的

---

① 马克思恩格斯选集：第3卷［M］．北京：人民出版社，2012：561.
② 马克思恩格斯选集：第3卷［M］．北京：人民出版社，2012：560-561.
③ 刘佐泉．客家历史与传统文化［M］．开封：河南大学出版社，1991：384.
④ 胡希张．客家山歌史研究［M］．广州：广东人民出版社，2013：226.

重要项目之一，它在南宋时期从中原流入到岭南一带，到了明朝时期涌现出大批优秀的传承人，到了清朝时期声名更是日渐兴盛，藏琴丰富，不仅受文人士大夫等上层人士的推崇，而且被民间老百姓所普遍喜爱。追溯原因，这主要是由于"富足繁荣的经济基础和文化昌盛的文化氛围，使岭南琴人见多识广、思维开阔，能融会诸家精神而充本派琴学"以及使普通百姓有条件"学习古琴、欣赏古琴"①。再从宏观层面分析，进入21世纪，我国之所以高度关注非物质文化遗产的传承和发展问题，这不仅是因为洞察到非物质文化遗产具有深厚的价值以及面临重大的生存危机，而且还是因为在改革开放过程中形成了较为强大的经济力量，具备了较好的现实条件来研究和解决非物质文化遗产传承和发展的问题。因此，非物质文化遗产的传承和发展体现出精神生产的受动性。

二、具有精神生产的实践性

实践是人类生存和发展的最基本的活动。马克思在《关于费尔巴哈的提纲》这个"包含着新世界观的天才萌芽的第一个文献"② 中，阐明了实践是感性的、对象性的物质活动，认为"全部社会生活在本质上都是实践"③。精神生产是社会全面生产系统的有机组成部分，是人的实践活动之一。精神生产的实践性总体表现在三个方面：一是人的本质对象化的活动，二是人的感性直观的社会活动，三是能创造社会财富的活动。

"人的社会实践，不限于生产活动的一种形式，还有多种其他形式，阶级斗争，政治生活，科学和艺术活动。"④ 精神生产实践的形式多种多样，非物质文化遗产的传承和发展是其中的形式之一，体现出精神生产实践的总体特征。

（一）非物质文化遗产传承和发展是人本质对象化的活动

非物质文化遗产传承和发展的实质是传承主体对传承客体施加影响的实践过程。一方面，传承主体通过对自然界、人类社会和受众群体这些客体进

① 马达，陈雅先. 地域文化与岭南传统音乐传统研究［M］. 北京：中国社会科学出版社，2016：13.
② 马克思恩格斯选集：第4卷［M］. 北京：人民出版社，2012：219.
③ 马克思恩格斯选集：第3卷［M］. 北京：人民出版社，2012：135.
④ 毛泽东选集：第1卷［M］. 北京：人民出版社，1991：283.

行精神把握，推动非物质文化遗产的内容优化以及思想提升，形成优秀成果，实现自己思想和感情的表达。例如，广东音乐传承人陈哲深在推动广东音乐传承和发展之中创作出了《走不出这片土地》《水乡儿女绣春色》等优秀作品，以表达他热爱家乡的思想情感。[①] 另一方面，传承主体对继承人、受众群众的精神世界施加影响，促进他们学习、接受、喜爱和发展非物质文化遗产中的技能、内容和思想，培养出优秀传承人以及形成良好的群众基础。例如，广东汉乐传承人罗邦龙为培养继承人，连续多年在大埔县举办青少年广东汉乐培训班，免费为青少年开设二胡、扬琴、古筝、琵琶等培训课程，而受他培养和影响的青少年达到数百人之多。[②] 所以，非物质文化遗产传承和发展的过程蕴含有传承主体的本质转化到传承客体之中的特征，体现出人的本质对象化的实践过程。

（二）非物质文化遗产传承和发展是人的感性直观的社会活动

这主要体现在以下几个方面：一是非物质文化遗产传承和发展过程的各个要素是现实存在、具有物质载体的。精神生产实践过程包括有精神生产主体、手段、客体等多个要素。同样地，非物质文化遗产传承和发展过程也离不开主体、手段、客体这些要素的支撑，其中主体主要是指传承人，手段主要包括相关的物质资料、思维方法，客体则包括自然、社会、技术技艺以及受众群体。二是非物质文化遗产传承和发展过程是可感知的有形于外的社会活动。毛泽东指出，实践是"主观见之于客观的东西"[③]。这个"见之于"的过程、结果都是可感知的直观活动。在非物质文化遗产传承和发展过程中，无论主体是为了增进技艺的精心演练、创造成果的埋头苦干，还是主体为了培养继承人而孜孜不倦的教学，都是以体力运动为基础、思维运动为中心，能够被人们所感知的社会活动。例如，广东音乐的传承和发展者在"私伙局"里进行吹拉弹唱、玩弄丝竹等，无不是可感知的现实活动。三是非物质文化遗产传承和发展是在一定社会关系中开展的社会活动。精神生产实践是社会关系形成的重要基础之一，而相应的社会关系又反映出精神生产实践

---

① 冯骥才. 中国非物质文化遗产百科全书：传承人卷［M］. 北京：中国文联出版社，2015：46.

② 冯骥才. 中国非物质文化遗产百科全书：传承人卷［M］. 北京：中国文联出版社，2015：47.

③ 毛泽东选集：第2卷［M］. 北京：人民出版社，1991：445.

的特性以及推动精神生产实践的进一步发展。相同的原理，非物质文化遗产传承和发展不仅推动社会关系的形成和演进，同时它又依赖于相关的物质关系、人际关系、组织关系等的支撑作用。

（三）非物质文化遗产传承和发展是能够创造社会财富的活动

实践是人类有意识的活动，体现出自觉的能动性。那么，人为何自觉地能动地去开展实践活动呢？这主要是因为实践活动能够给人们的生存和发展创造各式各样的财富。人们的实践成果"最终还是为实践服务，指导实践，以满足人们某种生活和生产的需要"①。物质生产实践为人们创造物质生活资料和生产劳动资料，而精神生产则主要为人们创造精神文化产品。非物质文化遗产的传承和发展能为人们的生存和发展创造一定的物质生活资料和生产劳动资料。例如，传统棉纺织技艺可以为人们提供各式各样的布料，传统面食制作技艺可以为人们提供各式各样的面食食品，传统木船制造技艺可以为人们提供相应的交通工具等。非物质文化遗产的传承和发展最突出的是为人们的生存和发展创造丰富的精神财富。一方面，非物质文化遗产的传承和发展体现出"生生不息"的精神品质，反映出中华传统文化的源远流长、开拓创新的特性；另一方面，非物质文化遗产的传承和发展形成众多成果，为人们提供丰富的精神文化产品。例如，民间文学的传承与发展为人们提供文学作品、传统音乐和戏剧的传承与发展为人们提供音乐、戏剧作品等。所以，非物质文化遗产的传承和发展是既能够创造物质财富又能够创造精神财富的社会实践。

三、具有精神生产的人本性

人的本质属性体现在物质生产和精神生产两大维度之中。物质生产是人的本质属性的基础性体现，它使人获得吃、喝、穿、住等方面的资料，使人在生存方面与动物发生了重要的区别；精神生产则是人的本质属性的根本体现，它使人获得满足精神需要的资料，表明人具有动物所不存在的"生活"追求，即在满足肉体需要之外，还追求更高级的精神需要。精神生产作为人的本质属性的根本体现被广泛认同，正如帕斯卡指出："人只不过是一根芦

---

① 《马克思主义基本原理概论》编写组．马克思主义基本原理概论：2015 年修订版 [M]．北京：高等教育出版社，2015：63.

苇，是自然界中最脆弱的东西；但他是一根能思想的芦苇……全部的尊严就在于思想。"①

精神生产是人的精神劳动不断地从运动形式转化为存在形式，由活劳动转变为对象化的劳动，即形成和创造出精神产品的过程。这些精神产品，无论是科技、文艺、哲学等类型，还是民俗、宗教、道德等类型，都是因为它们能够在一定程度上满足人们的精神需要而具有历史和现实的价值。李文成指出，"正因为有了精神生产，人才能更加稳固地在自然立足；正是因为有了精神生产，人在精神世界的活动才由被动转变为能动；正是因为有了精神生产，才使得人类一代代走向进步"②。所以，精神生产无疑极大地满足了人们对美好生活的需要，促进了人的本质属性的发展。

非物质文化遗产的传承和发展承载着精神生产的一般功能，具有满足人们精神需要的价值。恩格斯在强调民间文学具有满足人们审美教育的功能时指出，"民间故事书的使命是使一个手工业者的作坊和一个疲惫不堪的学徒的寒伧的楼顶变成一个诗的世界和黄金的宫殿，而把他的矫健的情人形容成美丽的公主。但是民间故事书还有这样的使命：培养人的道德感，使他认清自己的力量、自己的权利、自己的自由、激起他的勇气，唤起他对祖国的爱"③。而在我们熟悉的现实中，广东传统音乐传承和发展在这方面就颇具有代表性。广东地区的先民们在劳动和生活的过程中，内心产生了审美、娱乐、交往和安全等方面的精神需要。于是，他们利用各种方法和寻求各种资源来满足这些需要。其中，他们善于借助音乐，通过声音、节奏和韵律把内心审美、休闲娱乐、人际交往和人生追求等方面的情感表达出来。这些音乐表达的变化或者积极或者平和或者消极，在一定程度上满足了人们在生存和发展过程中的精神需求。

再具体地分析，广东传统音乐中的梅州客家山歌具有表达和满足人们精神需要的天然功能。例如，"风霜雨雪都顶过，顺水航船爱唱歌"的意境，体现出了劳动者用歌唱来驱散劳动中单调、寂寞、无聊的精神需求；"上岗过坳唱一首，百斤担子也变轻"的意境，体现出了劳动者用歌唱来缓解繁重

---

①　古雷家. 德国古典哲学新论［M］. 北京：人民出版社，1993：85.

②　李文成. 追寻精神家园——人类精神生产活动研究［M］. 北京：北京师范大学出版社，2007：515.

③　马克思恩格斯论艺术：第4卷［M］. 北京：人民出版社，1966：401.

体力劳动带来疲劳的精神需求；"三日唔曾见只饭，山歌一唱就精神"的意境，体现出了劳动者用歌唱缓解生活困难和愁苦的精神态度；而"后土入屋坟到家，手攀芙蓉就想家"的意境，体现出了青年男女用歌唱表达出对爱恋对象极度思念的心理状态。种种事实都表明，非物质文化遗产的传承和发展是以满足人们精神需要为目的，这既是它历久弥新、生生不息的动力源泉，又是它具有精神生产特性的重要体现之一。

四、具有精神生产的观念性、自由性和创造性

作为社会的生产部门之一，精神生产与物质生产有很多共同点，但是它却比物质生产体现出更强烈的观念性、自由性和创新性。这是精神生产成果与物质生产成果的功能和价值存在差异的重要原因之一。非物质文化遗产的传承和发展以口传心授、言传身教为特色，力图将古老的技术技艺、思想观念、习惯习俗、生活方式等文化遗存代代相传，是充满观念性、自由性和创新性的生产和生活实践。这也正是它属于精神生产具体形态的重要体现之一。

（一）非物质文化遗产传承和发展具有精神生产的观念性

精神生产具有明显的观念性。它是主体对客体进行观念性加工和创造的过程，所形成的产品都是人们观念的凝聚。以学术理论著作、文学作品、音乐美术作品、戏曲戏剧作品等精神生产为例，它们在形式上都需要以物质载体作为支撑，然而它们的价值主要是源于物质载体内在蕴含的观念和意义。换而言之，人们对精神产品的追求和消费本质是为了消化和吸收它本身所承载的观念成果，即精神思想价值。例如，人们对文学作品的阅读、对音乐戏剧作品的欣赏、对美术工艺品的鉴赏，主要是为了吸收作品蕴含的精神思想观念。

与"物质文化遗产"相对应的非物质文化遗产，主要是通过口传心授、言传身教的方式进行传承和发展，它的过程以及包含的内容都体现出精神生产的观念性。一方面，非物质文化遗产传承人向徒弟、受众群体传递的是观念性的内容，包括技艺技巧、思维方法等方面内容。以非物质文化遗产项目——石湾陶塑技艺作为具体例子分析，传承人授予徒弟或者受众群体最重要的不是制作出来的陶塑产品，而是制作的工序、技艺。换而言之，主要授人以"渔"而不是"鱼"。这些制作工序、技艺正是观念性的东西。当徒弟、

受众群体接受了这些观念的影响才有可能在行动或者思想上发生改变，有助于该项目的传承和发展。另一方面，非物质文化遗产传承和发展所形成和创造的成果是观念的凝聚。在传统技艺、美术等成果中，它们要展现出独特的观念才有可能被认可为具有重要文化价值的产品；在传统音乐中，它们以唱词、声音组合和音调节奏变化等来反映人们的生活内容和生活情感，在表达过程中向人们展现的是可感而不可见的观念形态的内容；在传统舞蹈中，它们以形体变化、动作演绎、音乐衬托来表达观念形态的内容。众多的事实表明，无论是非物质文化遗产传承和发展的过程，还是最后的成果都是以观念性的特点为中心，集中反映主体的思想观念。

（二）非物质文化遗产传承和发展具有精神生产的自由性

精神生产具有明显的自由性。它以人的内在需求作为出发点，是创造自身和实现自身的自由自觉的活动。这就决定了精神生产要符合生产主体的兴趣、意愿和追求，不能强人所难。列宁指出，精神生产者可以自由地发挥自己的思想和才能，"自由写他愿意写的一切和说他愿意说的一切，不受任何限制"①。因而，精神生产能使人超越自然属性，实现人的自由自觉的社会本质属性。具体地讲，在精神生产中精神生产者可以满足对思想、情感、个性自由的追求，可以自由地选择手段、对象进行观念加工和创造，可以自由地选择继承人。

非物质文化遗产的传承和发展不直接关系到人最基本的生理存在，但是却关系到人最根本的全面而自由发展的实现，是人自由自在的本质属性的反映。首先，非物质文化遗产的传承和发展体现人们对精神自由的追求。人们推动传统音乐、传统戏曲、传统舞蹈的传承和发展，最重要的目的并不只是为了满足生存的需要，更是为了满足精神自由的需要；人们在欣赏文学、音乐、戏曲、舞蹈等艺术形式的时候，并不能获得实实在在的填饱肚子的感觉，但却能获得心灵抚慰和精神安顿的感觉。更具体的例子是，历史上的客家人被迫背井离乡，在极端艰苦的生产条件下形成了创作山歌、歌唱山歌的传统。这并不是为了实现温饱，而是为了寻找精神寄托，以满足精神自由的需要。而客家人乐于唱山歌的历史传统，也印证了马克思所说的，音乐创作是"真正自由的活动"。其次，非物质文化遗产的传承和发展体现人们选择

---

① 列宁选集：第1卷［M］．北京：人民出版社，1998：665.

表达自己思想观念的方式、手段的自由性。在漫长的历史长河中，人们形成了多种多样的非物质文化遗产，这表现出不同的人、不同的族群、不同的民族对表达自己思想观念的自由性；在同一种非物质文化遗产的传承和发展之中，不同传承人具有不同的风格、个性、倾向，这又体现出他们对思想观念表达方式、方法的自由性。例如，推动广东音乐发展的著名人物何大傻把吉他改造成为粤乐化乐器，通过吉他丰富粤乐演奏；另一位著名人物吕文成则受小提琴构造和演奏的启发，在二胡基础上创造出高胡，使粤乐发展走向了新的高度。① 最后，非物质文化遗产传承人对于选择继承人也是自由的。例如，我国非物质文化遗产既有集体传承、社会传承，还有家庭传承。其中家庭传承通常是在有血缘关系的人之间进行传授的，不传外人，有的甚至是传男不传女；还有传承人可以根据继承人的情况，或者毫无保留地传授，又或者将绝技有所保留地传授。总的来说，非物质文化遗产的传承和发展具有自由特性，充分反映主体对自觉自由活动的追求。

（三）非物质文化遗产传承和发展具有精神生产的创造性

毛泽东指出："思想等等是主观的东西，做或行动是主观见之于客观的东西，都是人类特有的能动性。这种能动性，我们名之曰'自觉的能动性'，是人之所以区别动物的特点。"② 意识具有能动性的特质表明，人的精神、意识活动具有主动的创造性。实际上，精神生产由人的主观能动性推动，人们通过把自身的目的和计划渗透于精神生产之中，并赋予它所创造客体新的内容和形式，所以表现出极强的创造性。邓小平在谈到文艺这种精神生产形态时指出："文艺这种复杂的精神劳动，非常需要文艺家发挥个人的创造精神。"③ 同时，任何精神生产都需要对过往和同时代人们思想材料的继承，但是人类社会是需要不断向前发展的，任何精神生产都需要在继承中创造出新的内容，以满足新时代人们的需要。因此，缺乏创造性的精神生产是没有生命力的，它是生出来的精神生产成果也缺乏价值性。

在当今世界，非物质文化遗产项目的数量众多、形式各异、特别鲜明，然而它们都共同反映出一个特点，即凝聚了人们创造精神的产物。一切非物

---

① 黎田，黄家齐. 粤乐 [M]. 广州：广东人民出版社，2003：351 – 354.
② 毛泽东选集：第2卷 [M]. 北京：人民出版社，1991：445.
③ 邓小平文选：第2卷 [M]. 北京：人民出版社，1994：145.

质文化遗产项目在诞生之初，由无到有、由稚嫩走向成熟，都离不开人们的独特创造性；而在漫长的传承和发展过程中，创造性更是赋予了这些古老文化形式新的生命力和新的价值。正是由于非物质文化遗产传承和发展富有创造性，所以它丰富和发展了世界文化的多样性。例如，传统音乐的创作充满着创造性，它利用特定音符而创作出千变万化的作品；传统音乐的演绎更充满着创造性，演绎者的声调、声腔、声势等不同，创造出可听、可知、可感的形象就大为不同。或许，这是音乐的普遍特征，但是每个地方的传统音乐都包含有浓郁的地域特色，从而让这种创造性更加具体、更加鲜明地体现出来。流传于广东的传统音乐是建立在地方文化和乡音口语基础之上的感情化产物。在珠江三角洲地区流传的传统音乐反映出小商品经济文化、水乡气息和广府语系的特点；在粤东北、粤北等山区流传的传统音乐反映出农耕文化、大山气息以及客家语系的特点；粤东、粤西等地区流传的传统音乐反映出海洋文明和闽南语系的特点。这些事实生动地说明，非物质文化遗产的传承和发展的创造性以及其对世界文化多样性的意义。

走进中国特色社会主义新时代，非物质文化遗产的不断创新发展成了必然要求。时代不同，人们生活方式不同，需要也随之发生改变。如果事物不能很好地适应人们需要的变化发展，那么它就有可能被时代所淘汰。非物质文化遗产作为农耕文明的产物，它由古人所创造，同时又要被现代人所接受、利用和消费。这就存在生产时间、生产目的与消费需求时空不对称性的矛盾，有可能导致一些非物质文化遗产项目面临传承和发展的困难，甚至存在濒临灭绝的风险。解决这些问题的重要方法之一，就是要加强创新。非物质文化遗产需要在创新中提高自身的品质，满足当代人的需求，提升代代相传的生命力。从维护或者提高非物质文化遗产生命力的角度分析，创新是非物质文化遗产必需丰富的特性，是促进传承和发展必须要做好的重要工作。

概括而言，非物质文化遗产的传承和发展具有精神生产的受动性、实践性、人本性、观念性、自由性和创造性，属于精神生产的特定形态之一，受精神生产普遍规律的制约。

第三节　马克思主义精神生产理论：
非物质文化遗产传承和发展研究的基础

　　世界各国、各民族都有属于自己的非物质文化遗产，为非物质文化遗产传承和发展的研究选择合适的理论基础需要从本国的国情出发，形成符合本国国情的发展策略。在我国社会主义建设的各项工作中，我们都要始终坚持马克思主义指导思想的不动摇，所以运用马克思主义理论来指导非物质文化遗产传承和发展的研究工作十分重要。

　　马克思主义理论具有丰富的内容。这需要人们从庞大的理论体系中为非物质文化遗产的传承和发展研究寻找合适的、具体的理论基础。前文通过关于马克思主义精神生产理论对意识形态建设、文艺发展、科技发展具有指导性的阐述，论证了马克思主义精神生产理论对人类精神生产实践具有普遍指导意义。通过对非物质文化遗产传承和发展的考察，论证了非物质文化遗产的传承和发展体现出精神生产的受动性、实践性、人本性、观念性、自由性和创造性等特点，是属于人类精神生产实践的重要形式之一。所以，马克思主义精神生产理论与非物质文化遗产存在密切的逻辑关系。基于这种逻辑关系，本书认为马克思主义精神生产理论是指导非物质文化遗产传承和发展研究的理论基础。

一、马克思主义中国化的经验启示

　　马克思主义中国化是中国革命、建设、改革和发展取得伟大成就的重要法宝。从马克思主义中国化的历史进程考察，它至少能给人们两点经验启示。

　　（一）马克思主义在中国的发展需要与具体时代、具体问题、具体情况相结合

　　马克思主义具有普遍的真理性，它只有与具体时代、具体问题、具体情况相结合才能产生科学的指导作用。而照搬照抄教条般地应用马克思主义，只会让革命实践和建设实践蒙受重大挫折。在中国共产党建党初期，党的个别负责人没有实事求是地应用马克思主义而导致中国革命走了弯路，例如在

1931 年开始党内占统治地位的"左"倾思想，把马克思主义教条化，把共产国际决议和苏联经验神圣化，使中国革命遭受严重挫折，几乎陷入绝境。而在遵义会议之后，以毛泽东为核心的党中央依据中国国情具体、灵活地运用马克思主义，推动了中国革命取得了伟大胜利。正反两方面的经验表明，马克思主义在实践中的具体运用才会形成持久的生命力。马克思主义在中国的具体运用特别需要与中国传统文化相结合起来。中华民族在五千多年的发展历程中形成了博大精深的中华文化。它是中华民族独特的精神标识，是中国人性格特点、行为方式的突出反映。毛泽东强调，马克思主义要根植于中国优秀传统文化之中，形成中国风格，体现中国气派，让人们喜闻乐见。那么，马克思主义精神生产理论作为马克思主义的基本内容，需要中国化、时代化，需要与中国传统文化发展相结合，需要展现出中国特色、中国气派。而非物质文化遗产又是中国传统文化的具体体现，蕴含有中国传统文化的精髓，所以以马克思主义精神生产理论为基础研究非物质文化遗产的传承和发展能满足理论发展的要求。

（二）解决中国的具体问题要善于从马克思主义理论中寻找解决方法

中国的国情具有特殊性。鸦片战争之后，我国曾经苦苦地探寻适合国情的指导思想和发展道路。但是，历史事实最终证明只有马克思主义才是符合我国的国情、才是推动中国实现独立、走向富强的科学理论。我们在社会主义建设中遇到各种各样的问题，都要善于从马克思主义理论中寻找解决方法。例如，我国改革开放的伟大实践是马克思主义理论方法启示的重大成就。非物质文化遗产传承和发展研究的视角可以是多元的，但是在我国以马克思主义为理论基础却是相当必要的。毛泽东在解决"如何对待古代文化遗产"的问题中，就善于从马克思主义理论中寻找解决方法。他认为对待古代文化遗产的原则是"推陈出新"。在 1941 年，他为延安平剧院的成立做了"推陈出新"的题词；在 1951 年，他为中国戏曲研究院做了"百花齐放，推陈出新"的题词。"推陈出新"的原则既意味着对古代文化遗产糟粕的批判与剔除，又意味着对古代文化遗产精华的吸引、革新和改造，表达出了在"批判中继承，在继承中发展"的理念。这充分体现出毛泽东对马克思主义辩证法的灵活运用。在中国特色社会主义新时代，习近平在指导文化遗产的保护工作中充分运用了马克思主义辩证法，他指出："不忘历史才能开辟未来，善于继承才能善于创新"，对于文化遗产要"在保护中发展、在发展中保护"，要实现"创造性转化，创新性发展"。当前文化遗产的价值越来越被人们重视，"如何促进非物质文化遗产传承和发展"已经成为中国特色社会主义建设的重要议题。由于非物质文化遗产的传承和发展属于精神生产的具体形态，那么以马克思主义精神生产理论为基础而探寻这一议题的解决方案符合历史经验，具有实践的可行性。

总而言之，马克思主义中国化的经验表明：以马克思主义精神生产理论作为非物质文化遗产的传承和发展研究的理论基础具有必要性和可行性。

二、发展中国特色社会主义文化的要求

非物质文化遗产是文化的具体形式之一。因而促进我国非物质文化遗产的传承和发展是发展中国特色社会主义文化的重要任务。而发展中国特色社会主义文化，就必须要坚持和运用马克思主义的指导思想。毛泽东强调："学习我们的历史遗产，用马克思主义的方法给以批判的总结，这是我们学习的另一任务。"[1] 江泽民指出："中国特色社会主义文化，必须以马克思列宁主义、毛泽东思想为指导，不能搞思想的多元化。"[2] 所以，我国制定的关于促进非物质文化遗产传承和发展的相关政策文件特别强调：开展非物质文化遗产保护工作要坚持马克思主义指导思想。2005 年国务院办公厅在《关于加强我国非物质文化遗产保护工作的意见》中强调：加强非物质文化遗产保护工作要认真"贯彻落实党的十六大有关扶持文化遗产和优秀民间艺术的保护工作的精神"和"落实科学发展观"。2005 年国务院在《关于加强我国非物质文化遗产保护工作的通知》中强调：非物质文化遗产保护工作要"坚持以邓小平理论和'三个代表'重要思想为指导，全面贯彻和落实科学发展观"。2011 年全国人民代表大会常务委员会公布和施行的《中华人民共和国非物质文化遗产保护法》强调：非物质文化遗产保护工作要以"促进社会主义精神文明建设"为重要目标。这既从深层次表明，促进非物质文化遗产的传承和发展既需要以马克思主义为指导，又需要为巩固马克思主义意识形态的领导权服务。因此，以马克思主义精神生产理论指导非物质文化遗产的传承和发展研究是国家发展中国特色社会主义文化的要求。

---

① 毛泽东选集：第 2 卷 [M]．北京：人民出版社，1991：533.
② 江泽民文选：第 1 卷 [M]．北京：人民出版社，2006：158.

　　以马克思主义精神生产理论指导非物质文化遗产传承和发展研究，在一定程度上能满足增强非物质文化遗产的传承和发展理论基础的需要。进入 21 世纪，我国政府在联合国教科文组织的推动之下才高度重视促进非物质文化遗产传承和发展的工作。由于受到政府行政力量的推动，促进非物质文化遗产的传承和发展获得了资金支持，制度、法律、政策保障，社会重视等良好条件。然而，促进非物质文化遗产的传承和发展仅仅依靠行政力量的支持、经验的导向是不够的，还需要有充分的理论支撑。我国推动非物质文化遗产传承和发展的工作存在"重开发，重申报，轻保护，轻管理"的严重问题，一些非物质文化遗产被政府确定为保护项目之后其生命力反而遭受到更为严重的破坏。有学者指出："非遗保护热潮掀起的 20 年，也正是非遗消失最快的 20 年。"① 实践的大力推进，结果却不尽人意。这里的原因是什么呢？通过对问题的深究可知，这是由于我国促进非物质文化遗产传承和发展的工作缺乏足够的理论支撑。理论来源于实践，而实践又始终离不开理论的服务和指导。"在马克思主义看来，理论是重要的，因为没有革命的理论，就不会有革命的运动。"② 毛泽东在批判经验主义者中指出："他们尊重经验而看轻理论，因而不能通观客观过程的全体，缺乏明确的方针，没有远大的前途，沾沾自喜于一得之功和一孔之见。"③ 因此，我国促进非物质文化遗产的传承和发展的当务之急是加强理论的支撑。马克思主义精神生产理论作为唯物史观的重要内容，对精神生产实践具有深刻的解释力和推动力，是增强非物质文化遗产传承和发展理论基础的重要选择。

　　本书认为，以马克思主义精神生产理论指导非物质文化遗产的传承和发展研究存在四个合适的着力点：一是研究非物质文化遗产传承和发展的动力因素。在人类漫长历史发展之中，究竟是哪些力量推动非物质文化遗产传承和发展的呢？只有明确非物质文化遗产传承和发展的动力因素，才有可能认清非物质文化遗产传承和发展中所遇到的问题以及寻求到解决问题的方法。马克思主义精神生产理论表明，任何形式的生产都不只是受单个力量的作用，而是受到历史合力的支配。本书第三章将从精神生产发展的历史合力视

---

① 雷宇．非遗保护二十年忧思［N］．中国青年报，2008 – 10 – 14（9）．
② 《马克思主义基本原理概论》编写组．马克思主义基本原理概论：2015 年修订版［M］．北京：高等教育出版社，2015：70．
③ 毛泽东选集：第 1 卷［M］．北京：人民出版社，1991：291．

角分析影响非物质文化遗产传承和发展的动力因素。二是研究非物质文化遗产传承和发展的社会生产价值。在人类历史的演进中，人们为何要珍视非物质文化遗产？为何要不遗余力地促进其传承和发展？这就涉及价值问题，即它对人们而言是具有价值的。马克思主义精神生产理论表明，精神生产对社会生产系统具有能动的反作用。本书第四章将从精神生产的能动性视角分析非物质文化遗产传承和发展的社会生产价值的内容。三是研究非物质文化遗产传承和发展的当代问题。事物需要保护，这就证明它处于弱势状态。当前人们关注非物质文化遗产传承和发展的重要原因之一是它遇到的阻力。马克思主义精神生产理论表明，精神生产与一般社会发展存在不平衡性，它的动力可能受到时代变化发展的制约和削弱。本书第五章将从精神生产动力变化的视角分析非物质文化遗产的传承和发展所面临的时代问题的内容。四是研究促进非物质文化遗产传承和发展的法则。马克思指出："哲学家们只是用不同的方式解释世界，而问题在于改变世界。"① 毛泽东指出："马克思主义的哲学认为十分重要的问题，不在于懂得了客观世界的规律性，因而能够解释世界，而在于拿了这种对于客观规律性的认识去能动地改造世界。"② 非物质文化遗产的传承和发展具有的价值和存在问题的客观事实表明，形成促进非物质文化遗产传承和发展的法则相当必要。本书认为，由于非物质文化遗产的传承和发展属于精神生产的具体形态，那么遵循精神生产规律是促进非物质文化遗产传承和发展的重要法则。这四个落脚点也成为文章进一步研究的核心内容。

总的来说，非物质文化遗产的传承和发展具有精神生产属性。根据马克思主义中国化的历史经验以及发展社会主义文化的现实要求，非物质文化遗产的传承和发展的研究有必要以马克思主义精神生产理论为基础。

小　结

恩格斯说过："马克思的整个世界观不是教义，而是方法。它提供的不

---

① 马克思恩格斯选集：第4卷 [M]．北京：人民出版社，2012：140．
② 毛泽东选集：第1卷 [M]．北京：人民出版社，1991：292．

是现成的教条，而是进一步研究的出发点和供这种研究使用的方法。"① 习近平指出："马克思主义是科学的理论，创造性地揭示了人类社会发展规律。"② 马克思主义精神生产理论作为人类精神生产规律的科学总结，是指导具体精神生产实践发展的方法。

马克思主义精神生产理论将精神生产归纳为三大形态范畴，即意识形态建设、文艺发展以及科技发展。马克思主义精神生产理论对意识形态建设具有指导意义，它表明意识形态建设要建立和巩固意识形态的领导权、要与经济社会各领域的建设相互融合、要坚决反对和批判敌对势力的错误意识形态；马克思主义精神生产理论对文艺发展具有指导意义，它表明文艺创作要为实现人的全面而自由的发展服务、文艺创作的源泉要根源于人民大众特别是无产阶级的现实生活、文艺发展要突出文艺具有的精神价值；马克思主义精神生产理论对科技发展具有指导意义，它表明科技是重要的生产力，对社会变革具有重要意义，是实现人类解放的革命力量。马克思主义精神生产理论对意识形态建设、文艺发展以及科技发展的指导意义，分别在列宁、毛泽东、邓小平、江泽民、胡锦涛和习近平领导的社会主义建设中获得了实践和创新发展，对社会主义建设产生了深远影响。这些事实表明，马克思主义精神生产理论对具体的精神生产实践具有普遍的指导意义。

非物质文化遗产古已有之，它的传承和发展是人类历史演进的重要内容。尽管马克思、恩格斯所生活的时代还没有形成"非物质文化遗产"的概念，但是他们对神话、史诗、民间文学、诗歌、传统习俗、宗教等方面的研究，实际蕴含了今天"非物质文化遗产"概念所指代的内容，关注到了非物质文化遗产的传承和发展问题。非物质文化遗产的传承和发展在本质上属于精神生产的具体形态，它体现出精神生产的受动性、实践性、人本性、自由性、观念性和创造性等重要特点。非物质文化遗产在传承和发展中所凝结的成果种类多样、内涵丰富，包括有民间音乐、传统音乐、传统舞蹈、传统戏剧、曲艺、传统体育、游艺与杂技、传统美术、传统医药、民俗等。根据这些内容的形态特征可以看到，非物质文化遗产具有精神生产的意识形态范畴

---

① 马克思恩格斯选集：第4卷［M］．北京：人民出版社，2012：664.
② 习近平．在纪念马克思诞辰200周年大会上的讲话［EB/OL］．人民网，2018 - 05 - 04.

的内容、文艺范畴的内容以及科技范畴的内容。所以，非物质文化遗产的传承和发展是伴随人类历史发展的一种精神生产形态。

根据普遍原理对具体实践、个别行动具有指导性的逻辑关系，马克思主义精神生产理论对非物质文化遗产的传承和发展具有指导性。以马克思主义精神生产理论为基础指导非物质文化遗产的传承和发展研究是马克思主义中国化的经验启示，符合国家以马克思主义引领我国文化发展的精神要求，在一定程度上能满足非物质文化遗产传承和发展夯实理论基础的现实需要。所以，本书的以下内容将以马克思主义精神生产理论为基础加强非物质文化遗产传承和发展的动力、价值、问题的研究，并且力图探索促进非物质文化遗产传承和发展的方法。

第三章

非物质文化遗产传承和发展的历史合力因素

把握事物发展的动力因素，是有效推动事物发展的前提条件。尽管非物质文化遗产传承和发展的动力因素是客观存在、不以人们的意志为转移，但是它不会自觉地、一目了然地呈现在人们的面前，而是需要人们发挥主观能动性去研究和探索，才有可能被发现和把握。非物质文化遗产的传承和发展又是十分复杂的历史文化现象，对其动力因素的把握并不是一件轻而易举的事情。同时，人们在把握非物质文化遗产传承和发展的动力因素时选择的理论基础不同，获得的答案和产生的结果就不一样。西方马克思主义把文化现象只是作为一种意识形态生产来分析①，例如阿尔杜塞认为文学是一种典型的意识形态生产、弗洛姆将神话等文学创作等同于睡眠状态的梦境。如果以这样的理论观点作为出发生点来把握非物质文化遗产传承和发展的动力因素，那么很容易陷入唯心主义的泥潭。我国曾经以马克思主义阶级斗争理论为基础把握非物质文化遗产传承和发展的动力因素。事实证明这并没有科学地认识和把握各种动力的因素，反而给非物质文化遗产的传承和发展带来了重大损害。在当前社会中，我国主要是从经验主义出发开展非物质文化遗产的保护活动，这使得实践行动存在一定的机械性和被动性的问题。实际上，从非物质文化遗产传承和发展属于精神生产范畴考虑，以马克思主义精神生产理论为基础把握非物质文化遗产传承和发展的动力因素具有科学性。

马克思主义精神生产理论表明，任何形式的精神生产始终受到外在环境作用力和社会作用力以及内生作用力所组成的历史合力因素的制约。恩格斯在其著作阐述道，"历史事件似乎总的说来同样是由偶然性支配着的。但是，在表面上是偶然性在起作用的地方，这种偶然性始终是受内部的隐蔽着的规

---

① 姜华．西方马克思主义意识形态理论嬗变的文化向度［J］．北方论丛，2010（1）：129－132．

律支配的"①。这里的规律是"有无数互相交错的力量，有无数个力的平行四边形，由此产生出一个合力，即历史结果，而这个结果又可以看作一个作为整体的、不自觉和不自主地起着作用的力量的产物"②。这一论述包含的具体观点：一是历史活动以个人的需要、预期目的作为出发点，但是个人的需要、目的相互作用形成一个共同方向。在这里，每个意志不一定如愿以偿，但是"都对合力有所贡献，因而是包括在这个合力里面的"③。二是经济因素在合力中起决定性作用，即"虽然相互作用的力量很不相等：其中经济运动是最强有力的、最本原的、最有决定性的"④。三是恩格斯针对当时有青年"有时过分强调"经济因素的决定作用的问题而特别强调非经济因素的作用，这些非经济因素包括"有上层建筑的各种因素""无穷无尽的偶然事件"等⑤。而精神生产作为人类社会历史活动的重要形式，它在根本上应该受到历史合力因素的作用。因此，本书以精神生产受历史合力因素作用的原理为依据，研究和把握非物质文化遗产传承和发展的动力因素。

第一节　非物质文化遗产传承和发展的环境作用力

在唯物辩证法中，外界环境是事物发展不可忽视的因素。例如，我国古代成语"南橘北枳"就表达外界环境对事物发展的重要影响力。马克思、恩格斯十分重视自然环境和社会环境对于社会生产所发挥的重要影响力。他们指出，"如果撇开社会生产方式，那么劳动生产率就取决于劳动借以进行的自然条件。这一切条件或者可以归结为人的自身本性，他们的人种等，或者可以归结为他的环境的性质"⑥；气候条件和土壤的化学性质、地质构造、地理形状等是"社会分工的自然基础"⑦；"意识起初只是对周围的可感知的环

---

① 马克思恩格斯文集：第4卷［M］．北京：人民出版社，2009：302.
② 马克思恩格斯文集：第10卷［M］．北京：人民出版社，2009：592－593.
③ 马克思恩格斯文集：第10卷［M］．北京：人民出版社，2009：592－593.
④ 马克思恩格斯文集：第10卷［M］．北京：人民出版社，2009：601.
⑤ 马克思恩格斯文集：第10卷［M］．北京：人民出版社，2009：591.
⑥ 马克思恩格斯论艺术：第1卷［M］．北京：中国社会科学出版社，1982：107.
⑦ 马克思恩格斯论艺术：第1卷［M］．北京：中国社会科学出版社，1982：107.

境的一种意识"①；人只有在"社会联系和社会关系的范围内"才会有生产②。马克思主义精神生产理论以唯物辩证法作为分析精神生产发展的根本方法，它表明非物质文化遗产的传承和发展必然要以外在的环境作用力作为依托。

一、自然环境的基础性影响

自然环境对于人类存在而言具有先在性和客观性，是人类生存和发展必不可少的条件。恩格斯在《反杜林论》中指出，"人本身是自然界的产物，是在他们的环境中并且和这个环境一起发展起来的"③；在《自然辩证法》中指出，"政治经济学家说劳动是一切财富的源泉。其实，劳动和自然界在一起才是一切财富的源泉"④。所以自从人类诞生之日起，无论是物质生产生活还是精神生产生活，都需要以特定的自然环境作为基础。而非物质文化遗产的传承和发展作为人类特有的社会生产活动也不能例外。

（一）为非物质文化遗产传承和发展提供特定的活动场所

"劳动首先是人和自然之间的过程"⑤，自然环境具有为非物质文化遗产的传承和发展提供特定活动场所的重要作用。例如，大山是山歌产生以及传承和发展的场所，江河湖海是渔歌、渔民开洋节、谢洋节等产生以及传承和发展的场所，江南水田是田歌产生以及传承和发展的场所，而辽阔的内蒙古大草原则是内蒙长调产生以及传承和发展的场所……同时，"一方山水有一方风情"，由于非物质文化遗产的传承和发展活动场所存在的差异性，直接影响了不同非物质文化遗产项目所具有的风格和特色。例如，"梅州客家山歌受山地、丘陵地形影响，客家山歌调式以羽调式为主，在羽、商两音上加上宫音，使得旋律具有悲凉婉转的感觉，素有'古朴之风，又略带几分忧

---

① 马克思恩格斯论文学与艺术：第1卷［M］．陆梅林，辑注．北京：人民文学出版社，1982：73.
② 马克思恩格斯论文学与艺术：第1卷［M］．陆梅林，辑注．北京：人民文学出版社，1982：31.
③ 恩格斯．反杜林论［M］．北京：人民出版社，1971：32.
④ 马克思恩格斯选集：第3卷［M］．北京：人民出版社，2012：988.
⑤ 马克思恩格斯全集：第23卷［M］．北京：人民出版社，1972：201.

愁’的情调”①。汕尾渔歌、惠东渔歌、中山咸水歌等“靠水而生”，所以有着水味十足的海洋或者江河气息。它们无论是在音韵上，还是在旋律上，无不展示着“微波荡漾、舒缓悠扬、轻松自如、深藏轻露”的突出特点；广东音乐形成于自然环境舒适、物产丰富、人们生活相对悠闲舒适的珠江三角洲地区，所以形成了重视写景题材，突出了“轻、柔、华、细、浓，清新流畅、悠扬动听”的音乐风格②。显然，非物质文化遗产的传承和发展对所处的自然活动场所具有明显的感应性。这是各种非物质文化遗产项目各具特色的重要原因之一。

（二）为非物质文化遗产传承和发展提供基本内容素材

恩格斯在谈到原始宗教包含的内容时指出：“一个部落或民族生活于其中的特定自然条件和自然产物，都被搬进了它的宗教里。”③ 实际上，不少非物质文化遗产项目与原始宗教有着类似的特点，它所包含的内容是自然环境意象化的产物。以具体事例分析：国家级非物质文化遗产项目雷歌、雷剧都蕴含有对“打雷”这一自然现象意象化的产物。雷州半岛地处中国大陆的最南端，雷暴天气现象十分常见。古人由于认知的局限性，将雷暴天气看成了超自然的力量，为了祈求保佑，形成了“祀雷”的风俗习惯。在“祀雷”过程中，要举行各种各样的活动，其中包括有唱歌、演戏等。因此，雷歌、雷剧就这样环境中逐渐地产生和发展起来了。八仙传说与山东蓬莱市的自然环境密切相关，它“独特的自然环境孕育了丰富多彩的八仙传说”④。广东音乐尤其擅长以自然景物为内容素材，它的大多数作品都是以自然景物为标题的，比如《雨打芭蕉》《平湖秋月》《鸟投林》《七星伴月》等。这些作品赞美大自然，把大自然对象化，以此来反映人与自然和谐统一的理想追求。在广东汉乐中也有不少以自然环境为内容素材的曲目，其中代表性曲目《到春来》就是以春天的景象为内容素材，寄托出播种希望的快乐心情。通常在这

---

① 贺连花，马达. 人文地理学视域下的梅州山歌初探［J］. 广州大学学报（社会科学版），2015（12）.
② 冯骥才，罗吉华. 中国非物质文化遗产百科全书·代表性项目卷：上卷［M］. 北京：中国文联出版社，2015：97.
③ 马克思恩格斯论文学与艺术：第1卷［M］. 陆梅林，辑注. 北京：人民文学出版社，1982：253.
④ 冯骥才，罗吉华. 中国非物质文化遗产百科全书·代表性项目卷：上卷［M］. 北京：中国文联出版社，2015：4－5.

一曲目的演奏中，乐句清新活泼，旋律优美流畅，充分描绘出大自然的美好春色和生机勃勃的景象；还有剪纸、雕刻等技艺广泛地以花草树木、鸟兽虫鱼、奇山异景为题材来表达艺术手法和思想情感。类似的事例还有很多，它们都充分反映出非物质文化遗产的不少内容都是来自大自然和反映大自然。

（三）为非物质文化遗产传承和发展提供物质材料

尽管非物质文化遗产是观念性、精神性的产品，但是这并不否定它具有物质性的特点。换而言之，非物质文化遗产的观念性和精神性是需要通过特定的物质材料来承载和体现的，即"非物质文化遗产也有物质性，要把非物质文化遗产的非物质性和物质性结合在一起。物质性就是文象，非物质性就是文脉"①。所以，物质材料是非物质文化遗产存在不可或缺的载体、媒介。

马克思指出："自然界为劳动提供材料。"② 非物质文化遗产传承和发展需要的物质材料，主要来源于自然环境，例如木、土、竹、石、玉等天然材料。在我国划分出的十大种类非物质文化遗产项目中，民间美术和传统手工技艺的传承和发展对物质材料的依赖性是最高的。③ 例如，木版年画、龙船的制作技艺的传承和发展离不开树木；竹编、风筝制作技艺的传承和发展离不开竹子；陶塑、陶瓷制作技艺的传承和发展离不瓷土；石雕艺术的传承和发展离不开石材；琢玉工艺的传承和发展离不开玉石……种种的事实表明，自然环境提供的天然物质材料，是民间美术和传统手工技艺传承和发展的基础。假如一种民间美术、传统手工技艺失去了相应的天然物质材料，这就意味着它将丧失物质性，它的传承和发展就会中断。为了避免民间美术和传统手工技艺的消亡，我国在 1997 年 5 月颁布的《传统工艺美术保护条例》就特别强调对天然物质材料的保护，其中第十五条规定："对制作传统工艺美

---

① 李斌．温家宝、李长春参观中国非物质文化遗产专题展［N］．光明日报，2007 - 06 - 10（01）．

② 马克思恩格斯选集：第 3 卷［M］．北京：人民出版社，2012：988．

③ 在 2006 年中华人民共和国批准命名的第一批国家级非物质文化遗产名录中，非物质文化遗产被划分成为十大种类，即民间文学、民间音乐、民间舞蹈、传统戏剧、曲艺、杂技与竞技、民间美术、传统手工技艺、传统医药、民俗。2008 年公布的第二批名录对几个大类的称谓做了一定修改，其中"民间音乐""民间舞蹈""民间美术"都将"民间"修改为"传统"，而"杂技与竞技"被修改为"体育与竞技"。

术品种特需的宝石、玉石等珍稀矿种，国家依法加强保护，严禁乱采滥挖。"① 这些事实进一步表明，不少非物质文化遗产项目的传承和发展离不开自然环境提供物质材料作为保障。

文化作为人类的创造物，它的历史演变不可避免地受到自然环境的影响。归纳而言，自然环境对非物质文化遗产的传承和发展产生基础性影响。自然环境为非物质文化遗产的传承和发展提供了活动场所、基本内容素材、物质材料等必要条件。正是这些条件的存在和支撑，非物质文化遗产的传承和发展才能得以顺利地开展和进行。由于不同的非物质文化遗产项目对于活动场所、基本素材、物质材料的选择存在差异性，那么它们也展现出了鲜明的个性和特色。这恰恰是非物质文化遗产项目具有多样性的重要原因之一。当前我国自然环境受到了一定程度的破坏，非物质文化遗产的传承和发展也因此受到了制约，这也从反面说明了自然环境对于非物质文化遗产传承和发展所具有的作用力。

二、人文环境的生态滋养效应

人文环境是一个相对宽泛的范畴，要对它进行精确的把握显得比较困难，所以学术界关于人文环境的定义非常之多，并且显示出了"仁者见仁，智者见智"的状况。本书以马克思主义唯物史观作为基础，认为人文环境是指人类在生存和发展过程中形成的关于语言应用、思维方式、价值追求、生活习俗、风土人情等整体的社会文化境况和氛围。对于一个国家而言，它会形成全国整体性的人文环境；对于特定地区而言，在不同区域又可能形成地方性的人文环境。

马克思充分肯定了人文环境的社会价值，指出在拜占庭灭亡时抢救和保留下来的源自希腊古代的人文环境驱散了中世纪的幽灵以及点燃了欧洲文艺繁荣的火种。② 人文环境犹如社会生态的土壤和水分，对事物发展发挥着滋养性作用。对于各个非物质文化遗产项目而言，它们的传承和发展都要建立在特定的人文环境之上，所以始终受到人文环境的影响。

---

① 传统工艺美术保护条例（国务院令第217号）[EB/OL]. 中华人民共和国中央人民政府网，2005 – 08 – 21.

② 马克思恩格斯论文学与艺术：第1卷 [M]. 陆梅林，辑注. 北京：人民文学出版社，1982：367 – 368.

（一）国家人文环境产生的普遍滋养效应

任何非物质文化遗产项目的传承和发展都是在国家发展这一宏大的社会环境中展开的，所以它必然受到国家整体人文环境的影响。我国历史悠久、文化繁荣、思想底蕴深厚，具有良好的人文环境。如此良好的人文环境为非物质文化遗产的传承和发展提供了优良的"土壤"和丰富的养分。例如，厚重的中国传统文化、包容的民族精神、悠久的民族历史、追求社会和谐的民族性格是各种非物质文化遗产项目传承和发展的养分。我们从传统的"天人合一"思想对非物质文化遗产传承和发展产生的深远影响就可以获得深刻的体会。

"天人合一"思想是我国具有良好人文环境的核心体现。在我国先秦时期，"天人合一"思想就已经逐渐形成了。它指的是宇宙（自然）、社会、人生三者浑然一体，蕴含了人与自然、社会是不可分割的这一整体思想，强调重视宇宙万物生命的价值，追求人与自然、社会和谐共处的目标。一直以来，"天人合一"思想对中华民族发展产生着非常深刻的影响，成为人们处理人与自然、人与社会等各种关系的根本准则。

纵观我国非物质文化遗产的总体传承和发展状况，它们在很多方面都受到"天人合一"思想的重大影响。首先，非物质文化遗产传承和发展受到其蕴含的人与自然和谐一体思想的影响。人们在非物质文化遗产传承和发展的过程中表现出了尊重、热爱和敬畏自然的良好精神品质，强调了既要向自然索取，又要对自然倍加呵护，实现了取予相互平衡的实践追求。其次，非物质文化遗产的传承和发展受到其蕴含的人和谐发展思想的影响。人们在非物质文化遗产传承和发展的过程中强调要做到以人为本，追求人与人之间的和谐相处以及人本身的身心和谐。最后，非物质文化遗产的传承和发展受到其蕴含的人与社会和谐发展思想的影响。人们在非物质文化遗产传承和发展的过程中表达着对社会美好生活的向往，体现着对"真、善、美"的弘扬以及对社会丑恶现象的批判。

从具体非物质文化遗产项目的传承和发展分析，它们也深深地体现出"天人合一"的精神意蕴。例如，客家山歌的不少唱词就有如此体现，类似于"山中山谷起山坡，山前山后山树多。山间山田荫山水，山人山上唱山歌"的唱词，就唱出了客家人对大自然的热爱之情①；类似于"二月耕田讲育秧，灌水施肥秧快长，惊蛰春分除稗草，心爱细来眼爱光"的唱词，就唱出了客家人对自然规律的尊重和敬畏的情感②；类似于"茶乡飞彩霞，一曲山歌一片情；好茶好歌好客家，好客家；饮口山泉水，尝杯云雾茶；茶乡情义飘四方，飘四方"的唱词，就唱出了客家人追求人际和谐的情感③。总的来说，国家人文环境为非物质文化遗产的传承和发展提供了必要的养分，同时非物质文化遗产的传承和发展又深刻地反映出国家人文环境的变化发展和精神实质。

（二）地方人文环境产生的独特滋养效应

非物质文化遗产是地域特色非常明显的文化形态，它的传承和发展受到所在地域人文环境极为深刻的影响。独具特色的地方人文环境源源不断地提供丰富养分，是非物质文化遗产孕育并且不断地传承和发展的重要条件。广东海陆丰地区形成和流传着的丰富的戏曲资源的事实是这方面强有力的例证。

广东海陆丰地区的戏曲资源十分丰富，拥有白字戏、正字戏、木偶戏、西秦戏、皮影戏等被列入国家级或者省级非物质文化遗产项目的珍稀剧种，有着"戏曲之乡"的美誉。那么，广东海陆丰地区为何会流传着这么丰富的戏曲资源呢？

这与广东海陆丰地区独特的人文环境提供重要养分有着莫大的关系。一是广东海陆丰地区在宋末和明末清初经历了两次大的移动高潮，大量的移民从外地迁入，带来了多元文化形态。这就为外地戏曲的传入和本地戏曲向其他戏曲的学习提供了重要条件。二是广东海陆丰地区流行着福佬话④、客家话、白话等方言，这使得戏曲的语言表达具备丰富性和与众不同性。三是广

① 黄有东. 从两个核心范畴"客"和"山"看客家山歌的意蕴［J］. 华南理工大学学报（社会科学版），2004（3）：41－44.

② 李小燕. 客家传统社会的农耕生活［J］. 嘉应大学学报（哲学社会科学），2001（4）：116－120.

③ 隋春花. 客家文化蕴含的生态智慧及其当代价值研究［J］. 嘉应大学学报（哲学社会科学），2013（1）：10－14.

④ 福佬话是闽南话的俗称。福佬话分为闽南话和潮州话两个语系，其中闽南话有泉州话、漳佬话和厦门话之分；而潮州话语系有潮州话、潮州普宁话及海陆丰话之分。参见：詹双晖. 白字戏研究［M］. 广州：中山大学出版社，2009：27.

东海陆丰人具有较为强烈的宗族观念，其中拜祭祖宗祠堂是逢年过节必不可少的重要内容。为了表示仪式的庄严性与隆重性，每每拜祭都会有各种纪念仪式、集体狂欢活动和文艺表演活动。这使得戏曲在广东海陆丰地区具有很大的需求空间，能够获得很多很好的表演机会。四是广东海陆丰人有着强烈的宗教观念。例如，"天上雷公，天下海陆丰"就表达了广东海陆丰人对于"雷公神"的亲近、崇拜与畏惧。在强烈宗教观念的影响下，民间的宗教习俗颇多，比如有神诞日、得道日、酬神日等等，所以人们为祭祀神灵而"做热闹"是比较常见的事情①，于是各种戏曲也容易获得各种各样登台助兴的机会。这样的人文环境的滋养是广东海陆丰地区丰富戏曲资源形成、传承和发展的重要原因。在今天，广东海陆丰地区的戏曲生存状况依然是相对较好的，这也有赖于当地人文环境的作用。这样的事实就充分印证了地方人文环境对非物质文化遗产传承和发展的独特滋养效应。

正如"一方水土养一方人"，一方水土同样滋养着一方非物质文化遗产的传承和发展。在对非物质文化遗产传承和发展规律的探究中，我们应该理解和重视自然环境和人文环境所产生的孕育和滋养作用。

第二节　非物质文化遗产传承和发展的社会作用力

自然环境和人文环境是推动非物质文化遗产传承和发展的环境作用力，对其产生基础性影响。那么，推动非物质文化遗产传承和发展的社会作用力有哪些呢？对于这一问题的回答，我们能够从决定精神生产发展的社会动力系统获得相应启示。除了受到环境作用力的影响之外，精神生产发展受到社会动力系统产生的决定性作用力的影响。决定精神生产发展的社会动力系统是由"需求动力、生产动力和消费动力三个子系统"共同构成的。② 它们三者之间相互联系、相互作用，凝聚成为推动并决定精神生产发展的社会作用力。属于精神生产范畴的非物质文化遗产的传承和发展也必然遵循这一基本原理，它的传承和发展受到社会作用力的决定性影响。

---

① "做热闹"是海陆丰人对举办隆重的宗教祭祀、狂欢及文艺演出活动的俗称。

② 刘文章. 马克思主义精神生产研究［M］. 北京：学苑出版社，2011：125.

根据马克思主义精神生产理论的观点，在非物质文化遗产传承和发展的过程中，人的精神需求起到驱动作用力的效果①；物质生产发展起到决定性作用力的效果；文化交流发挥促进作用力的效果；受众群体则起到消费支撑作用力的效果。以上四大动力因素与非物质文化遗产传承和发展之间处于总体正相关的关系，它们彼此之间发生作用，共同构成推动非物质文化遗产传承和发展的社会作用力。

一、人的精神需要的驱动作用

人在实践中创造历史，而人的需要驱动着实践的开展。"没有需要，就没有生产。"②"社会一旦有技术上的需要，则这种需要就会比十所大学更能把科学推向前进。"③ 可见，人的需要是"生产前提"，是"生产的动力"。同时人具有与动物只有本能需要的根本不同，"人懂得按照任何一种的尺度来进行生产，并且懂得处处都把内在的尺度运用于对象"④。马克思所指的人"内在的尺度"最核心的内容是人的精神需要。在马克思主义精神生产理论中，精神需要是人进行精神生产最直接的驱动力量。为了满足各方面的精神需要，人进行着各种各样的精神生产实践。

非物质文化遗产传承和发展要以人的需要作为驱动力量。人的需要是多方面的，但是从非物质文化遗产传承和发展的最根本功能来看，它主要是以能满足人的精神需要作为驱动力的。人在认识世界和改造世界的过程中产生了审美、娱乐、交往、求知、安全等方面的精神需要，它们为非物质文化遗产的传承和发展提供着驱动力量。

（一）受审美需要的驱动

"爱美之心，人皆有之。"马克思指出："人也按照美的规律来塑造物体。"⑤ 人们的历史经验与先哲的研究都表明，动物是按照其无意识的本能去

---

① 在马克思看来，人的需要是和人的本性联系在一起的。他指出："他们的需要即他们的本性，以及他们求得满足的方式，把他们联系起来。"所以，本书将人精神的需求看作是非物质文化遗产传承和发展的原驱动力。参见：马克思恩格斯全集：第3卷［M］．北京：人民出版社，1960：514.

② 马克思恩格斯全集：第46卷（上册）［M］．北京：人民出版社，1979：29.

③ 马克思恩格斯全集：第39卷［M］．北京：人民出版社，1974：198.

④ 马克思恩格斯选集：第1卷［M］．北京：人民出版社，2012：57.

⑤ 马克思恩格斯选集：第1卷［M］．北京：人民出版社，2012：57.

活动的，而人则是遵循美的规律进行活动的。人开展精神生产实践活动是以满足人的内在美的需要为目的的。非物质文化遗产传承和发展与人对于内在美的需要具有契合性，它能够从中获得人赋予传承和发展的驱动力量。例如，藏族史诗《格萨尔》能够从公元前传承和发展至今的重要原因，是它能够满足藏族人民对英雄主义精神的追求以及对黑暗、邪恶势力的反抗，实现拥有美好、和平、富足生活的愿景。① 同时，人的存在具有追求外在美的需要。在追求外在美的力量推动下，非物质文化遗产（主要是传统艺术类）的形式美、艺术美得到了很大的发展。例如，为了满足观众的视觉美，传统戏剧、舞蹈对表演服饰、表演舞台、表演装扮等不断创新发展，传统手工艺不断创新技艺，创造出活灵活现、栩栩如生的作品；为了满足观众的听觉美，传统音乐不断改进乐器，提高作曲技艺，丰富演奏旋律，创新表现形式……

正是在人的内在美和外在美这两个维度的需要驱动下，大多数非物质文化遗产项目无论是从内涵上还是表达形式上，都获得了传承和发展的重要推动力量。

（二）受休闲娱乐需要的驱动

精神生产与人的休闲娱乐需要密切相关。人在物质生产的同时，需要有休闲娱乐，使身心得以休整，以便能够更好地促进物质再生产。人们在劳动中，或许因为劳动单调、枯燥和沉闷，需要用歌唱来驱散寂寞、打发时间，于是劳动歌就这样产生、传承和发展了；人们在劳动之外，或许因为时间充足，闲暇无事可做，需要用音乐、舞蹈、文学、戏曲、技艺、体育竞技等来自娱自乐和发展兴趣爱好，于是各种各样的民间艺术就拥有了强大的发展推动力。这从具体项目个案就能够获得例证——广东音乐的传承和发展深刻地体现出受到人们休闲娱乐需要的驱动。

在广东音乐的重要发源地之一②——番禺区沙湾镇曾居住着何氏这一名

---

① 《格萨尔》史诗形成于公元前二三百年至公元六世纪之间，是藏族人民集体创作的一部伟大的英雄史诗。2006 年，《格萨尔》史诗入选我国首批国家级非物质文化遗产名录，并且在2009 年入选联合国教科文组织认定的第四批世界非物质文化遗产代表作名录。参见：冯骥才，罗吉华．中国非物质文化遗产百科全书·代表性项目卷：上卷［M］．北京：中国文联出版社，2015：13.

② 广东音乐起源于珠三角一带，广州番禺沙湾镇以及江门台山市被认为是最重要的起源地。通过广州与台山的联合申报，广东音乐入选2006 年首批国家级非物质文化遗产名录。

门望族。在历史上，何氏家族因拥有雄厚的经济基础而富甲一方，同时又十分重视后代的教育，培养出了一大批饱读诗书之人。在清朝时期，沙湾何氏宗族的知识分子阶层既不愿意入朝做官，又拥有丰厚的家财而不用从事生产劳动，他们形成了十分强烈的休闲娱乐需要。于是，他们凭借着深厚的文化素养，三五成群地聚集一起，或者吟诗作对，或者绘画挥毫，或者棋坛对垒，尤其喜欢吹拉弹唱，玩弄丝竹音乐。受何氏知识分子娱乐需要的影响，广东音乐在番禺沙湾镇逐渐形成，并且获得了传承和发展的重要驱动力量。

休闲娱乐是人们生活的一部分。无论是普通劳动者还是商贾富人，都会产生休闲娱乐的需要。这些需要的存在，促使他们开始参与或者创造各式各样的休闲娱乐活动。这就为一些非物质文化遗产项目的诞生以及传承和发展创造了条件。

（三）受交往需要的驱动

"人的本质是人的真正的社会联系。"① 人处于世界之中，离不开各种形式的交往，而交往则是人的社会属性的重要体现。人为了更好地进行交往，必然想方设法地利用各种各样的内容和媒介。显然，非物质文化遗产既是交往的产物，又是交往的重要内容和媒介，具有满足同时代人们传递信息、传播情感需要的功能。例如，疍家人传唱渔歌的重要原因之一，是满足日常交往的需要。他们在大海河流中作业，需要通过歌声互通情况、表达喜怒哀乐、驱散寂寞、鼓舞精神以及增进感情。于是，各个地区的渔歌也就产生、传承和发展起来了；客家山歌的传承和发展，与它具有交往的内容和媒介作用密切相关。传统社会里的客家人在相见相别、相约相赠、相祝相贺时通常以唱代说，特别是在男女交往时通常以歌传情，以歌为媒。于是，客家山歌的传承和发展就获得了重要驱动力量；而白字戏、正字戏、西秦戏正是因为具有满足当地人们宗族聚会、节日庆典交往需要的功能，才在广东海陆丰地区获得了良好的传承和发展基础。

代际交往的需要也是非物质文化遗产传承和发展的重要驱动力量。人们需要继承前人的经验、知识、思想，又要将自身创造的经验、知识、思想传递给后代。所以，人们不仅要跟同时代的人进行交往，同时也需要跟祖辈和后代进行交往。在古代民间社会里，人们的文化水平比较低、书写条件有

---

① 马克思恩格斯全集：第 42 卷［M］．北京：人民出版社，1979：24．

限，祖先如何将认为有价值的东西传给后代呢？心传口授、言传身教就是最好的方式。同时，后代也通过祖辈心传口授、言传身教的内容了解过去的历史、把握当下的实践，并把这些内容不断地向新一代传播、传递。于是，今天所谓的非物质文化遗产就这样产生、传承和发展至今了。

除了以上三种需要之外，还有认知、信仰、安全等精神需要对非物质文化遗产传承和发展也产生了直接的驱动力量。关于它们的具体作用，在此就不一一赘述了。总而言之，非物质文化遗产的传承和发展是以人的精神需要作为出发点的，而人的精神需要又为促进非物质文化遗产传承和发展提供直接的驱动力量。

二、物质生产发展的决定作用

"物质生活的生产方式制约着整个社会生活、政治生活和精神生活的过程。"① "思想的历史除了证明精神生产随着物质生产的改造而改造，还证明了什么呢？"② 马克思主义精神生产理论反映出物质生产是社会发展的决定力量，是精神生产的根源，决定着精神生产的变化和发展。例如，人们的思想、观念、意识、精神交往最初就是人们物质生产的直接产物，随着物质生产的发展而发展、改变而改变。

正是由于物质生产在社会发展中起到了决定性的作用，所以在探究社会生活、政治生活、人自身生产和精神生产等发展规律时，才必然需要建立在物质生产这一重要的基础之上。马克思明确地指出："人们的国家制度、法的观点、艺术以至宗教观念，就是从这个基础上发展起来的，因而，也必须由这个基础来解释。"③ 马克思曾经运用这一原理解释过 "古代埃及社会为何能够形成辉煌的建筑文化" 这一问题。他指出："与其说是由于它的人口众多，倒不如说是由于它有可能把很大一部分人口用于进行非生产性的工

---

① 马克思恩格斯论文学与艺术：第 1 卷 [M]．陆梅林，辑注．北京：人民文学出版社，1982：32 - 33.

② 马克思恩格斯论文学与艺术：第 1 卷 [M]．陆梅林，辑注．北京：人民文学出版社，1982：108.

③ 马克思恩格斯论文学与艺术：第 1 卷 [M]．陆梅林，辑注．北京：人民文学出版社，1982：85 - 86.

作。"① 物质生产对精神生产起决定作用的原理表明，我们对非物质文化遗产传承和发展规律的分析必然需要以物质生产作为根本立足点。

（一）为非物质文化遗产传承和发展提供重要物质条件

非物质文化遗产的传承和发展是物质生产发展到一定阶段的历史活动。人类的存在，首先要谋求生存，以满足吃、穿、住、用等物质资料需要。所以，在人类社会初期人们将大部分精力用于从事物质生产。只有随着物质生产的不断发展，人们有了比较充足的物质条件之后，人在生活、发展方面的需要才变得重要起来。在这样的背景下，非物质文化遗产的传承和发展作为一种满足人生活需要、发展需要的实践活动而获得产生。当然"在劳动生产率非常低下的时候，艺术和科学的创立只有通过更大的分工才有可能"②，所以最初非物质文化遗产的传承和发展并不具有独立形态，它只是在物质生产发展到相当高度，形成了体力劳动和脑力劳动分工之后，才逐渐获得独立形态的。例如，客家人演唱的客家山歌"起初也许只是一种单调的欢呼或哀叹"③，只是随着物质条件的发展，一部分人具备了相应条件后而专门从事客家山歌的歌唱、整理、创作和研究，才有了今天这样完善的艺术形态。

物质生产发展为非物质文化遗产的传承和发展提供的物质条件相当必要。首先，它让非物质文化遗产传承和发展的主体具有足够的生存资源，从而有时间和精力去开展和从事非物质文化遗产传承和发展的活动。其次，它让非物质文化遗产传承和发展具备丰富的物质资料，这包括：笔墨纸张、油彩颜料、陶土、石料、金属、木材等材料和工具。例如，中国剪纸最原始的材料是树叶、树皮。而后来随着物质生产的发展，出现了纸、布、金锡箔等新材料。这就为剪纸技艺的发展，提供了良好的物质资料。最后，它让人们有需求、有精力和有时间去接受、欣赏、消费各种非物质文化遗产成果，促进非物质文化遗产受众群体或者消费群体的形成和壮大。由此可见，非物质文化遗产传承和发展的主体、工具媒介、物质材料、接受客体等的形成和发展都是以相应的物质生产发展作为基础的。

---

① 马克思恩格斯论艺术：第 1 卷 ［M］. 北京：中国社会科学出版社，1982：108.
② 马克思恩格斯论文学与艺术：第 1 卷 ［M］. 陆梅林，辑注. 北京：人民文学出版社，1982：84.
③ 刘佐泉. 客家历史与传统文化 ［M］. 开封：河南大学出版社，1991：384.

（二）拓宽非物质文化遗产传承和发展空间

这主要是从物质生产发展对扩大非物质文化遗产传承和发展范围所产生的作用而言的。物质生产不断发展，特别是商品经济不断走向发达，能够增强社会人员的流动性，提高文化交流的可能性，从而产生拓宽非物质文化遗产传承和发展空间的可能性。

其中，为了赚取更多经济利益，商人们会将某个地方富足的物质资料带到另一个紧缺的地方进行销售。在这个过程中，商人们带去的不仅是商品，更可能有家乡的非物质文化遗产项目。同时，商人们带回家乡的不仅是利润，更有可能是异地的非物质文化遗产项目。在《正字戏研究》中，刘怀堂考察了商贸活动对推动传统戏剧传播的意义，提出了"商路即戏路"的观点。他通过历史资料考察到，潮汕商人通常会在重要的经商所在地设立会馆，例如曾设立广州八邑会馆、苏州潮州会馆、天津潮州会馆、法国潮州会馆、新加坡潮州八邑会馆等。在这些遍布全国各地甚至世界各地的会馆中，他们往往会增建楼阁戏台，以作酬神、祭祀、娱乐表演之用。这表明，商人们在会馆中演戏、看戏的可能性非常大。于是，刘怀堂得出了这样的结论：潮汕商人们在外地经商，可能将家乡的戏剧带到异乡，也可能将异乡的戏剧带入家乡，从而大大促进了潮汕地区戏剧的传承和发展。① 这样的分析具有高度的合理性，它清晰地表明了物质生产发展对于拓展非物质文化遗产传承和发展空间的意义。

（三）丰富非物质文化遗产传承和发展内容

非物质文化遗产属于意识形态范畴，它是人们对社会客观存在的一种观念反映。伴随着物质生产不断向前发展，人类活动的社会空间在不断扩大，人们认识自然客体和社会客体的范围也在不断扩大。受这种情况影响，非物质文化遗产传承和发展也就有可能获得越来越多的社会客观素材，从而使自身传承和发展的内容变得越来越丰富多彩。在人类发展的童年时期，由于人们物质生产水平低下，人们对于自然的认识非常有限，神话成为非物质文化遗产的重要内容，盘古神话、盘瓠传说、神农传说、妈祖传说等非物质文化遗产项目就是这样发展起来的。后来在物质生产发展的影响下，人们对神话的热衷程度减弱，而反映农业生产、劳动生活、社会变迁的内容不断增多。

---

① 刘怀堂. 正字戏研究 [M]. 广州：中山大学出版社，2009：6－7.

在中华人民共和国成立后特别是改革开放以后，物质生产的中心转移到发展社会主义经济上，很多非物质文化遗产项目在传承和发展过程中也增添了社会主义建设的内容。这在汕尾渔歌就有体现，"天连水来水连天，党和渔家心相连。为俺造船建新厝，男女老少喜洋洋"①。显然，物质生产发展使人们的社会生产生活更加丰富，也使非物质文化遗产传承和发展反映的内容素材变得丰富多彩起来。

总体来讲，物质生产是社会生活的基础，是非物质文化遗产传承和发展的决定性力量、根本性力量。在分析非物质文化遗产传承和发展的诸多动因时，人们将会发现，要解析产生这些动因最根本、最原始的力量最终还是要追溯到物质生产发展这一层面。例如，文化交流是非物质文化遗产传承和发展的促进力量。但是，再往下追溯，社会文化交流又为何会发展呢？对这一问题再进一步探究，人们将发现推动文化交流的最终力量是由物质生产决定的，而且有着物质生产越发达文化交流就越活跃的规律。

三、受众群体的支撑作用

文化受众群体也就是接受文化的特定群体。文化受众群体引发文化消费需求，从而推动文化生产和发展。马克思主义精神生产理论指出，一个完整的精神生产过程包括生产、分配、交换和消费四个过程。其中，生产是起点，而消费则是终点。但是，从精神再生产的过程看，消费不仅是前一生产过程的终点，更加是后一生产过程的起点。生产与消费是对立统一的关系，生产处于支配地位，而消费又对生产具有巨大的反作用力。

一方面，受众群体越庞大，消费需求就越旺盛，精神生产的动力就越强。相反，缺乏受众群体，没有受众群体的消费，精神生产也就失去了意义，同时精神生产也终将无以为继。这样的规律具体地反映在非物质文化遗产传承和发展之中。需要注意的是，非物质文化遗产传承和发展的特性决定了仅仅从一般商品消费的角度去理解非物质文化遗产的消费是不完全准确的。非物质文化遗产消费应该具有更广阔的含义，即既包括有一般商品意义上的消费，又包括欣赏、消遣、休闲、批评等非商品交易中的消费。本书认

---

① 罗光钊，林汉齐，钟训成. 南海渔唱——汕尾渔歌［M］. 广州：广东教育出版社，2012：110.

为，受众群体的消费需要是非物质文化遗产传承和发展的重要支撑力量。

马克思指出："因为消费创造出新的生产需要，也就是创造出生产的观念上的内在动机，后者是生产的前提。"① 正是在受众群体需要的推动之下，非物质文化遗产的传承和发展获得了内在的驱动力。这样的规律在非物质文化遗产传承和发展的历程中能清晰地显现出来。例如，朱琳在对昆曲发展历程的研究中发现了这样的规律：明清时期昆曲在江南地区能够获得广泛传播的重要原因之一是该地区存在着庞大的受众群体。她指出，在那个历史时期江南社会经济一片繁荣，无论是文人士夫、富商大贾还是湖海游滨，都乐于消费昆曲。② 昆曲正是在不断满足庞大受众群体的消费需要中，获得了传承和发展的重要动力。又如詹双晖在对岭南戏剧传承和发展的研究中也总结出了类似的规律：广东地区对民俗演戏的文化消费需求，是维系岭南传统戏剧的生存和发展的生命线。他指出，民俗演戏正是在拥有较为强大的文化消费需求的支撑之下，岭南戏剧获得了比较好的演出市场，而相应的剧团、演员也获得了较大和较好的生存发展空间。他以强有力的数据支撑对此做了说明：在潮汕三市（潮州、汕头、揭阳）戏剧的年演出量大约有 2 万场，有潮剧团接近 200 家；而海陆丰地区戏剧的年演出量大约 1.5 万场，有白字戏等剧团大约 150 家；湛江、茂名地区戏剧年演出量大约 2 万场，有粤剧团、雷剧团 250 家左右③。正是由于存在一定的受众群体以及产生的消费需求，这些地区的非物质文化遗产的传承和发展获得了比较充足的支撑力量。

另一方面，伴随着受众群体的文化消费水平和消费要求不断提升，非物质文化遗产的创新发展获得了支撑力量。在社会发展中，人们的文化消费水平和消费要求总体是呈现上升趋势的。在这种背景下，受众群体对非物质文化遗产的内容、形式、艺术内涵等就有可能提出新的要求。这就促使人们对非物质文化遗产进行一定的创新发展，以满足受众群体各种新的需要。正如罗光钊、林汉齐、钟训成等人认为，受众群体的文化消费水平不断提高推动

---

① 马克思恩格斯选集：第 2 卷 [M]. 北京：人民出版社，2012：691.
② 朱琳. 昆曲与近世江南社会生活——以昆曲受众群体为对象的考察 [D]. 苏州：苏州大学，2006：34 - 41.
③ 詹双晖. 地方戏剧的生存与发展对策研究——以岭南传统戏剧为例 [J]. 中国戏剧，2010（4）：60 - 62.

了汕尾渔歌的创新发展。① 他们指出，传统汕尾渔歌的曲式结构单纯、呼应对称，主要是由一、二、三、四个乐句构成的"乐段曲式"。这种曲式结构小、音域狭窄、旋律简单，显得过于原生态化，很难满足当代听众的需要。针对这一问题，施明新在创作的《渔歌组曲》中对传统汕尾渔歌进行了变革和创新。② 他突破"乐段曲式"结构的定律，采用了"二部曲式""回旋曲式"和"变奏曲式"等手段和步骤进行衍生再创作，同时加进了领唱、齐唱、轮唱等演唱元素。这样的变革和创新极大地丰富了汕尾渔歌的旋律和表现力，更好地满足了现代人对汕尾渔歌消费的需要。据他们介绍，正是基于这种变革和创新，当时的渔歌队昂首阔步并颇具活力地将渔歌唱进省城，唱到了北京，产生了很大的反响。事实上，面对受众群体文化消费水平不断提高的现实，非物质文化遗产做出变革和创新是十分必要的，否则它就有可能被抛弃和走向消亡。所以，满足受众群体消费水平和不断提升的消费需要是非物质文化遗产在饱经沧桑中不断传承和发展的重要动力。

通过以下两个方面的分析，我们可能看到受众群体的文化消费是非物质文化遗产的传承和发展的重要推动力。在受众群体文化消费需要的推动下，非物质文化遗产传承和发展获得了更大的空间，同时也获得了更多的创新动力。相反，当人们对非物质文化遗产这一类文化的消费需求变弱或者消失时，非物质文化遗产的传承和发展就有可能陷入困境，甚至是走向终结。这也正是当前不少非物质文化遗产项目遭遇生存发展困境的重要原因，所以，在促进非物质文化遗产的传承和发展中要重视培育受众群体的推动力量。

四、文化交往的促进作用

马克思主义精神生产理论表明，"从事活动的人们，他们受着自己的生产力的一定发展以及与这种发展相适应的交往（直到它的最遥远的形式）的制约"③；"某一个地方创造的生产力，特别是发明，在以后的发展是否会失

---

① 罗光钊，林汉齐，钟训成. 南海渔唱——汕尾渔歌［M］. 广州：广东教育出版社，2012：112－118.

② 施明新是原广州乐团著名指挥家、作曲家。他在1958年通过创做了《渔歌组曲》对汕尾渔歌的曲式、节奏等进行了创新发展。

③ 马克思恩格斯论文学与艺术：第1卷［M］. 陆梅林，辑注. 北京：人民文学出版社，1982：73.

传，完全取决于交往扩展的情况"，正如中世纪的玻璃绘画术在交往的局限性之中失传①。在非物质文化遗产传承和发展的漫长历程中，社会文化交往是非常重要的促进力量。"文化因交流而多彩，文明因互鉴而丰富"②，社会文化交往使非物质文化遗产通过吸引、借鉴和融会其他文化形态而实现不断地传承和发展。

（一）促进非物质文化遗产形成

非物质文化遗产的传承和发展是以非物质文化遗产的形成为基础。没有非物质文化遗产的形成，也就不会发生非物质文化遗产传承和发展的历史演进。今天我们看到的所有非物质文化遗产项目都具有源远流长的特点。追根溯源，它们都是多元文化相互作用的产物。在古代社会里，战争动乱、经贸活动、政治运动、宗教传播等因素推动了不同民族和地区的文化交往。在这样的社会文化交往中，一些非物质文化遗产项目也得到了孕育和产生。

以广东音乐为例，它是"外省音乐文化和珠江三角洲本土音乐文化相互结合的产物"③。首先，珠江三角洲地区的多元音乐文化给予了广东音乐生长的养分。在珠江三角洲地区，有着悠久而深厚的音乐文化传统，其中在明清时期诞生了粤剧、木鱼歌、龙船歌、南音、粤讴、粤曲等地方戏剧和曲艺。而在清朝中后期所诞生的粤乐，"和上述戏曲和曲艺，在共同的发展中有着互相渗透、互相吸收、互相促进的密切关系"④。其次，中原音乐文化是广东音乐的重要源流之一。从秦汉开始，中原人口不断地往南方迁移。一部分人口到达广东，他们把中原古乐带到了广东地区，被广府人吸收、利用，为广东音乐的诞生提供了养分。⑤ 例如，《梅花三弄》《昭君怨》《小桃红》等原本是中原古乐曲目，但是被当时的广府人加以改造、改编，直接衍化成为广东音乐的重要曲目。最后，外省戏曲音乐及江南小曲小调在珠江三角洲地区流传，成为广东音乐的又一个重要源流。在明清时期，广东经济比较发达，

① 马克思恩格斯选集：第1卷［M］. 北京：人民出版社，2012：187-188.
② 习近平. 习近平谈治国理政：第1卷［M］. 北京：外文出版社，2014：258.
③ 黎田，黄家齐. 粤乐［M］. 广州：广东人民出版社，2003：13.
④ 黎田，黄家齐. 粤乐［M］. 广州：广东人民出版社，2003：19-20.
⑤ 中原古乐，在我国音乐辞典中没有这样的称谓。它是广东本地人对于中原传入本地的包括古琴谱、筝曲、琵琶谱，以及诗歌、词牌等音乐的泛称。参见：黎田，黄家齐. 粤乐［M］. 广州：广东人民出版社，2003：23.

吸引了不少外省戏班进入广东演出。他们给广东带来了众多的戏曲音乐，其中昆曲和弋阳腔的牌子曲就成了广东音乐的一个源流。除了中原人迁移进入广东以外，一些来自江南地区的人也迁入到了广东，他们带来的江南小调也给广东音乐的形成带来了养分。

可见，广东音乐的形成离不文化交流。类似的事例还有粤剧、广东汉乐、花朝戏、采茶戏等，它们充分表明任何一种非物质文化遗产项目的诞生都不是一种孤立的文化现象，而是不同文化之间相互吸引、借鉴、碰撞以及融合的产物。

（二）促进非物质文化遗产发展

非物质文化遗产形成以后，不是静止不变的，而是不断流变和进化的。影响非物质文化遗产流变和进化的因素很多，但是社会文化交往始终是不可忽视的重要因素之一。

一方面，文化交往促进非物质文化遗产项目在生存空间的迁移发展。某些非物质文化遗产项目在特定的地区产生，但是在文化交往过程中，它又迁移到其他地方实现落地生根。通过对广东海陆丰地区的西秦戏进行溯源，人们能够看到文化交流在促进非物质文化遗产生存空间的变迁和发展的作用。西秦戏的源头，是形成于我国古代西北地区的西秦腔。有学者考察，"西秦腔至少在明代中叶已经形成"[1]。在明末清初时期，由于种种原因西秦腔戏班进入广东海陆丰地区，带来了不同地区的文化交往。[2] 在这种背景下，西秦腔与当地民间艺术结合，发展成了今天广东海陆丰地区的西秦戏。吕匹在其著作中指出，海陆丰西秦戏"系明末西秦腔（即琴腔、甘肃调）流入海（陆）丰后，与地方民间艺术结合而成"[3]。可以说，西秦戏进入广东海陆丰

---

[1] 刘红娟. 西秦戏研究［M］. 广州：中山大学出版社，2009：22.

[2] 对于西秦腔进入广东的原因存在三种主要说法：第一种是明代万历三十年，原潞州知府刘天虞到广东做官带来了三个西秦戏班。参见：田益荣. 秦腔史探源［A］. 陕西省艺术研究所编印. 艺术研究荟萃，1982（1）：52—54. 第二种说法是山陕商人经商贸易活动的原因。参见：张庚，郭汉城. 中国戏曲通史（下册）［M］. 北京：中国戏剧出版社，1981：24. 第三种说法是明末李自成、张献忠领导反明抗清运动失败后，其败军进沿闽赣边界进入广东，其中有甘陕戏班艺人跟随，西秦戏也由此而流入了海陆丰地区的。参见：刘红娟. 西秦戏研究［M］. 广州：中山大学出版社，2009：36.

[3] 刘红娟. 西秦戏研究［M］. 广州：中山大学出版社，2009：10.

地区本身就是一种文化交流结果。在这个过程中，它逐渐扎根于广东海陆丰地区，并且不断完善发展，表现出强大的生命力。广东汉乐、广东音乐、客家山歌、潮州音乐等非物质文化遗产项目被传播到新加坡、马来西亚等东南亚国家也是这方面的典型事例。众多的事实表明，文化交流促进了非物质文化遗产的传播和扩展，使它获得了新的生存条件和发展空间。

另一方面，文化交往促进非物质文化遗产项目内容和形式的进化。大多数非物质文化遗产项目在刚诞生时，它们的内容和形式通常是比较简单的，或者说是处于低级阶段的。随着慢慢地发展，它们的内容和形式才会日趋完善。在进化的过程中，文化交流往往起到重要的促进作用。广东音乐的发展成熟就很好地诠释了这一规律。广东音乐形成时期被称作"硬弓组合"时期。① 受乐器组合制约和影响，这个时期的广东音乐"曲目不多，主要以'过场曲''大调''小调'为主，这些曲子都不长，音域也不广，风格雄亮欢快"②。然而，自从吕文成创制出高胡以后，广东音乐就走向了"软弓组合"时期。而进入"软弓组合"时期，广东音乐的内容和形式获得巨大丰富，"产生许多新的技巧"，"音域扩大，音色更为丰富，表现力也大为加强"③。高胡的创制在广东音乐的发展历程中具有不同寻常的作用。

那么，吕文成为何能够创制出高胡呢？吕文成创制高胡并不是异想天开的结果，而是他对不同音乐文化相互借鉴、吸收的结果。根据资料介绍，吕文成具有相当高的音乐造诣，既精通传统乐器，又通晓西洋乐器，因此他能够"以江南二胡为基础，参考西洋小提琴的某些优点"创制出了高胡④。高胡是多元文化结合的产物，它的创制推动广东音乐迎来了一个新的发展时期。由此我们可以看出，社会文化交往能够为非物质文化遗产内容和形式的

---

① 广东音乐有"硬弓组合"和"软弓组合"的区分。这主要是从所使用乐器的特征而言的。在广东音乐形成时期，主要使用乐器是二弦、提琴（大板胡）、三弦、月琴和喉管（或横箫）。其中，主奏乐器二弦，弦粗弓硬，音色高亢明亮，所以人们称这种组合"硬弓组合"。到了广东音乐的成熟时期，乐器组合发展为高胡、扬琴、琵琶（或秦琴）、洞箫、椰胡或二胡。其中，主奏乐器高胡的外弦是钢丝，加之演奏出来的音色较为柔美，所以人们称这种组合为"软弓组合"。参见：万钟如，广东音乐乐器组合的不同阶段及文化特征［J］．乐器，2011（12）：44－45.
② 陶诚．"广东音乐"文化研究［D］．福州：福建师范大学，2003：71.
③ 陶诚．"广东音乐"文化研究［D］．福州：福建师范大学，2003：114.
④ 余其伟．粤乐艺境［M］．广州：花城出版社，1998：44.

进化提供基础条件和必要养分。

上述分析表明,非物质文化遗产的传承和发展具有开放性和灵活性的特点。社会频繁的文化交往促使非物质文化遗产不断地向"异质"文化开放,并且积极吸收"异质"文化的优秀内容,从而获得了进一步传承和发展的力量。这正是非物质文化遗产在漫长的历史长河中,依然顽强地保持生命力的重要原因之一。

第三节　非物质文化遗产传承和发展的内生作用力

内生作用力是指事物自身生成的力量,是事物发展的依据和独特性反映。马克思指出:"关于艺术,大家知道,它的一定的繁盛时期不是同社会发展成比例的,因而也绝不是同仿佛是社会组织的骨骼的物质基础的一般发展成比例的。"[①] 马克思主义精神生产理论指明,尽管精神生产以物质生产作为基础,并且受到自然环境、人口生产、受众群体消费、文化交流等诸多因素的作用,但是其自身还具有相对独立性的发展力量。这表明,在推动精神生产发展的历史合力中还包括精神生产自身的内生作用力。

这样的规律具体地存在于精神生产的具体形态——非物质文化遗产的传承和发展之中。非物质文化遗产的传承和发展是以自然环境和人文环境为依托,并且在总体上与社会核心推动力呈正相关的关系。然而,这并不意味着非物质文化遗产的传承和发展完全受制于它们以及与它们形影相随。非物质文化遗产的传承和发展作为精神生产的重要形式,存在影响自身发展的内生作用力。

一、代表性传承人的引领作用

人民群众是历史的创造者,他们的需要、实践行动决定历史的内容和方向。马克思、恩格斯从唯物史观出发,明确了从事精神生产劳动的广大人民群众是精神生产的主体力量。但是历史发展却存在特殊情况,产生于人民群众中的代表性人物对精神生产发展发挥引领、加速的推动作用。

---

① 马克思恩格斯论艺术:第1卷 [M].北京:中国社会科学出版社,1982:148.

　　在精神生产中，人民群众的主体地位是不容忽视的，但是也必须看到每个人对精神生产发展所起到的作用存在着差异性。有一部分人发挥的作用特别大，贡献特别多，他们可以被称作是"代表性人物"。如果用金字塔模型来表示，那么人民群众就是塔基，而这些代表性人物则是塔顶、塔尖。马克思、恩格斯把代表性人物的出现，看作是必然性与偶然性的统一。他们指出，"这些偶然性本身自然纳入总的发展过程中，并且为其他偶然性所补偿"，与此同时"发展的加速和延缓在很大程度上是取决于这些'偶然性'的，其中也包括一开始就站在运动最前面的那些人物的性格这样一种偶然情况"①。列宁也强调："全部历史正是由那些无疑是活动家的个人的行动构成的。"② 从马克思、恩格斯、列宁等人的论述可以看到，代表性人物在精神生产发展进程发挥出巨大的引领作用。

　　马克思、恩格斯等人对代表性人物的历史作用给予充分肯定的原理，在非物质文化遗产的传承和发展之中有着十分明显的体现。对于非物质文化遗产而言，它首先是劳动人民集体智慧的结晶，它的传承和发展必然要以人民群众作为基础。这是不容置疑的事实。但是，非物质文化遗产是活态传承的，它需要由传承人口传心授、言传身教才能得以代代相传、延续发展，而这是一般文化现象所不具备或者没有那么突出的特征。所以，代表性传承人对于非物质文化遗产的传承和发展起到举足轻的作用。例如，扁鹊、华佗、孙思邈等人对于传统中医的传承和发展，黄道婆对于棉纺技艺的传承和发展，杜康对于酿酒技术的传承和发展，刘三姐对于壮族山歌的传承和发展，严老烈、何氏三杰、吕文成等人对广东音乐的传承和发展，王琛对人于汕尾渔歌的传承和发展等都是如此的。冯骥才对代表性传承人的引领作用给予了充分肯定："代代相传是文化乃至文明传承的最重要渠道，传承人是民间文化代代薪火相传的关键，天才的杰出民间文化传承人往往还把一个民族和时代的文化推向历史的高峰。"③ 刘魁立则把非物质文化遗产代表性传承人肯定为历史的创造者，他们"把文化创造、文化赓续的接力棒代代相传"，起到

---

①　马克思恩格斯文集：第 10 卷 [M]．北京：人民出版社，2009：354.

②　列宁选集：第 1 卷 [M]．北京：人民出版社，1998：26.

③　中国民间文艺家协会．中国民间文化杰出传承人调查、认定、命名工作手册 [G]．北京：中国民间文艺家协会，2005：11.

"培固民族文化之根、弘扬民族精神之魂"的巨大引领作用。①

具体而言，代表性传承人在非物质文化遗产的传承和发展起到加速器般的引领作用。

首先，代表性传承人起到加速非物质文化遗产项目形成的作用。非物质文化遗产项目的形成，是要经历量变的积累到质变的突破的重要过程。代表性传承人在这一过程中是实现质变的主要承担者。他们以超越常人的热情、才智、灵性、毅力，把集体的技艺或者思想进行吸收、总结、提炼，产生出被受众群体广泛认可的代表性成果或者艺术风格。以广东音乐为例，何博众、严老烈两位代表性传承人，他们开创了广东音乐创作的先河，使广东音乐出现了代表性作品以及形成了比较固定和独特的音乐风格，加速了广东音乐的形成。

其次，代表性传承人引领非物质文化遗产项目的变革和创新。非物质文化遗产的传承和发展有两个方面的意蕴：一是人们通过传习而掌握项目的内容和技巧，从而将其保存下来；二是人们在传习获得的基础上，再将项目的内容和技巧进行改造和创新，实现进一步发展。代表性传承人一般都有敏锐的触觉，能够洞察或者反思非物质文化遗产项目自身存在的局限性，以及善于吸收新时代的精华。因此，他们能够引领非物质文化遗产项目的变革和创新。我们又回到广东音乐之中，吕文成洞察到了过去乐器组合的不足，创制出了高胡，把硬弓时期的广东音乐带进了软弓时期。这就是杰出传承人引领非物质文化遗产的变革和创新的很好证明。

最后，代表性传承人引领非物质文化遗产项目的传播。代表性传承人在非物质文化遗产项目中所展示出来的努力、取得的成就以及形成的人格魅力，使他们对于项目的扩大传播起到巨大的示范效应。他们凭借自己的影响力，往往能够通过以下四种方式推动非物质文化遗产项目传播：一是通过搜集、整理和研究相关的历史资料，为非物质文化遗产项目的传播提供材料支持。二是通过创作或者发展出新的成果，提高非物质文化遗产项目传播的当代吸引力；三是对非物质文化遗产项目进行表演，使更多人接触、接受甚至是学习非物质文化遗产项目；四是通过开展教育实践活动，为非物质文化遗

---

① 刘魁立. 非物质文化遗产传承人的历史价值［N］. 贵州民族报，2016 - 11 - 28（A03）.

产培养出更多的受众群体和传承者。

代表性传承人之所以能够对非物质文化遗产的传承和发展发挥引领作用，这离不开他们对所从事的工作具有非比寻常的热爱和孜孜不倦的付出。例如，推动汕尾渔歌实现质的飞跃、被赞誉为"渔歌王"的王琛"在极为艰难困苦的条件下默默无闻地采撷着、编织着，从青春到白发，用自己的身心和智慧，投身于渔歌这一平凡的事业中"①。维护广东醉龙根脉的代表性传承人黄焯根在"文化大革命"期间冒着极大风险将古旧木龙收藏于家里使得长洲醉龙能够得以保存，在改革开放后又积极开展组建醉龙醒狮队参加各种表演以及挖掘、整合、保护醉龙所蕴含的历史文化等方面的工作。② 代表性传承人用实际行动表明，他们的热爱与付出正是非物质文化遗产持久不息地传承和发展的重要动力。

马克思、恩格斯等人充分肯定代表性人物在历史发展中起到巨大推动作用的原理表明，非物质文化遗产传承和发展的基础力量来源在于广大人民群众，而代表性传承人更是发挥着不可忽视的作用。代表性传承人在非物质文化遗产传承和发展的过程中，以强烈的热爱之情和巨大的努力发挥出加速器般的引领作用。从相反角度分析，当某项非物质文化遗产的代表性传承人甚至是一般传承人减少或者消失时，那么这就意味着该项非物质文化遗产走向式微或者消亡的状况。影响非物质文化遗产的传承和发展的动力因素指明，人们必须重视代表性传承人具有的举足轻重作用，积极筛选和培养代表性传承人，为他们的工作、学习和生活提供相应的支持。

二、对社会发展具有能动效应

尽管任何非物质文化遗产项目的传承和发展都是根源于社会存在的，但是它对社会存在又具有超越性和反作用性的特点。

---

① 罗光钊，林汉齐，钟训成.南海渔唱——汕尾渔歌［M］.广州：广东教育出版社，2012：104.

② 冯骥才，罗吉华.中国非物质文化遗产百科全书·传承人卷［M］.北京：中国文联出版社，2015：133.

（一）非物质文化遗产传承和发展的内容是对社会存在选择、加工和抽象反映的结果

社会存在的范畴非常宽广，包括有自然环境、物质生产、人口状况、经贸往来等方面的内容。非物质文化遗产的传承和发展包含的内容体现出对社会存在的反映，然而它并不是全部地机械地反映，而是根据实际需要有选择、有目的地加以反映。列宁的话语说明了这一事实，"艺术不是博物馆的艺术，而是有实效的艺术——戏剧、文学、音乐，使之符合新的需要。对新现象有所选择"[①]。以具体事例分析，中国人最为熟悉的春节文化就体现出非物质文化遗产的传承和发展的内容是对社会存在有选择地加以反映的规律。我们的祖先在当时的社会生活中遇到和构想出的动物种类非常之多，但是在"远古图腾"和"阴阳五行学说的渗透和框定"作用下，他们只是选择了猪、牛、猴、马等十二种动物作为生肖对象加以纪念和庆祝[②]；而从汉魏流传至今的"鸡日—人日"之说规定初一是鸡日、初二是狗日、初三是羊日、初四是猪日、初五是牛日、初六马日、初七是人日、初八是谷日，体现出人们选择特定生物作为纪念内容和祭祀对象、对人自身来历的探求以及人丁平安的愿望。[③] 又如，传统动物舞蹈体现出非物质文化遗产的传承和发展对社会客观存在有选择地反映的规律。面对各色各样的动物，我们的祖先通常钟情于狮子、老虎、龙、麒麟、马、孔雀、鹤、鱼等具有重要吉祥寓意的动物，创造出了狮舞、火老虎舞、龙舞、麒麟舞、竹马舞、孔雀舞、鹤舞、鱼灯舞等类型的动物舞蹈。

非物质文化遗产传承和发展包含的内容又是对选择的社会存在进行加工和抽象的结果。换而言之，非物质文化遗产传承和发展的内容来源于社会存在，又超越于社会存在。在春节文化中，正月初一到初八所包含的"鸡日—人日"的习俗不只是对这八种生物纯粹纪念那么简单，而是蕴含了包括人类在内的事物起源的神话传说。这一起源说的最原始含义是这八种生物"被某一位遗忘或者失掉了名字的造物之神创造出来"[④]；在传统戏剧中，关门、推

---

① 列宁论文学与艺术：第1卷 [M] . 北京 . 人民文学出版社，1960：97.
② 黄荣建 . 试论十二生肖文化的哲学基础 [J] . 海南师范学院学报，1998（4）：76 - 80.
③ 刘锡诚 . 非物质文化遗产：理论与实践 [M] . 北京：学苑出版社，2009：302.
④ 刘锡诚 . 非物质文化遗产：理论与实践 [M] . 北京：学苑出版社，2009：302.

窗、上马、登舟、上楼等动作是对现实相关动作提炼、概括和美化的结果，而人物性格特点更是通过高度脸谱化来反映；中国民间四大爱情传说也反映出这一特点，它们的题材都是来源于社会现实的，表达了人们对人性解放的追求以及对爱情的忠贞不渝。① 但是，四大爱情传说中的许仙与白素贞的人蛇之爱、孟姜女的感天动地、牛郎与织女的人仙结合、梁山伯与祝英台的"化茧成蝶"又都是充满意象化和超越现实的内容。所以，非物质文化遗产传承和发展的内容不是对社会现实的简单临摹，而是具有强烈的意象化和艺术化，体现出对社会存在进行选择、加工和抽象的结果。

（二）非物质文化遗产传承和发展对社会存在具有反作用力

马克思讲过："批判的武器当然不能代替武器的批判，物质力量只能用物质力量来摧毁，但是理论一经掌握群众，也会变成物质力量。"② 依照该原理，非物质文化遗产是精神生产成果，它通过一定的条件转化能够在传承和发展中产生重要的社会价值。总体而言，非物质文化遗产的传承和发展对物质生产、人的全面发展、社会精神文明建设都会产生反作用。例如，非物质文化遗产的传承和发展能够起到维系当代公民共同价值理念的作用。我国非物质文化遗产是历代中国人以口传心授、言传身教的方式传承和发展而来的精神成果，是中华民族上下五千年历久常新、经久不息的精神气质体现。习近平明确指出，中华民族能够在悠久的历长河中生生不息，屹立不倒的重要原因是——"我们民族有一脉相承的精神追求、精神特质、精神脉络"③。所以，当代公民能够从非物质文化遗产传承和发展的历程中看到我们国家和民族发展的历史以及文化根脉和灵魂，能够在社会交往中找到精神纽带，能够从中获得心灵的寄托和情感归属，有助于构筑起中华民族共同的精神家园。由此可见，非物质文化遗产的传承和发展对于社会存在具有十分强大的反作用力。由于本书在第四章将对这方面的内容展开更加详细和深入的论

---

① 中国民间四大爱情传说分别是：孟姜女传说、白蛇传传说、梁祝传说、牛郎织女传说。其中，在 2006 年，孟姜女传说、白蛇传传说、梁祝传说入选了我国公布的第一批国家级非物质文化遗产名录；在 2008 年，牛郎织女传说入选了我国公布的第二批国家级非物质文化遗产名录.

② 马克思恩格斯选集：第 1 卷 [M]．北京：人民出版社，2012：9.

③ 习近平．在北京海淀区民族小学主持召开座谈会时的讲话 [N]．人民日报，2014 - 05 - 31 （02）.

述，所以在此就不再赘述。

三、与经济发展存在不平衡关系

非物质文化遗产的传承和发展具有的内生作用力还体现在它与经济发展存在不平衡关系之中。物质生产在社会发展中起决定作用的原理表明，非物质文化遗产的传承和发展与社会的经济发展应该处于总体平衡状态。在古代社会里，传统音乐、传统戏剧、传统舞蹈、传统手工技艺等的流行与繁荣都是经济发展到一定程度的结果，经济发展方式决定精神生产的形式和水平。具体而言，只有经济发展到一定的程度，分工才会普遍化，而一部分人才有可能专门从事传统音乐创作、传统戏剧表演、传统中医药研制等精神生产活动。也正是这样，非物质文化遗产的传承和发展获得了重要的推动力。

然而，"文化从根本上不是政治、经济并列的领域或附属现象，而是人的一切活动领域和社会存在领域中内在的、机理性的东西，是从深层次制约和影响每一个体和各社会活动的生存方式"①。所以，文化发展又不是完全被动的过程，而是蕴含有自身独特规律，与经济发展具有不平衡的可能性和现实性。马克思在论述物质生产对艺术发展起决定作用的同时，论述了物质生产与艺术发展之间的不平衡关系。他指出，在整个艺术领域同社会一般发展的关系上，存在不平衡的关系是不足为奇的②。所以在非物质文化遗产的传承和发展过程中，它与经济发展存在着相对的和具体的不平衡关系。

（一）非物质文化遗产的价值与经济发展水平存在不平衡关系

马克思指出："他们（指古希腊，笔者注）的艺术对我们所产生的魅力，同它在其中生长的那个不发达的社会阶段并不矛盾。"③ 非物质文化遗产的价值与经济发展水平存在一定的不平衡关系，即在经济发展处于较低水平时，并不意味着非物质文化遗产的价值一定就低；而在经济发展处于较高水平时，并不意味着非物质文化遗产的价值一定就高。农耕社会比工业社会经济发展水平要低，但是在农耕社会人们更需要、更重视非物质文化遗产，它的

---

① 衣俊卿. 文化哲学——理论理性和实践理性交汇处的文化批判 [M]. 昆明：云南人民出版社，2005：66.

② 马克思恩格斯论艺术：第 1 卷 [M]. 北京：中国社会科学出版社，1982：148.

③ 马克思恩格斯论文学与艺术：第 1 卷 [M]. 陆梅林，辑注. 北京：人民文学出版社，1982：95.

价值显得相对更高。而在工业社会中，文化产品种类日益增多，它们不断取代非物质文化遗产在人们社会生活中的功能，非物质文化遗产的社会价值和地位反而相对下降。在农耕社会里，客家山歌是客家男女谈情说爱的重要媒介。然而到了现代社会，客家男女借助于客家山歌来谈情说爱的需求就明显降低了，客家山歌在男女交往方面的价值也就随着社会发展反而降低了。而相类似的事实是，不少非物质文化遗产项目在农耕社会里具有维系宗族关系的重要价值，但是在现代商业社会里宗族关系已经明显淡化了，非物质文化遗产在这方面的价值也随之明显降低。因而，非物质文化遗产传承和发展的价值与经济发展水平存在不平衡的关系。

（二）非物质文化遗产的内容和形式与经济发展水平存在不平衡关系

马克思认为希腊的艺术和史诗"不只是希腊艺术的宝库，而是它的土壤……它们仍然能够给我们以艺术享受，而且就某方面说还是一种规范和高不可及的范本"①。从马克思评价希腊的艺术和史诗比自己所处时代的同类作品更具规格和更具典范的相关论述表明，精神生产的内容和形式与经济发展水平存在着不平衡的关系。

非物质文化遗产的传承和发展也受到这一规律的制约。马克思强调："在艺术本身领域内，某些有重大意义的艺术形式只有在艺术发展的不发达阶段才是可能的。"② 我们在社会现实中能够看到的情况是：形成于经济发展水平较低时期的非物质文化遗产的内容和形式并不一定简单；而形成于经济发展水平较高时期的非物质文化遗产的内容和形式也并不一定就丰富多彩。我国昆曲是形成于宋朝末期，建立在自给自足的小农经济基础之上，但是它却能将音乐、文学、美术、舞蹈、表演等艺术元素完美地融合为一个整体，构筑起了相当完整和相当高水平的表演体系，获得了"百戏之母"的赞誉。这是大多数后世才形成的戏剧而且取得了其他艺术形式都难以相媲美的成就。昆曲也成为我国最先入选联合国教科文组织认定的非物质文化遗产项目名录。可见，非物质文化遗产的内容与经济发展水平存在不平衡的关系。

---

① 马克思恩格斯全集（第46卷上册）[M].北京：人民出版社，1979：49.
② 马克思恩格斯论文学与艺术（第1卷）[M].北京：人民文学出版社，1982：95.

（三）非物质文化遗产传承和发展的状况与经济发展水平存在不平衡关系

马克思、恩格斯认为精神生产发展状况与经济发展状况存在不平衡的关系。马克思在论述中世纪意大利文化超越当时落后经济状况的特点时指出："在这个野蛮的、不平静的时代，意大利文化开放了最优美的花朵。"① 恩格斯以哲学领域发展的历史事实为例证，指出"经济上落后的国家在哲学上仍然能够演奏第一小提琴"②。

非物质文化遗产的传承和发展同样受到这一规律的制约。在经济发展水平相对较低时，非物质文化遗产传承和发展的状况并不一定差；而在经济发展水平不断提高时，非物质文化遗产传承和发展的状况也并不一定好。非物质文化遗产是农耕文明的产物，它的传承和发展所立足的经济基础是小农经济，而形成于封建小农经济基础之上的非物质文化遗产在很大程度上满足了农耕社会里人们的精神需要，发展状况相对较好。当进入到现代商业文明时代时，市场经济不仅打破了非物质文化遗产传承和发展相对封闭的环境，而且瓦解了非物质文化遗产传承和发展的原生性经济基础，非物质文化遗产的传承和发展反而陷入了现代困境。以我国为例，在经济高速发展的背景下非物质文化遗产传承和发展的困难在不断加重。例如，现在很少年轻人乐意成为非物质文化遗产项目的传承人，不少非物质文化遗产项目出现传承人青黄不接的困境。③ 有危机或者是弱势才需要保护的历史规律表明，我国日益重视非物质文化遗产的抢救和保护工作意味着非物质文化遗产的传承和发展存在重大困境。这些具体情况印证了非物质文化遗产的传承和发展状况与经济发展水平存在不平衡的关系。

从普遍性而言，经济发展状况决定着非物质文化遗产的传承和发展状况。但是，这不是绝对的，而是相对的、有条件的。在社会多元因素的影响下，非物质文化遗产的传承和发展与经济发展存在不平衡的关系。

---

① 马克思历史学笔记（第 1 册）［M］. 北京：红旗出版社，1992：163.
② 马克思恩格斯选集（第 4 卷）［M］. 北京：人民出版社，2012：612.
③ 在笔者开展的《青少年对非物质文化遗产传承和发展认知和态度》的问卷调查中，有 400 人参与了调查，其中占 52.25% 的人认为当今时代学习一些非物质文化遗产技艺是没有前途的。

小　结

　　事物发展的规律是客观存在的，但是人类在客观规律面前并非完全被动和无能为力的，而是能够通过发挥主观能动性实现认知规律和利用规律的目标。把握影响非物质文化遗产传承和发展动力因素的规律，是认识非物质文化遗产传承和发展的困境、价值以及寻求促进方法的必要条件。以马克思主义精神生产理论阐述的精神生产动力系统为基础，人们能够把握到非物质文化遗产的传承和发展具有以外在环境为依托、受社会力量作用以及受自身内生力量影响而构成的历史合力系统。

　　外在环境的依托是非物质文化遗产传承和发展历史合力因素的重要组成部分。其中，外在的自然环境为非物质文化遗产的传承和发展提供了必要的气候条件、活动场所、内容素材以及物质材料；国家整体人文环境蕴含的"天人合一""以人为本"等人文精神对非物质文化遗产传承和发展起到普遍的生态滋养作用；地方人文环境反映出不同地域之间的人文特色，为所在区域内的非物质文化遗产传承和发展提供独特的生态滋养作用。这些外在的环境因素相互作用，为非物质文化遗产传承和发展提供了重要条件。

　　社会力量发挥的推动作用是非物质文化遗产传承和发展历史合力因素的核心内容。一是人的精神需要是非物质文化遗产传承和发展的原驱动力。在人的审美、娱乐、交往、认知、信仰、安全等需要的力量驱动下，非物质文化遗产的传承和发展获得了人的本质力量的推动。二是物质生产发展是非物质文化遗产的传承和发展的决定力量。物质生产对非物质文化遗产的传承和发展发挥着提供物质条件、扩大活动空间、丰富内容素材的作用。三是文化受众群体是非物质文化遗产传承和发展的支撑力量。文化受众群体的需求引起非物质文化遗产生产、传播以及创新，是传承和发展的落脚点，又是新的传承和发展过程的起始点。没有受众群体，也没有传承和发展对象和意义。四是文化交往是非物质文化遗产传承和发展的促进力量。依靠文化交往，非物质文化遗产既可以跨越地域的限制，获得更加广泛的空间和产生更大的影响力；又可以通过吸收、借鉴和融合其他文化形态的优势，获得更好的进化发展。正是在这些社会力量的作用之下，非物质文化遗产的传承和发展获得了更为重要的推动力。

非物质文化遗产的内生作用力是构成传承和发展历史合力的关键要素。首先，代表性传承人发挥引领作用。非物质文化遗产是人民群众智慧的结晶，它的传承和发展依赖于广大人民群众。然而，与一般历史现象、文化现象有着明显的不同，代表性传承人在非物质文化遗产的传承和发展中发挥着加速器般的引领作用。代表性传承人生存状况的好与坏直接关系到非物质文化遗产的生命延续状况的好与坏。其次，非物质文化遗产的传承和发展具有社会能动效应。非物质文化遗产的传承和发展作为社会意识发展的具体形式，它蕴含的内容是对社会存在进行选择、加工以及抽象的结果，它具有推动社会存在发展的价值。最后，非物质文化遗产的传承和发展与经济发展存在不平衡的关系。在经济发展之外还存在上层建筑、历史传统、传承人情感意志等因素影响非物质文化遗产的传承和发展。所以在具体现实中，非物质文化遗产传承和发展的价值、内容和形式与经济发展水平呈现出一定比例的不平衡关系。

作为精神生产的具体形态，非物质文化遗产的传承和发展受到历史合力因素的作用。在社会实践中，人们应该做到尊重规律、掌握规律、按规律办事，努力遵循历史合力因素的作用规律，以实现促进非物质文化遗产传承和发展的良好效果。

第四章

非物质文化遗产传承和发展的社会价值

精神生产对社会发展具有能动的反作用力。马克思、恩格斯充分肯定精神生产的社会价值，指出"经济状况是基础，但是对历史斗争的进程发生影响并且在许多情况下主要是决定着这一斗争的形式的，还有上层建筑的各种因素"。"我们自己创造着自己的历史……其中经济的前提和条件归根到底是决定性的。但是政治等等的前提条件，甚至那些存在于人们头脑中的传统，也起着一定的作用。"① 在对近代欧美资产阶级革命取得胜利原因的分析中，马克思恩格斯看到了宗教、文艺等精神生产形态所发挥的价值功能。他们认为，当时新兴资产阶级取得革命胜利与利用宗教这一重要的精神"武器"密切相关，指出"对于完全由宗教培育起来的群众感情说来，要掀起巨大的风暴，就必须让群众的切身利益披上宗教的外衣出现"②。同时，他们认为新兴资产阶级又以文艺作为重要革命工具，从而冲破了思想藩篱，实现了思想解放，"给资产阶级的现代统治打下基础"③。

我国马克思主义者坚持和发展了马克思、恩格斯关于精神生产在社会发展中具有重要价值功能的观点。毛泽东指出，唯物论者固然要承认生产力、实践、经济基础通常表现为主要的决定作用，但是"生产关系、理论、上层建筑这些方面，在一定条件下，又转过来表现为主要的决定作用，这也是必须承认的"④，所以"代表先进阶级的正确思想，一旦被群众掌握，就会变成改造社会、改造世界的物质力量"⑤。邓小平在强调社会主义现代化要以"经济建设为中心"的同时，指出"不加强精神文明建设，物质文明的建设

---

① 马克思恩格斯论文学与艺术：第 1 卷［M］. 陆梅林，辑注. 北京：人民文学出版社，1982：37.
② 马克思恩格斯选集：第 4 卷：［M］. 北京：人民出版社，1995：255.
③ 马克思恩格斯选集：第 4 卷［M］. 北京：人民出版社，1995：262.
④ 毛泽东哲学批注集［M］. 北京：中央文献出版社，1988：296.
⑤ 毛泽东著作选读：下册［M］. 北京：人民出版社，1988：839.

也要受破坏，走弯路。光靠物质条件，我们的革命和建设都不可能胜利"①。所以他为社会主义建设制定的策略是物质文明和精神文明必须"两手都要抓，两手都要硬"。习近平在制定新时代实现民族伟大复兴的方法策略中肯定了精神生产的巨大作用，指出"人无精神则不立，国无精神则不强"②，"一个民族的复兴需要强大的物质力量，也需要强大的精神力量"③。

　　马克思主义的精神生产理论充分重视和肯定精神生产在物质生产、人的发展等方面的作用。而精神生产的形式是多元化的，它的总体作用需要通过具体形式来体现。非物质文化遗产的传承和发展作为精神生产的其中形式，对体现精神生产的作用起到具体承载功能。陈毅指出："我国有丰富的文化遗产，是无价之宝，千万不要糟蹋。"④ 在社会发展中，非物质文化遗产的传承和发展普遍发挥着推动物质发展和精神进步的价值功能。

第一节　非物质文化遗产传承和发展的物质价值

　　"货币不但决不会使社会形式瓦解，反而是社会形式发展的条件和发展一切生产力即物质生产力和精神生产力的主动轮。"⑤ 马克思的论述表明，精神生产具有生产力的属性。人们通过知识、观念、思想等精神力量来把握世界，能够创造出相应的精神生产成果。马克思以机器为例，指出"自然界没有造出任何机器"，"它们是人的手创造出来的人脑的器官；是对象化的知识力量"⑥。而类似于机器的这些精神生产成果都蕴含有推动社会发展的物质作用。当今时代，科学技术作为第一生产力而推动社会发展的事实，充分反映出精神生产成果具有重大的物质价值。

　　非物质文化遗产是历史上人们进行精神生产的重要成果。在人们认识世界和改造世界历史过程中，它的传承和发展始终蕴含着促进社会发展的物质价值。

①　邓小平文选：第3卷［M］．北京：人民出版社，1993：143.
②　习近平．习近平谈治国理政：第2卷［M］．北京：外文出版社，2017：47.
③　习近平．在文艺工作座谈会上的讲话［J］．人民日报，2015 – 10 – 15.
④　中共中央书记处研究室文化组．党和国家领导人论文艺［M］．北京：文化艺术出版社，1982：103.
⑤　马克思恩格斯全集：第46卷（上册）［M］．北京：人民出版社，1979：173.
⑥　马克思恩格斯全集：第31卷［M］．北京：人民出版社，1998：102.

一、为传统社会生产生活提供重要的物质资料

非物质文化遗产的传承和发展根源于传统社会人们生产生活的实践需要。换而言之，当今社会中的各个非物质文化遗产项目是历史上人们在生产生活中制造物质工具、休闲娱乐、寄托情感、保障安全等方法和手段的文化遗存。其中，有些项目能给当时的社会生产生活带来重要的物质资料，在一定程度上满足人们的物质需要。马克思通过人改革陶器生产方法的历史事实加以论证，指出"由于陶器生产方法上的改进，能容纳几加仑的陶器制造出来了，既精致又美观。碗、壶、水杯大量生产"①。在社会主义手工业改造中，毛泽东强调我国传统手工艺技术具有实用性，指出"手工业的各行各业都是做好事的。吃的、穿的、用的都有"，并且强调"手工业中许多好东西，不要搞掉了。王麻子、张小泉的刀剪一万年也不要搞掉"②。所以从传统意义分析，非物质文化遗产的传承和发展对社会发展的物质价值体现在一些项目能够为当时人们的生产生活提供重要的物质资料。例如，陶塑技艺所带来的相关陶瓷用品、棉纺织技艺所带来的相关棉纺织品、生铁冶铸技术所带来的铁制品、"王麻子"和"张小泉"剪刀技艺所带来的缝纫工具等。

非物质文化遗产传承和发展具有物质功能，它能够给社会发展产生多维的影响。一是能够增加人们的物质生产资料。在历史中，一些非物质文化遗产项目蕴含有制作生产工具或者提高生产效率的技术技艺，这能够为当时的人们增加物质生产资料。以弓箭制作技术技艺、阳城生铁冶铸技艺等为例，它们制造出来的成果是当时相对先进的生产工具，能增强人们开发自然和改造自然的能力，有利于人们获取更多的物质资料从而应用于生产活动之中。二是能够丰富人们的物质生活资料。一些非物质文化遗产项目所带来的成果能够服务于人们的生活。例如，剪纸技艺的形成能使当时的人们通过剪纸成果来寄托对美好生活的向往以及对远古图腾的崇拜，还有对生产生活场所的点缀、装扮等。在中式服装制作技艺中，它所制作出来的服饰，具有满足人们日常衣着打扮的功能。三是能够为人们的安全健康提供一定的物质保障。

---

① 马克思恩格斯论文学与艺术：第1卷［M］. 陆梅林，辑注. 北京：人民文学出版社，1982：247.
② 毛泽东文集：第7卷［M］. 北京：人民文学出版社，1999：431.

例如，弓箭制作技术技艺所产生的成果能够作为一种武器，为人们的安全提供一定的物质保障；还有我国拥有深厚的中医药文化底蕴，其中截至到2014年就有38个项目（包括扩展项目）被列入国家级非物质文化遗产名录。这些非物质文化遗产项目所带来的药品、药膳等成果为人们生命健康提供一定的保障作用。四是能够为人们带来一定的经济收益。在传统社会里，尽管大多数非物质文化遗产项目的成果是人们自给自足的，但是也有一些非物质文化遗产项目所产生的成果与当时小商品经济的发展密切相关。其中一些项目所衍生出来的休闲娱乐表演，以及一些项目所产生的富余物质用品，通过小商品市场交换给有需要的人，这为生产主体的生产生活带来一定的经济收益。

在此需要明确的是，非物质文化遗产的传承和发展给人们生产生活提供物质资料的价值是具体的。换而言之，这需要从每一个具体项目来分析其中的价值，并且每一个项目所具有的价值也必然具有一定的差异性。例如，陶瓷生产技艺、服饰制作技艺都具有为人们提供物质资料的价值，然而它们所产生的具体价值却具有明显的差异性。同时，随着现代社会生产力的全面提升，非物质文化遗产的传承和发展给人们生产生活带来物质资料的价值也在不断变化。例如，在现代社会里，弓箭制作技艺为人们提供生产工具和武器的物质价值在下降，然而它为人们在体育运动、休闲娱乐等方面提供的物质价值却得到了进一步的体现和发展。

二、为现代经济新业态发展提供资源力量

"当今世界，文化与经济和政治相互交融，在综合国力竞争中的地位和作用越来越突出。"① 在现代社会里，生产力发生着全面而深刻的变革，文化作为生产力的地位得到了充分展示。② 在这种背景下，非物质文化遗产作为

---

① 中国共产党十六次全国代表大会文件汇编［G］．北京：人民出版社，2002：37.
② 理论界一般都认为，"文化生产力"这一概念最初来源于马克思的《资本论》。在《资本论》中，马克思明确地使用了"物质生产力""精神生产力"这一提法，并且多次使用了"精神生产""艺术生产"等概念，这被认为是"文化生产力"这一概念的缘起。但是受到社会发展水平的限制，文化生产力的作用没有全面显现。在我国，"文化生产力"这一概念最早见于2014年9月19日党的十六届四中全会通过的《中共中央关于加强党的执政能力建设的决定》之中。参见：秦淑娟，李邦君．文化经济规律研究［M］．上海：上海财经大学出版社，2013：74.

经济资源的价值得到了充分展现和高度重视。其中，非物质文化遗产的传承和发展对现代社会发展产生最突出的物质价值是为经济新业态的发展提供资源力量，促进经济收益的增长。

（一）推动旅游业态发展

旅游业是现代经济发展的重要引擎。在改革开放初期，邓小平指出：旅游业"赚钱多，来得快，没有还不起外债的问题"，"能够吸收一大批青年就业"，所以是"大有文章可做，要突出地搞，加快地搞"①。当前我国政府更是明确地指出，要"把旅游业培育成国民经济的战略性支柱产业和人民群众更加满意的现代服务业"的战略目标。② 然而，当前要实现将旅游业做大做强的目标需要发展新业态。在进入经济新常态、加强供给侧结构性改革的发展时期，过去主要依靠建设景区景点、宾馆饭店为基础的传统旅游业态，已经很难适应旅游市场需求的变化。所以，我国政府有针对性地揭出要实施"旅游＋"战略，推动旅游与其他行业的融合，拓展旅游发展的新领域。③

非物质文化遗产的传承和发展与旅游业之间具有良好的融合条件，能够为培育和发展旅游新业态提供重要动力。有学者分析指出，旅游业发展的动力很大程度上取决于"地域文化的差异性"，而发展旅游业的成功因素取决于对"不同文化与社会区域中的差异认识和促进"④，所以非物质文化遗产与旅游相互融合具有天然的优势。我国明确强调旅游业要与非物质文化遗产的传承和发展相互融合，拓宽旅游新业态的发展领域。其中，十七届六中全会的决议明确强调要"积极发展文化旅游，促进非物质文化遗产保护传承与旅游相结合"⑤。2017 年 1 月份相关部门发布的《关于实施中华优秀传统文

---

① 在 1979 年 1 月和 7 月，邓小平同志就旅游业发展做了重要讲话，强调发展旅游业的意义和方法。其中，在 1992 年由国家旅游局整理和供稿，将讲话的重要内容刊登于《旅游学刊》第 6 期。以上引用的话语正是出自此。参见：邓小平 . 旅游业要有大的发展 [J] . 旅游学刊，1992（6）：1－2.
② 国务院关于加快发展旅游业的意见（国发〔2009〕41 号）[EB/OL] . 中华人民共和国国务院办公厅网，2009－12－1.
③ 国务院关于"十三五"旅游发展规划的通知（国发〔2016〕70 号）[EB/OL] . 中华人民共和国中央人民政府网，2016－12－7.
④ 谭宏 . 利用特殊资源发展特色经济——从对非物质文化遗产经济价值的利用谈起 [J] . 中国市场，2007（12）：109－111.
⑤ 中共中央关于深化文化体制改革推动社会主义文化大发展大繁荣若干重大问题的决定 [N] . 人民日报，2011－10－26（01）.

化传承和发展工程的意见》进一步明确强调要"大力发展文化旅游，充分利用历史文化资源优势，规划设计推出一批专题研学旅游线路"①。

　　第一，非物质文化遗产的传承和发展具有为旅游新业态发展提供资源载体的价值。传统节日习俗是促进旅游新业态发展的重要资源载体之一。我国传统节日习俗是非物质文化遗产的重要内容和类型，是国家、民族或者地方历史延续的重要文化标志和精神象征。例如，"羌年"是羌族人民的文化标识，它集宗教信仰、历史传说、歌舞、饮食于一体；"火把节"则是中国西南部彝、白、哈尼、纳西等少数民族的文化标识，它表达了人们对于火的崇拜；"大理三月街"在每个农历三月十五至二十日举行，它是白族人民盛大的传统节日；"三月三节"则是黎族人民的文化标识，它表达了人们对于祖先的怀念以及对爱情幸福的向往和追求。与之相类似的传统节日习俗不胜枚举。这些传统节日习俗的共同特点是，每年定期地举行和开展，充满了民族特色、地域特色以及文化特色，能够让当地人有机会欢聚，能够给来自不同民族和不同地方的人们展现不一样的风情。所以，以它们作为载体，能够打造出富有民族特色、地域特色以及文化特色的旅游新业态，从而大大提升对各地游客的吸引力，增强旅游新业态发展的活力。

　　除了传统节日习俗外，其他非物质文化遗产的内容和元素也具有资源载体的功能，起到推动旅游新业态发展的作用。一些地方政府已经认识到，当今社会人们的生活质量越来越高，对于文化体验的需求量也越来越大，所以要善于利用各种非物质文化遗产资源的文化价值，以满足游客们的文化体验需求。粤剧是被联合国教科文组织认定的世界性非物质文化遗产的代表项目，其特色鲜明、价值巨大，是广府文化的重要标识。因此，广东省政府以粤剧为依托，开发出了不少富有特色的旅游项目，其中包括广为人知的粤剧红船项目。该项目在珠江上打造了一条以粤剧表演为特色的游船。当游客参加游船活动时，"登船后将会被'带'进粤剧的世界，穿越回百年前的广州城"。② 类似的例子还有很多，在 2016 年 12 月佛山市南海区以我国二十四节气成功入选联合国教科文组织认定的非物质文化遗产项目名录作为契机，打

---

① 中共中央办公厅、国务院办公厅印发. 关于实施中华优秀传统文化传承和发展工程的意见 [N]. 人民日报，2017 - 1 - 26（06）.

② 昌道励. 粤剧红船启航点亮珠江 [N]. 南方日报，2016 - 3 - 21.

造了国内首个以"二十四节气"为主题的旅游产品，举办了 11 场节气活动，收到了很好的效果。① 总的来说，无论是传统节日习俗，还是其他非物质文化遗产项目的内容和元素，都是旅游新业态发展的重要载体，具有重要的价值。

第二，非物质文化遗产的传承和发展具有推动人们旅游消费，创造丰厚经济收益的价值。类似于春节、端午节、中秋节、重阳节等全国性的传统节日习俗，它们不仅与全国人民的工作生活密切相关，而且还有相应的假期作为支持，这显然会促进不少人进行旅游消费，产生十分巨大的经济效益。根据相关统计数据显示，2017 年春节七天假期"中国旅游接待总人数 3.44 亿人次，同比增长 13.8%，实现旅游总收入 4233 亿元，同比增长 15.9%"②。而一些地方性、民族性的传统节日习俗，尽管它们具有明显的区域性，但是也能吸引到不少旅客消费。根据相关报道介绍，2016 年凉山举办的火把节就吸引游客总共 326 万余人次，而旅游收入突破了 10 亿元③；也有相关报道介绍，2017 年广州举办的广府庙会吸引游客超过 600 万人次④。一些旅游项目在加入了非物质文化遗产的元素之后，大大增强了它对游客的吸引力，商业价值也得到了大大提高。以粤剧红船为例，其在 2016 年首次公开演出时，普通票价则达到 380 元一张，而贵宾票价达到 680 元一张。⑤ 这样高的票价是普通珠江游船项目的票价难以相比的。所以，非物质文化遗产的传承和发展是推动旅游新业态发展的重要力量，能为旅游业态的发展创造显著的收益。

总的来说，非物质文化遗产的传承和发展能为旅游新业态的发展提供资源力量，突出旅游产品的个性特色，创造出良好的经济收益。这就体现出非物质文化遗产的传承和发展具有突出的推动社会发展的物质价值。

―――――――――――

① 何帆燕，李欣，龚晶.佛山南海为"二十四节气"找到现代价值［N］.南方日报，2016 - 12 - 12（A18）.
② 国家旅游局发布 2017 年春节假日旅游市场总结［EB/OL］.中国政府网，2017 - 2 - 3.
③ 何勤华.凉山"走出去"游客请进来，火把节旅游收入超 10 亿［N］.四川日报，2016 - 8 - 5（08）.
④ 张梓望，梁文祥.2017 广府庙会完美落幕，吸引游客超过 600 万人次［N］.南方日报，2017 - 2 - 18（A05）.
⑤ 董芳.粤剧红船 2 月 4 日启航首演票价最低 380 元［N］.新快报，2016 - 1 - 8（A12）.

（二）促进文化产业发展

文化产业是以精神生产为基础，是精神生产实现的重要形式和途径。这从各个层面关于文化产业所做出的相关定义就能窥见一斑。我国相关政府部门认为，文化产业是指为社会公众提供文化产品和文化相关产品的生产活动的集合。① 我国学者胡惠林分析指出，"文化产业是一个以精神产品的生产、分配、交换和消费为主要特征的产业系统"②。另一位学者谢名家则认为，文化产业可以定义为"人类脑力劳动为基础的精神生产力发展的现代形态"③。

从上述关于文化产业本质属性的分析可知，非物质文化遗产的传承和发展能够为文化产业发展提供重要内容支持，有利于促进文化产业做大做强的。

第一，非物质文化遗产的传承和发展能增强文化产业的特色内涵。我国文化产业起步相对较晚，存在诸多发展难题。其中之一就是粗放型发展，缺乏特色内涵。所以有学者充满忧思地指出："加快中国特色文化产业发展已成为重要而紧迫的现实课题。"④ 而为了有效地解决这一突出问题，我国文化部和财政部在 2014 年联合发布了《关于推动特色文化产业发展的指导意见》⑤。

非物质文化遗产的传承和发展是增强文化产业特色内涵的重要依托。一是非物质文化遗产是历史的积淀，它的传承和发展饱经岁月的洗礼，能够增强文化产业发展的历史底蕴。例如以石湾陶塑技艺为依托而发展起来的陶瓷工艺品行业，蕴含最早可以追溯到新石器时代晚期石湾制陶的历史，见证了人们生产生活的时代变迁。二是非物质文化遗产的传承和发展具有地域性、民族性、族群性、草根性的特点，能够增强文化产业发展的个性特点。例如以梅州客家山歌、广东汉乐、粤北采茶歌、紫金花朝戏等为载体的文化产业

---

① 国家统计局. 文化及相关产业分类 2012 ［EB/OL］. 中华人民共和国统计局网，2012－7－31.

② 转引自秦淑娟，李邦君. 文化经济规律研究 ［M］. 上海：上海财经大学出版社，2013：229.

③ 谢名家. 文化产业：精神生产发展的现代形态 ［J］. 思想战线. 2007（1）：47－59.

④ 沙雪斌. 发展中国特色文化产业：文化强国建设的文化自觉 ［J］. 当代世界与社会主义，2012（3）：87－89.

⑤ 文化部、财政部关于推动特色文化产业发展的指导意见 ［N］. 中国文化报，2014－8－26（02）.

发展，可以充分展现出广东客家民系的独特历史命运；以粤剧、广东音乐、广绣、象牙雕刻、凉茶、"鸡仔饼"等为载体的文化产业发展，可以充分展现出广府民系的独特历史个性；以海陆丰西秦戏、白字戏、正字戏、英歌舞、潮州音乐、陆丰皮影戏等为载体的文化产业发展，可以充分展现出潮汕人独特的精神风貌。正是在不同内涵的展现中，文化产业的个性获得塑造和彰显。三是由于非物质文化遗产的传承和发展具有历史悠久、与人们生活密切相关的特性，以及具有现代各级政府或机构发布非物质文化遗产名录的影响效应，所以不少非物质文化遗产项目在民众中具有较高的知名度和品牌效应。这就使得以非物质文化遗产为载体的文化产业，容易具备一定的知名度和品牌效应。以年画为例，河南开封朱仙镇、天津杨柳青、山东杨家埠、苏州桃花坞等地的年画被人们普遍熟悉和认可，这就赋予了当地相关文化产业的良好知名度和品牌效应。因此，非物质文化遗产传承和发展蕴含的特色是塑造特色文化产业的重要力量。

第二，非物质文化遗产的传承和发展能拓宽文化产业发展的广度。随着社会经济生活的深入发展，人们的文化需要呈现出多元化的态势。所以，我国把文化产业的发展定位为"满足人民多样化精神文化需要的重要途径"①。这实质给文化产业发展带来了一个重要的课题，即如何拓宽自身的发展广度，为人们提供更加多元化的文化内容、文化产品。

非物质文化遗产的传承和发展的内容和素材具备与文化产业多方面融合的作用，起到拓宽文化产业发展广度的效果。一是传统艺术表演类的非物质文化遗产项目具有与现代文化演出相融合的作用。我国拥有传统音乐、传统舞蹈、传统戏剧、传统游艺和杂技等表演性质非常强的非物质文化遗产项目，它们具备走上舞台、走进剧场与现代文化演出相融合的条件，或者以特定形式和题材进入到电视、电影、动画等与现代文化演出相融合的优势，能发挥出拓宽文化产业发展广度的作用。二是传统医药类的非物质文化遗产项目具有与特色医药业发展相融合的作用。到目前为止，我国已经先后公布了四批入选全国非物质文化遗产名录的项目，其中包括了 38 个传统医药项目。传统医药是中华民族特有的医药资源，是我国发展特色医药产业的重要依

---

① 中共中央关于深化文化体制改革推动社会主义文化大发展大繁荣若干重大问题的决定［N］. 人民日报，2011 - 10 - 26.

托。基于传统中医药的重大意义，在 2007 年 1 月 17 日我国科技部等十六个部门共同制定和发布了《中医药创新发展规划纲要（2006—2020 年)》，希望实现对传统中医药发展的规划和指导。① 该《纲要》特别明确地指出："实现我国医药产业结构调整，需要大力发展中药产业。"② 这表明，传统医药类的非物质文化遗产项目在促进文化产业新业态发展中具有拓宽文化产业发展广度的功能。三是传统手工技艺类的非物质文化遗产项目具有与特色手工业发展融合的作用。传统手工技艺类的非物质文化遗产项目转化为现实生产能力相对较强，能够向人们提供比较实用的物质性成果。这些成果具有较强的文化特色，比较容易成为特色手工业发展的重要载体，起到拓宽文化产业发展广度的效果。四是传统文学类的非物质文化遗产项目具有作为影视作品题材和资源的重要作用。我国传统文学资源十分丰富，它们不仅具有很强的故事性，而且具有较高的艺术性、精神性，可以转化为特色鲜明的影视题材和资源。我国影视工作者也十分重视这方面资源的挖掘，其中《白蛇传说》《梁祝传说》《木兰传说》《妈祖传说》等非物质文化遗产项目经常被影视作品所呈现。这表明传统文学类的非物质文化遗产对影视业发展具有促进作用，起到拓宽文化产业发展广度的效果。

第三，非物质文化遗产的传承和发展能为文化产业发展创造良好的经济效益。这在传统手工类非物质文化遗产项目表现得最为突出，我们就以此作为重要例证。一是传统手工艺发展的成本较低。传统手工艺的生产材料通常是就地取材的，而且与之相关的资源比较丰富，价格比较低廉。例如，剪纸所需要的纸张、根雕所需要的木材、陶瓷所需要的泥土通常都是这样的。这就使得在以传统手工业为中心的文化产业，发展的成本相对较低。二是传统手工艺发展的收入丰厚。传统手工艺业通常具有独特的艺术风格，包含相当高的文化价值和艺术价值，能够满足人们审美等精神需要。一些传统手工艺品能够凭借自身的文化特性和艺术特性，以特色民俗商品和艺术品的身份进

① 这十六个部门分别是：科技部、卫计委、国家中医药管理总局、国家食品药品监督管理总局、教育部、国家民族事务委员会、农业部、商务部、文化部、国家人口和计划生育委员会、国家质量监督检验检疫总局、国家林业局、国家知识产权局、中国科学院、中国工程院、国家自然科学基金委员会。
② 中医药创新发展规划纲要（2006—2020 年）（国发〔2016〕15 号）[EB/OL]. 中华人民共和国科技部官网，2003 – 03 – 20.

入到各种各样的文化市场之中，从而产生出较高的附加值。紫砂壶工艺品、雕漆工艺品、玉雕工艺品、根雕工艺品、陶瓷工艺品等就是突出的代表。三是传统手工艺业能够为国家创造出大量的就业岗位。在现代化社会里，尽管机械化大生产已经变得越来越普遍了，但是相对于其他产业而言，传统手工艺业对于人手、人工的依赖性还是比较强，是一种劳动密集型产业。同时，传统手工艺业的生存和发展普遍根植于广大农村，从事生产的主体主要是农民群体。所以，发展传统手工业对于促进国家就业、特别是促进农民劳动力转移和价值增值具有积极意义。这三方面的作用表明，传统手工业能为文化产业的发展贡献良好经济效益。

在 2012 年，《人民日报》报道传统手工业能为文化产业带来良好经济效益的事实就是典型的例证。该报道以河北邢台市作为研究对象，强调非物质文化遗产中的传统小手工技艺可以成就大的文化产业。该报道通过强有力的数据进行论证，指出邢台市在传统小手工技艺的作用下，手工艺产业年产值已经超了 6 亿元，其中仅工笔画一个项目的产业就提供 6000 多个就业岗位，并且从事工笔画的农民画师人均年收入达 3 到 5 万元的水平，这比全市农民人均年收入的 4468 元和城镇居民人均年收的 13463 元都要高。①

正是由于"文化遗产是传统文化的载体，它首要的功能是带动文化经济的发展，创立有民族特色的文化产业"②，所以非物质文化遗产的传承和发展具有为文化产业发展提供内容支持的价值。它使文化产业发展更具广度、更有深度，以及能够创造出更多的经济收益。

第二节　非物质文化遗产传承和发展的精神价值

对于社会发展产生精神推动的作用是精神生产的应有之义。马克思、恩格斯从多个维度进行论述，阐明精神生产具有推动社会发展的精神价值。一是使人的本质属性获得充分体现，"有意识的生命活动把人同动物的生命活

---

① 赵梓斌 . 小工艺成大产业［N］. 人民日报，2012 - 02 - 03（12）.
② 鲍展斌 . 文化遗产哲思——马克思主义文化遗产观研究［M］. 杭州：浙江大学出版社，2008：42.

动直接区别开来。正是由于这一点，人才是类存在物"①。二是为人的精神发展提供重要动力，"艺术对象创造出懂得艺术和欣赏美的大众"②。三是为社会历史延续提供重要载体，"古代的歌谣是他们（日耳曼人）的唯一的历史传说和编年史"③。四是形成社会思想变革的重要推动力，文艺复兴时期的艺术繁荣使"教会的精神独裁被摧毁了，德意志诸民族都直截了当地抛弃了它，接受了新教，同时，在罗曼语诸民族那里，一种从阿拉伯人那里吸收过来并从新发现的希腊哲学那里得到营养的明快的自由思想，愈来愈根深蒂固，为十八世纪的唯物主义做了准备"④。

从马克思、恩格斯的相关阐述中，我们认识到了精神生产对社会精神发展的重要价值。非物质文化遗产的传承和发展作为精神生产下属的子系统，具体承载着精神生产对社会发展形成的精神价值。它在满足个体精神需要、推动社会道德关系发展、提升国家文化自信等多个方面发挥着积极作用。

一、具有满足个体精神需要的作用

"在现实世界中，个人有许多需要。"⑤ 其中之一，就是精神需要。马克思在《资本论》中指出，工人除了满足吃、喝、住、行这些自然需要外，还必须有时间满足"精神的和社会的需要"⑥；刘少奇在强调发展文化艺术遗产具有重要意义时指出，"搞好娱乐、休息，就有助于人们发挥社会主义积极性"⑦。在马克思主义语境中，精神需要是人的本质的重要体现。非物质文化遗产传承和发展的性质表明，它具有满足个体精神需要，充分体现人的本质的作用。恩格斯对民间故事书的功能给予高度肯定就是强有力的例证，他

---

① 马克思恩格斯文集：第1卷［M］.北京：人民出版社，2009：162.
② 马克思恩格斯论文学与艺术：第1卷［M］.陆梅林，辑注.北京：人民文学出版社，1982：155－156.
③ 马克思恩格斯论文学与艺术：第1卷［M］.陆梅林，辑注.北京：人民文学出版社，1982：153.
④ 马克思恩格斯论文学与艺术：第1卷［M］.陆梅林，辑注.北京：人民文学出版社，1982：368.
⑤ 马克思恩格斯全集：第3卷［M］.北京：人民出版社，1960：326.
⑥ 马克思恩格斯全集：第23卷［M］.北京：人民出版社，1972：260.
⑦ 中共中央书记处研究室文化组.党和国家领导人论文艺［M］.北京：文化艺术出版社，1982：3.

指出："民间故事书的使命是使农民在繁重的劳动之余，傍晚疲惫地回到家里时消遣解闷，振奋精神，得到慰藉，使他忘却劳累，把他那块贫瘠的田地变成芳香馥郁的花园；它的使命是把工匠的作坊和可怜的徒工的简陋阁楼变幻成诗的世界和金碧辉煌的宫殿，把他那身体粗壮的情人变成体态优美的公主。"① 尽管人的精神需要具体表现在多层面，但是对"真""善""美"的追求始终是人生命的总体意义。所以本书从"求知""向善""爱美"这三个维度概括出非物质文化遗产的传承和发展具有促进人的精神需要获得满足的作用。

（一）有利于满足个体的求知需要

求知需要是人的精神需要的重要体现。人的生存和发展需要建立在对自然、社会的认知基础之上。所以，人必然会产生对历史、艺术、医药等方面知识的求知需要。而精神生产创造出的成果是人类智慧结晶，充满着知识性，例如科技、文学、艺术、宗教、哲学等无不是知识的集合，具有满足人们求知欲望的功能。作为精神生产的一种形式，非物质文化遗产在传承和发展过程中形成了知识的宝藏，对满足个体的求知需要具有促进作用。

非物质文化遗产从久远的时代流传而来，是一个国家、民族或者族群形成和发展的重要历史记忆，蕴含有丰富的历史知识。例如，广东汉乐是由中原古乐流传到粤东地区，与当地民间吹打乐、庙堂音乐等相互融合而成的乐种。追溯广东汉乐的传承和发展，它蕴含有古代中原战乱的历史、客家人逐渐南迁的历史、客家人南迁后开展生产生活的历史、中原古乐流传和整合的历史。再如，现代人们看到的非物质文化遗产项目——蚕丝织造技艺可以溯源到周代②，它的传承和发展蕴含有古代浙江一带农业生产、科学技术、人们生活变化发展的历史。因此，非物质文化遗产的传承和发展是人们生产生活历史发展的反映，是人们认识历史事实的重要"窗口"，对满足人们关于历史知识的求知需要具有促进作用。

在古代社会里，有一部分非物质文化遗产项目承担起为人们生产生活制造出一定物质用品的职能。然而，制造这些物质用品需要知识技术的支撑、

---

① 马克思恩格斯全集：第2卷［M］．北京：人民出版社，2005：84.
② 冯骥才，罗吉华．中国非物质文化遗产百科全书·代表性项目卷：下卷［M］．北京：中国文联出版社，2015：718.

实践经验的积累，否则很难完成，或者难以达到较好的生产效果。所以，非物质文化遗产蕴含丰富的关于人们生产生活技术技艺的知识。例如在广彩瓷烧制作中，需要运用"织、填、染、洗、描、堆、刻、刷"等陶瓷器装饰技艺在白胎瓷器的釉上绘制花卉、山水、人物等花纹图案①；再如在广州榄雕中，一个小小的乌榄核中雕刻出多层花舫、撒网渔船、花塔、国际象棋等装饰品，离不开高超的雕刻的技艺。可见，非物质文化遗产的传承和发展给人们带来丰富的技术技艺知识，对满足人们关于技术技艺的求知需要具有促进作用。

非物质文化遗产包含有民间文学、传统音乐、传统舞蹈、传统戏剧、传统美术等种类。它们实质都是艺术的重要表现形式，具有丰富的艺术知识。例如，传统音乐就包括有音乐分类、乐器、声腔、乐谱、调式、技法等方面的艺术知识；传统戏剧是集"唱、做、念、打"于一体的艺术形态，综合具有文学、音乐、舞蹈、美术、武术、杂技等方面的艺术知识。这些艺术知识的存在，为人们学习、掌握和欣赏其中的艺术形态奠定了基础。因此，非物质文化遗产的传承和发展给人们带来了丰富的艺术知识，对满足人们关于艺术知识的求知需要具有促进作用。

非物质文化遗产还包括有传统医药类的内容。在中国古代社会，人们主要依靠传统医药来防治疾病，保障健康。中华民族在长期发展中形成了相当完善的医学和药学知识体系。在医学方面表现为，形成了包括阴阳五行、经络、病因病机、针灸、推拿、正骨等学说和治疗方法，以及"望、闻、问、切"等诊断经验的知识总结；在药学方面表现为，形成了关于药物的采集、炮制、药性、配方、服用等方面的知识体系。因此，非物质文化遗产的传承和发展为人们保存了宝贵的传统医药知识，对满足人们关于医药知识的求知需要具有促进作用。

除以上各种知识外，非物质文化遗产还蕴含有科学知识、民俗知识、宗教知识、饮食知识、天文知识、语言知识等。总的来说，非物质文化遗产的传承和发展是人们知识积累和传递的过程，能够给人们提供各式各样的知识载体；而人们对这些知识的学习探究，不仅能够实现知识的增长，而且能够

---

① 冯骥才，罗吉华. 中国非物质文化遗产百科全书·代表性项目卷：下卷［M］. 北京：中国文联出版社，2015：748.

实现精神享受和精神富足。

（二）有利于满足个体向善需要

向善需要是人的精神需要的核心体现。人的社会活动体现出"合目的性"的追求。恩格斯指出："如果把善恶混淆起来，那么一切道德都将完结，而每个人都可以为所欲为了"；"现在代表着现状的变革、代表未来"的无产阶级的道德拥有更多善的因素①。列宁指出："用为自己劳动取代被劳动，是人类历史上最伟大的更替。"② 这些论述表明，向善是人"合目的性"的追求之一。非物质文化遗产在传承和发展过程中形成了朴素的道德观念和道德规范，对满足人的向善需要具有十分重要的作用。

1. 非物质文化遗产蕴含有尊重自然、顺应自然的思想观念

古代社会生产力相对低下，人们对自然依赖程度相当之高。而非物质文化遗产就是在这样的条件下产生以及传承和发展的，所以它存在不少尊重自然、顺应自然的思想观念。具体表现为：

第一，不少非物质文化遗产的内容和形式体现出对自然物、自然现象的敬畏和崇拜。广东海陆丰地区和雷州地区流传着祭拜"雷公"的民俗活动；环青海湖地区流传着祭祀青海湖的活动；彝族的火把节表现出人们对火的崇拜之情；蚕桑习俗对蚕神的敬仰等。

第二，不少非物质文化遗产的内容和形式体现出对自然规律的认识和遵守。"九华立春祭""班农劝春""石阡说春"等项目表达了人们要遵守春天到来、开展农业活动的规律；"长白山采参习俗"蕴含对人参成长规律的尊重；哈尼族的"四季生产调"讲述了梯田耕作程序、技术要领、自然气候变化规律的内容等。

第三，不少非物质文化遗产的内容和形式表达了对自然感恩之情。广东云浮地区流传的"禾楼舞"蕴含对大自然给予风调雨顺的感恩表达，我国沿海地区流传的渔民开洋节、谢洋节蕴含对大海给予馈赠的感恩表达等。在非物质文化遗产传承和发展的过程中形成的尊重自然、顺应自然的思想观念，对满足人们善待自然的情感需要具有促进作用。

---

① 马克思恩格斯论文学与艺术：第 1 卷［M］. 陆梅林，辑注. 北京：人民文学出版社，1982：139.

② 列宁选集：第 3 卷［M］. 北京：人民出版社，1995：376.

2. 非物质文化遗产蕴含有引导人们积德行善的思想内容

在非物质文化遗产传承和发展的过程中，人们赋予了其不少积德行善的思想内容，以求加强社会道德教化的作用。这在总体上表现为，非物质文化遗产蕴含着中华民族推崇的"忠信孝悌，礼义廉耻"的思想内容。具体表现为：

第一，不少非物质文化遗产蕴含对祖先尊重和缅怀的思想内容。"慎终追远，缅怀祖先"是中华民族的优良传统。这集中体现在非物质文化遗产的祭典、祭祖等项目之中。历史悠久的黄帝陵祭典就是为了纪念中华民族始祖轩辕黄帝的；影响深远的祭孔大典就表达着对儒学开创者孔子的尊重与纪念；还有人们普遍熟悉的清明节包含追思祖先、祭拜祖先的情感。

第二，不少非物质文化遗产蕴含教人如何为人处世的思想内容。这在很多非物质文化遗产的具体作品和内容能获得体现。"禹的传说"教导人们要自强不息、艰苦奋斗；"赵氏孤儿传说"教导人们要轻生死、重承诺；在客家山歌的很多唱词中，包含教人如何为人处世的内容："人生在世唔被穷，最怕睡到日头红""懒人懒病无药方，百万家财会了光"的唱词，教导人们要勤劳节俭；"爷娘养育恩难忘，甜言当过人参汤""孝顺传下孝顺子，忤逆教出忤逆儿"的唱词，教导人们要孝敬父母；"奉劝做人爱善良，亲戚邻舍爱相帮"的唱词，教导人们要团结友爱、与人为善。

第三，不少非物质文化遗产蕴含颂扬爱国主义的思想内容。爱国主义是中华民族几千年来生生不息的精神支柱。不少非物质文化遗产项目蕴含对爱国主义精神的颂扬。其中，大家十分熟悉的端午节就是典型的例子。尽管学术界对端午节起源的说法各有不同，但是在现实社会中却存在普遍的共识——端午节能够流传至今，并且能够成为极其重要的传统民俗节日之一，是因为它承载了人们对伟大诗人屈原的爱国主义事迹和精神品质的纪念和歌颂。与端午节相类似的非物质文化遗产项目还包括有"杨家将传说""王昭君传说""木兰传说"等。在传统音乐、传统戏剧、传统舞蹈等非物质文化遗产项目中，它们有不少具体的作品包含反映和突出爱国主义精神的内容。例如，《穆桂英挂帅》《杨门女将》《昭君出塞》等包含有明显的爱国主义情怀，它们是很多戏剧的重要剧目。以上三个方面表明，非物质文化遗产在传承和发展的过程中所形成的引导人们积德向善的思想内容，对满足人们加强道德修养的需要具有促进作用。

总的来说，非物质文化遗产的传承和发展蕴含有道德观念、道德思想、道德规范等内容。这对于满足人们向善的需要具有促进作用。

（三）有利于满足个体的审美需要

审美需要又是人的精神需要的重要维度之一。恩格斯指出，人类生产水平发展到一定高度时"能够不仅生产生活必需品，而且生产奢侈品，即使最初只为少数人生产"①。毛泽东强调，"缺乏艺术性的艺术品，无论政治上怎么进步，也是没有力量的"②。社会有生产奢侈品的需要、以艺术性作为衡量艺术品重要标准的事实都表明，人具有审美需要。非物质文化遗产在传承和发展的过程中既形成了多姿多彩的形式美，又蕴藏意义深厚的内在美，对满足人们的审美需要具有促进作用。

1. 非物质文化遗产蕴含多姿多彩的形式美

"形式美"是指人们通过感官而领略到的美的外在形式。传统音乐、传统戏剧、传统舞蹈、传统民间技艺等种类的非物质文化遗产项目在展现过程能作用于人们的感官，给予人们多姿多彩的形式美。作为我国第一个入选世界非物质文化遗产名录的项目——昆曲，具有"百戏之母"的美誉。它的每一次展现，都是音乐、文学、美术、舞蹈、表演等各种艺术形式美的综合表达；作为国家级非物质文化遗产项目的客家山歌的每一次现场表演，既是歌词美的表达，还有腔调美的展现，甚至还包括有演唱者服饰、装扮等形式美的体现；作为广府文化瑰宝的广州象牙雕刻，它的每一份优秀作品都把事物刻画得栩栩如生、千姿百态，给人无限的视觉美。类似的例子数不胜数，它们都充分展现了非物质文化遗产具有多姿多彩的形式美。

2. 非物质文化遗产又蕴藏意义深厚的内在美

非物质文化遗产作为人们生存方式的一种反映，是人们思想追求的重要表达。这些思想或者是对诗一般生活的追求，或者是对惩恶扬善的美好愿望，或者是对"天人合一"的憧憬……非物质文化遗产的内在美，是人性之美。我国四大民间爱情传说《牛郎织女传说》《孟姜女传说》《梁祝传说》《白蛇传说》蕴含对美好爱情、婚姻向往的内在美；在英雄史诗《玛纳斯》中，它所塑造的玛纳斯光辉形象，实质蕴含柯尔克孜族对美好生活向往以及

---

① 马克思恩格斯全集：第34卷［M］．北京：人民出版社，1972：163.
② 毛泽东选集：第3卷［M］．北京：人民出版社，1991：870.

对挫折不屈不挠地斗争的美的内涵①；客家山歌也是充满着内在美的，它是客家人精神特质的重要体现。对客家山歌做具体分析，它的演唱形式通常是随兴对唱的，这实际表达了客家人注重情感交往，追求群体和谐的精神境界；它的唱词内容往往是积极向上，这实际表达了客家人不畏艰苦，自强不息、乐观自信的精神品质；它的表现风格是清新质朴和优美流畅的，既体现出一定的中原韵味，又充满着客居南方山地的地方气息，这实际传递出客家人兼容并蓄、中庸处事的生活态度。可以说，大多数非物质文化遗产项目都蕴藏意义深厚的内在美，它们能够触碰到受众群体的心灵深处，使人们能产生美的体验和生的感悟。

因此，非物质文化遗产在传承和发展的过程中形成了众多美的内容和元素。这对于满足人们的生活审美需要具有很大的促进作用。

二、蕴含推动社会交往发展的功能

"社会——不管其形式如何——是什么呢？是人们交互活动的产物。"②社会是在交往中不断发展的。尽管生产力对社会交往发展起着决定作用，但是文字、印刷、文学、艺术、宗教、道德、哲学等精神生产形态的形成和发展对社会交往发展有着不可忽视的作用。恩格斯指出，人类"由于文字的发明及其应用于文献记录而过渡到文明时代"③。非物质文化遗产传承和发展的实质是社会交往的具体形态之一，为推动社会交往的发展发挥自身的力量。

（一）增强社会交往发展的历史基础

继往开来是社会发展的重要规律。马克思指出，"后代的肉体的存在是由他们的前代决定的，后代继承着前代积累起来的生产力和交往形式"④。"一切已死的先辈们的传统，像梦魇一样纠缠着活人的头脑。"⑤列宁指出："一个国家或民族的文化的发展要在批判继承本国本民族的文化遗产的基础

---

① 《玛纳斯》项目是在我国新疆地区流传的柯尔克孜族英雄史诗。参见：冯骥才，罗吉华. 中国非物质文化遗产百科全书·代表性项目卷：下卷［M］. 北京：中国文联出版社，2015：28 - 29.

② 马克思恩格斯选集：第 4 卷［M］. 北京：人民出版社，2012：408.

③ 马克思恩格斯全集：第 21 卷［M］. 北京：人民出版社，1965：37.

④ 马克思恩格斯全集：第 3 卷［M］. 北京：人民出版社，1960：515.

⑤ 马克思恩格斯全集：第 2 卷［M］. 北京：人民出版社，1972：217.

上，批判继承其他国家或民族的文化遗产。"① 毛泽东强调："必须尊重自己的历史，决不能割断历史。"② 这些论述表明，人类社会交往必然需要以相关的历史作为基础，否则将失去继续发展的根基。

非物质文化遗产传承和发展的实质是古代社会形成并沿用至今的重要交往方式。它主要体现为人们通过口传心授、言传身教等方式将各种观念形态、思想形态的内容不断地在同代之间传播以及向后代传递，从而实现不断扩大影响达到生生不息的效果。所以，非物质文化遗产的传承和发展作为人类古老的交往方式，增强了社会交往方式的历史性。非物质文化遗产是由古人创造、积累、总结的涉及文学、音乐、戏剧、舞蹈、技艺、医药、民俗等智慧的结晶。它们不仅历史悠久，而且博大精深，代代相传，至今依然是人们交往的重要内容载体，仍然在现实社会中发挥着一定的作用。因此，非物质文化遗产作为古老的精神内容是古代人们生产生活的重要反映。这样的特性又使它增强了社会交往内容的历史性。"历史就是这样的，新的东西从母胎里生长出来，没有旧社会中一定的因素就不会产生新社会。"③ 历史是现实、未来发展的基础，非物质文化遗产的传承和发展以其自身独特的历史性增强了社会交往的现实和未来发展的基础。

（二）扩大社会交往的范围

精神生产是人们扩大社会交往的重要力量。在社会发展中，不少人因为非物质文化遗产的传承和发展而产生各种各样的联系，从而扩大了社会交往的范围。其中，人们为了促进非物质文化遗产的传承和发展而扩大社会交往的范围。

在现代化进程中，如何确保或者增强非物质文化遗产的生命力是世界各国需要共同面对和解决的难题。所以联合国教科文组织积极发挥作用，在2003 年通过了《保护非物质文化遗产公约》，希望以此来增强世界各国对非物质文化遗产传承和发展的重视以及相互合作。《保护非物质文化遗产公约》第五章明确规定要加强国际合作与援助，指出世界各国要建立"交流信息和经验，采取共同行动，以及相互援助"的合作机制，在"双边、多边、地区

---

① 列宁选集：第2卷［M］．北京：人民出版社，1972：441.
② 毛泽东选集：第2卷［M］．北京：人民出版社，1991：708.
③ 中共中央文献研究室．周恩来文化文选［M］．北京：中央文献出版社，1998：495.

和国际各级开展合作"①。截至 2017 年 5 月，总共已有 174 个国家先后加入到了《保护非物质文化遗产公约》之中。我国在 2004 年就已经加入该公约，成为其中的缔约国之一。各缔约国认真践行合作交流的精神，开展着各种各样的交流行动。以我国为例，截至 2017 年就已经成功地举办了六届成都国际非物质文化遗产节；开展了"启航·中国"——中国非物质文化遗产国际交流系列活动；与非洲、阿拉伯国家之间多次举办了陶瓷艺术交流活动等。②

在一些国家的内部发展中，人们也因为要解决非物质文化遗产传承和发展的问题而加强了社会交流。以我国为例，从 2006 年起每年六月份的第二个星期被确定为国家"文化遗产日"。在这一天里，全国各地特别组织开展各种形式的非物质文化遗产展演活动、宣传活动、教育活动，给人们提供了重要的交往平台；关于非物质文化遗产保护相关研讨会不断地开展，比如定期举办中国非物质文化遗产保护论坛等。在为了解决非物质文化遗产的传承和发展问题的推动下，世界各国之间加强交流合作，国家内部也在加强交流合作。这表明人们的社会交往范围实质已经实现扩大化了。

（三）增强社会交往的身份认同感

社会交往的实现需要建立在特定身份认同感的基础之上。特定的精神生产强化了人们在社会交往中的身份认同感。"人们只要发生交往，就需要在种族、阶级、党派、利益、性别、观点、志趣、情感等等不同层次上的不同程度的认同，否则交往就不能实现。"③ 非物质文化遗产传承和发展的个性特点，决定了它在社会交往过程中具有增强身份认同感的作用。

由于具体非物质文化遗产项目的传承和发展是在特定区域、民族或者族群之中展开的，所以表现出鲜明的区域性、民族性、族群性的特征。这些特征决定了某些非物质文化遗产项目容易被所在区域、民族或者族群的人们看作是共同的身份标识，从而增强他们之间相互交往的认同感。在广东四大民系中，客家山歌、广东汉乐、花朝戏、采茶戏等是粤东北客家民系的重要身份标识；潮州音乐、白字戏、正字戏、西秦戏等是粤东潮汕民系的重要身份

---

① 王文章. 非物质文化遗产概论［M］. 北京：文化艺术出版社，2006：453.

② 陈雨前，徐胤嫚，杨莉莎. 中国、非洲与阿拉伯国家间陶瓷艺术与"景德镇学"交流活动综述［J］. 陶瓷学报，2014（3）：322 – 324.

③ 陈力丹. 精神交往：马克思恩格斯的传播观［M］. 北京：中国人民大学出版社，2008：396.

标识；粤剧、广东音乐、广绣、五羊传说等是珠江三角洲广府民系的重要身份标识；傩舞、雷歌、雷剧、人龙舞等是粤西雷州民系的重要身份标识。这些身份标识的存在，成为所在区域、民族或者族群的成员之间身份认同的重要基础，对他们的社会交往发挥着纽带的作用。江泽民曾以自身的经历强调非物质文化遗产具有交往的情感纽带作用，他指出："过去我在国外时，听到京胡，如二黄导板，就有一种思乡的情绪，一听到刘天华的《良宵》、阿炳的《二泉映月》，就油然想起了祖国家乡……这是很微妙的感觉。"① 以上论述表明，非物质文化遗产的传承和发展体现出不同区域、民族或者族群的个性差异，能够增强所在区域、民族或者族群成员社会交往的身份认同感。

（四）促进社会交往的和谐性

"和谐"是社会交往的理想追求之一。自古以来，我国社会就追求着"以和为贵""天人合一""和而不同""兼爱非攻""仁者爱人""以人为善"的"和谐"的社会交往理想。马克思、恩格斯在描述的社会理想中，更是希望实现和谐交往，即"实际日常生活的关系，在人们面前表现为人与人之间和人与自然之间极明白而合理的关系"②。其中，精神生产是促进社会和谐交往的重要条件。马克思以教育这种精神生产形式的作用为例，指出它"是造就全面发展的人的唯一方法"③，能为社会和谐交往奠定基础。非物质文化遗产的传承和发展承载了精神生产的部分价值功能，它积累的优秀伦理道德思想、道德规范为社会交往的和谐发展提供了重要的促进力量。

由于社会分工的扩大化、私有制的出现而"产生了单个人的利益或单个家庭利益与所有相互交往的个人的共同利益之间的矛盾"④，进而相继形成了道德、法律等各种规范的需要。在前文已经论述到，非物质文化遗产蕴含不少优秀的道德思想和道德规范。它们在满足人们向善心理需要的同时，对人们现实的社会交往行为产生调节和规范作用。一方面，它蕴含的尊重自然、顺应自然、爱护自然的道德思想和道德规范，有利于人们在生产生活中认识和调节人与自然的交往关系，产生促进人与自然和谐相处的重要作用。另一

① 中央文献研究室《党的文献》《文献与研究》编辑部．治国与读史：领袖人物谈历史文化［M］．北京：中央文献出版社，2008：244.
② 马克思恩格斯全集：第 23 卷［M］．北京：人民出版社，1972：96.
③ 马克思恩格斯全集：第 23 卷［M］．北京：人民出版社，1972：530.
④ 马克思恩格斯选集集：第 1 卷［M］．北京：人民出版社，1995：84.

方面，它蕴含的教人为善的道德思想和道德规范，有利于人们在生产生活中认识和调节自身与他人、社会、国家的交往关系，产生促进自身与他人、社会、国家和谐相处的重要作用。

综上所述，非物质文化遗产的传承和发展在社会交往发展的过程中具有牢固交往基础、扩大交往范围、丰富交往媒介、提高交往效果的功能作用。

三、具备提升国家文化自信的意义

文化是精神生产的重要形态之一。在现代社会里，提升国家文化自信对国家发展具有至关重要的作用。塞缪尔·亨廷顿指出，一些发展中国家缺乏文化自信而导致严重后果："有些国家的领导人有时企图抛弃本国的文化遗产，使自己国家的认同从一种文明转向另一种文明，然而迄今为止，他们非但没有成功，反而使自己的国家成为精神分裂的无所适从的国家。"① 周恩来曾对我国要树立坚定的文化自信做出过要求："我们在文化领域，不仅不要妄自菲薄，还要鼓舞别的国家、别的民族也不要妄自菲薄。"② 习近平肯定了文化自信对实现民族复兴的意义，"文化自信，是更基础、更广泛、更深厚的自信"③。"坚定文化自信，事关国运兴衰、事关文化安全、事关民族精神独立性。"④ "没有高度文化自信，没有文化的繁荣兴盛，就没有中华民族的伟大复兴。"⑤

由此可见，坚定和提升文化自信是新时代中国特色社会主义建设的重要任务。而实现这一任务的重要根基，是我国拥有源远流长、博大精深的中华文化。"每一个民族的文化中蕴含的智慧和经验都是其他文化难以取代的，应当通过对优秀民族文化遗产保护，来提高民族的自尊心。"⑥ 非物质文化遗产蕴含有中华民族最深层次的精神追求，是中华文化的重要组成部分，它的

---

① ［美］塞缪尔·亨廷顿. 文明的冲突与世界秩序的重建 ［M］. 北京：新华出版社，1998：353.

② 中共中央文献研究室. 周恩来文化文选 ［M］. 北京：中央文献出版社，1998：146.

③ 习近平. 在庆祝中国共产党成立 95 周年大会上的讲话 ［N］. 人民日报，2016 - 07 - 01（02）.

④ 习近平. 习近平谈治国理政：第 2 卷 ［M］. 北京：外文出版社，2017：349.

⑤ 党的十九大文件汇编 ［G］. 北京. 党建读物出版社，2017：28.

⑥ 胡惠林. 中国国家文化安全论 ［M］. 上海：上海人民出版社，2005：322.

传承和发展是坚定和提升国家文化自信的重要力量。

（一）维护中华文化的多样性

习近平指出："世界上有 200 多个国家和地区，2500 多个民族和多种宗教。如果只有一种生活方式，只有一种语言，只有一种音乐，只有一种服饰，那是不可想象的。"① 联合国教科文组织强调："文化多样性对于人类就像生物多样性对于自然界一样是必不可少的。"② 显然，文化多样性将是我国文化自信的重要标志。它不仅体现出中华文化具有多姿多彩的形态，而且意味着中华文化具有悠久性、创新性、包容性、和谐性的精神特质。

我国非物质文化遗产种类丰富、项目多样，是文化多样性的体现。根据资料显示，我国是世界上非物质文化遗产资源大国之一，拥有非物质文化遗产资源高达 87 万项。③ 据笔者统计，截至 2014 年入选我国中央政府公布和命名的国家级非物质文化遗产名录的项目就已经达到 1517 项；入选我国地方政府公布和命名的省、市、县级非物质文化遗产名录的项目就更多了，例如广东省政府公布和命名的省级非物质文化遗产项目就已达到 524 项。这些众多的非物质文化遗产项目都具体地反映在各个民族、各个地区和文化的各个领域之中。我国 56 个民族分别拥有自己丰富而独特的非物质文化遗产项目，并且每一个民族都有非物质文化遗产项目入选国家级非物质文化遗产名录。需要突出的是，尽管少数民族人口数量较少，但是它们拥有的非物质文化遗产项目的比例占全国的 35% 以上。④ 我国非物质文化遗产项目涉及文化的众多领域，包括民间表演艺术、民间手工技艺、传统习俗、有关自然和宇宙的知识和实践、口头文学、传承医药等。

作为中华民族在历史上创造精神财富，非物质文化遗产的多样性体现出中华文化内在精神品质。一是富有创造性的精神品质。每一项非物质文化遗产都是独特的，是中华民族创造性地掌握世界的重要反映。例如造纸术是我国古代四大发明之一，是当时我国人民创造性地掌握世界的重大反映。基于

---

① 习近平．习近平谈治国理政：第 1 卷［M］．北京：外文出版社，2017：262.
② 联合国教科文组织．世界文化多样性宣言［EB/OL］．中国民族宗教网，2008 – 03 – 27.
③ 冯骥才，罗吉华．中国非物质文化遗产百科全书·代表性项目卷：总序［M］．北京：中国文联出版社，2015：5.
④ 郑茜．握住民族文化的价值内核［N］．中国民族报，2017 – 03 – 10（09）．

造纸术这一重大发明，我国产生了"蔡伦造纸传说"这一重要的非物质文化遗产项目。所以，非物质文化遗产越是具有多样性，就越彰显中华文化富有创造性。二是富有包容性的精神品质。每一项非物质文化遗产都经历了漫长的传承和发展过程，是由多元的文化内容和元素融合而成的文化形态。以潮州音乐为例，它是在当地民歌、歌舞、小调的基础上融合了弋阳腔、昆腔、秦腔、汉调、道调和法曲等音乐元素的文化形式。① 同时，在历史长河之中各种非物质文化遗产项目按照自身规律传承和发展、和谐共相处。非物质文化遗产越是具有多样性，就越能体现出中华文化兼收并蓄、和而不同的包容性精神。显然，非物质文化遗产的传承和发展对维护中华文化多样性的形式和内涵有着十分重要的作用。

（二）增强抵制错误文化思潮的能力

"当今时代，社会思想观念和价值取向日趋活跃，主流的和非主流的同时并存，先进的和落后的相互交织，社会思潮纷纭激荡。"② 而一个国家具备抵制错误文化思潮的能力，是这个国家具有文化自信的重要体现。当前我国受到文化虚无主义和文化复古主义等错误文化思潮的影响比较大。这些错误的文化思潮能在我国长期滋长的重要原因，是一些人对我国的传统文化以及文化传统认识不深、理解不透从而对其做出过分贬低或者过分拔高的评价。所以，增强抵制这些错误文化思潮能力的关键是要对传统文化进行辩证分析和客观评价。非物质文化遗产的传承和发展能为辩证分析、客观评价传统文化提供重要条件。

非物质文化遗产传承和发展中的优秀思想内容表明，以"西化""全盘西化"为中心的文化虚无主义思潮存在诸多偏颇。近代帝国主义对中国的入侵，打破了人们的天朝上国遗梦。人们由于对传统文化深厚的优越感，转变成为深沉的自卑感，把中国社会各种问题的症结都归咎于传统文化，把传统文化直接等同于封建文化。于是，主张用代表现代文化的西方文化价值替代儒家主导的中国传统文化价值的思潮成了当时的主旋律。尽管当前中国早已摆脱落后挨打的命运，但是这些文化思潮的影响依然存在以及具有一定的影

---

① 冯骥才，罗吉华. 中国非物质文化遗产百科全书·代表性项目卷：上卷［M］. 北京：中国文联出版社，2015：71.

② 习近平. 习近平谈治国理政：第2卷［M］. 北京：外文出版社，2017：328.

响力。非物质文化遗产的传承和发展却表明传统文化蕴含有很多的优秀思想内容，具有与现代社会精神相契合的一面。例如，非物质文化遗产对社会生产生活发挥物质支撑、知识传递、道德规范、精神寄托等方面作用，是中华民族重要的文化基因，是中华民族走向现代化的基石之一。从非物质文化遗产传承和发展形成的优秀思想内容可以看出，"西化""全盘西化"等文化思潮是片面的、极端的，是文化自卑心理的一种体现。

非物质文化遗产传承和发展中的落后思想内容表明，文化复古主义思潮具有明显的错误性。面对传统文化被质疑和否定，文化复古主义思潮逐渐兴起。它在批判现代文化价值的错误中，主张回归到以儒家思想为中心的传统文化价值之中。随着现代化弊端逐渐显现，文化复古主义思潮的影响表现出不断扩大的趋势。非物质文化遗产的传承和发展却表明传统文化蕴含了不少落后的思想内容，表现出与现代社会相背离的一面。非物质文化遗产存在着不少封建伦常、愚昧迷信的内容，会对人的思想产生一定禁锢、会对人的行动产生一定误导的负面效应。从非物质文化遗产传承和发展具有的落后思想内容可以看出，文化复古主义思潮是片面的、极端的，是文化自大心理的一种体现。

一个国家需要体现出良好的文化自信，这意味着它能够辩证、客观地看待传统文化，形成抵制自卑或者自大的文化思潮的能力。非物质文化遗产的传承和发展表明了传统文化具有两面性的问题，存在抵制错误文化思潮和弘扬主流价值观的促进力量。

（三）促进中华文化的国际影响力

一个国家的文化在国际产生重要影响力，是这个国家具有文化自信的重要基础。我国非物质文化遗产在国际传播中能够展现出中华文化独特的魅力和价值，具有促进中华文化国际影响力的作用。

在历史上，我国诸多非物质文化遗产成果在国际传播。一些非物质文化遗产项目生产出来的成果——瓷器、丝绸、茶叶、纸张、中药等，作为对外贸易的商品销售到世界各地，增强了世界其他国家对中华文化的了解。以"德化瓷"为例，它被看作是"中国白瓷的代表"、被称为"东方艺术珍宝"，"一直是我国重要的对外贸易品，具有重要的历史地位和国际影响"①。一些非物质文化遗产项目，随着中国人往外国流动、迁移而传播到世界各地，从而增强了中华文化对世界的影响力。这从我国东南沿海的戏曲在马来西亚地区传播就能获得例证。根据相关资料显示，在19世纪初期我国东南沿海的戏曲就已经在马来西亚地区广泛传播；到20世纪二三十年代，它的传播已经达到了繁荣阶段，有粤剧、粤曲、潮剧、琼剧、闽剧、广东和闽西的汉剧、福建高甲戏、福建南管戏、莆仙戏、台湾歌仔戏、梨园戏、福建十番等不少于15个剧种、曲种在马来西亚各地区进行演出。这些文化元素在当地不断地传承和发展，成了马来西亚多元文化的重要组成部分，深刻体现出了中华文化的世界影响力。②

　　在现代社会里，我国不少非物质文化遗产项目被世界广泛认可。在2001年5月我国昆曲入选到联合国教科文组织认定的第一批非物质文化遗产代表性项目名录之中，并且在入选的全部19个项目中名列榜首。截至2016年11月，我国先后有新疆维吾尔木卡姆艺术、蒙古长调民歌、皮影戏、珠算、中国活字印刷术、农历二十四节气等39个项目入选到联合国教科文组织认定的非物质文化遗产代表性项目名录之中，入选项目总数处于世界之最。在2018年1月30日至2月1日，我国的农历二十四节气项目更是以文化交流的方式出现在联合国总部，向世界各国展示中国传统历法和天文知识的奥妙。这些事实充分表明，我国非物质文化遗产向世界展示着独特魅力，形成提升中华文化世界影响力的良好效果。

　　非物质文化遗产的传承和发展是国家文化发展的重要组成部分。我国非物质文化遗产的传承和发展对维护中华文化多样性、抵制错误文化思潮、增强中华文化国际影响力等方面具有促进作用，所以具备提升国家文化自信的意义。

---

① 冯骥才，罗吉华.中国非物质文化遗产百科全书·代表性项目卷：下卷［M］.北京：中国文联出版社，2015：731.
② 王静怡.马来西亚华人音乐的传承与变迁［D］.福州：福建师范大学，2003：16-22.

小 结

马克思主义精神生产理论表明,社会发展的历史合力规律决定了精神生产发展的方向,而精神生产对社会发展又具有能动反作用力。非物质文化遗产的传承和发展作为精神生产的具体形态之一,承载着精神生产的一定价值功能,对社会发展具有物质价值和精神价值。

从社会发展的物质层面分析,非物质文化遗产的传承和发展是建立在特定的物质载体之上,所以不少非物质文化遗产项目具有为人们的生产生活提供重要物质用品的价值。在现代社会里,一些非物质文化遗产项目已经演变成了重要的经济资源,具有为旅游、文化等新业态发展提供资源支撑的作用,从而使它们获得更好的经济收益。显然,非物质文化遗产的传承和发展能够给社会带来物质财富,具有推动社会发展的物质价值。

从社会发展的精神层面分析,非物质文化遗产的传承和发展创造出特定的精神成果,能推动社会精神文明建设。一是它蕴含知识性、道德性以及审美性等丰富多彩的内容和形式,具有满足人们求知、向善、爱美等精神需要的作用;二是它作为社会交往的重要形式,蕴含社会交往的重要媒介,对现代社会交往起到牢固历史基础、扩大范围、增强身份认同感以及促进和谐等方面的作用;三是它作为文化发展的重要形态,起到维护文化多样性、抵制错误文化思潮以及增强文化国际影响力等方面的作用。可见,非物质文化遗产的传承和发展能够给社会带来深厚的精神财富,具有推动社会发展的精神价值。

"代替那存在着阶级和阶级对立的资产阶级旧社会的,将是这样一个联合体,在那里,每个人的自由发展是一切人的自由发展的条件。"[1] 马克思、恩格斯指明了社会发展的理想目标是建立共产主义社会,在那里人将实现全面而自由的发展。他们又强调,"文化上的每一个进步,都是迈向自由的一步"[2],"艺术对象创造出懂得艺术和欣赏美的大众——任何其他产品也都是

---

[1] 马克思恩格斯文集:第2卷 [M]. 北京:人民出版社,2009:53.
[2] 马克思恩格斯全集:第25卷 [M]. 北京:人民出版社,1974:53.

这样。因此，生产不仅为主体生产对象，而且也为对象生产主体"①。社会主义精神生产的最终价值皈依是为人的全面而自由的发展创造充分而必要的条件。所以，无论是非物质文化遗产传承和发展具有的物质价值还是非物质文化遗产传承和发展具有的精神价值，它们最终都要体现在促进人的全面而自由的发展之中。

---

① 马克思恩格斯论文学与艺术：第 1 卷［M］．陆梅林，辑注．北京：人民文学出版社，1982：154－155.

第五章

非物质文化遗产传承和发展的当代问题

当代社会掀起抢救和保护非物质文化遗产热潮的缘由，除了是因为非物质文化遗产的传承和发展对经济、政治、社会以及人等的发展具有重要的促进作用外，更重要的是因为非物质文化遗产的传承和发展遭遇到了重大难题。这即不加以抢救和保护，不少非物质文化遗产项目就很有可能走向濒危甚至是灭绝的境地。陈毅曾针对不少传统戏曲面临的生存困境指出："中国旧戏有许多有失传的危险，要加以抢救。"① 联合国教科文组织强调，必须要重视非物质文化遗产危险性的存在，"承认民间创作之传统形式的极端不稳定性，特别是口头传说之诸方面的不稳定性，以及这些方面有可能消失的危险"②。

那么，形成非物质文化遗产传承和发展问题的缘由以及具体症状是什么？对于这些问题的探究，关系到抢救和保护非物质文化遗产行动能否做到对症下药。

马克思指出，"手推磨产生的是封建主的社会，蒸汽磨产生的是工业资本家的社会"③；"所谓世界历史不外是人通过人的劳动而诞生的过程，是自然界对人来说的生成过程"④；"不是意识决定生活，而是生活决定意识"⑤。非物质文化遗产作为精神生产成果的一种形态，属于上层建筑范畴，是意识形态的体现。在我国历史上，非物质文化遗产的生成以及传承和发展的基础是以小农经济为中心的农业社会，然而在当代社会里它传承和发展的基础却转换成了以商品经济为中心的工业社会和信息社会。当代社会是整体进步发

---

① 中共中央书记处研究室文化组.党和国家领导人论文艺［M］.北京：文化艺术出版社，1982：53.

② 邹启山.联合国教科文组织人类口头和非物质遗产代表作申报指南［G］.北京：文化艺术出版社，2005：33.

③ 马克思恩格斯选集：第1卷［M］.北京：人民出版社，2012：222.

④ 马克思恩格斯全集：第42卷［M］.北京：人民出版社，1979：128.

⑤ 马克思恩格斯选集：第1卷［M］.北京：人民出版社，2012：152.

展了，但是这并不意味着非物质文化遗产的传承和发展就必然能与之同步。马克思指出："在我们这个时代，每一种事物好像都包含有自己的反面。我们看到，机器具有减少人类劳动和使劳动更有成效的神奇力量，然而却引起了饥饿和过度劳动。……我们的一切发明和进步，似乎结果是使物质力量成为有智慧的生命，而人的生命则化为愚钝的物质力量。"① 马克思主义精神生产理论的相关原理表明，当代非物质文化遗产传承和发展问题的根源是它未能很好地适应社会存在的急剧变迁，导致了自身生命力不断下降的后果。

第一节　非物质文化遗产传承和发展受环境变迁的挑战

马克思指出，"因为人是自然界的一部分"，"人靠自然界生活"，"人的肉体生活和精神生活同自然界相互联系"②，所以精神生产与自然环境密切相关；人"实际上是属于一定的社会形式的"③，人离不开社会，所以精神生产又必然与一定的社会环境密切相联系。然而，环境与人的生产活动的关系不仅具有受动性，更具有能动性。当人们在支配、利用环境时，却存在被环境报复的危险性。恩格斯在《自然辩证法》一文中曾对人们做出过警告，他指出："我们不要过分陶醉于我们人类对自然界控制的胜利，对于每一次这样的胜利，自然界都对我们进行报复。"④

这样的原理具有普遍性。非物质文化遗产的传承和发展在受到环境支撑和滋养的同时，又受到环境急剧变迁的挑战。由于在古代社会里人们改造和利用环境的能力较低，环境处于温和、缓慢、渐变式的变化之中，非物质文化遗产的传承和发展基本能与这样的变动相适应，受到比较小的挑战。但是，由于现代工业社会"必须对于任何自然力实行社会的管理，为了经济活动的利益加以支配，借助于人类艺术对它进行大规模的掌握"⑤，所以环境明显处于剧烈、迅猛、突变式的变迁之中。在这种背景下，非物质文化遗产的

---

① 马克思恩格斯选集：第1卷［M］．北京：人民出版社，2012：776.
② 马克思恩格斯全集：第42卷［M］．北京：人民出版社，1979：95.
③ 马克思恩格斯选集：第1卷［M］．北京：人民出版社，2012：139.
④ 马克思恩格斯选集：第3卷［M］．北京：人民出版社，2012：998.
⑤ 马克思恩格斯论艺术：第1卷［M］．北京：中国社会科学出版社，1982：109.

传承和发展遭遇到相当大的挑战，它与环境相适应的难度大大增强。这正是当代非物质文化遗产传承和发展亟须面对的问题之一。

一、受环境日益开放的挑战

非物质文化遗产的传承和发展蕴含明显的地域、族群和民族等个性特征。这其中形成的重要条件是古代社会相对封闭的自然环境和社会环境。以广东众多非物质文化遗产项传承和发展的鲜明个性为例，它们与古代广东相对封闭的环境条件密切相关。

古代广东是一个环境相对封闭的地方。在北部横亘着五岭山地，这在交通落后的古代是阻碍广东与中原地区交往的巨大屏障。在南边濒临大海，有着非常长远的海岸线，这样的茫茫大海使广东与大洋彼岸的交流往来显得困难重重。广东天气环境又复杂多变，气温高、雷暴风雨等自然现象明显，出现瘟疫的概率比较高，这样复杂且艰难的环境使得外地人进入广东或者定居广东都显得相当不容易。然而，正因为这样封闭和艰难的环境使广东滋育出了数量众多而且富有地方特色的非物质文化遗产项目。这在传统戏剧、民歌的项目中体现得最为明显。广东各地在相对封闭的环境之下形成了各种各样的方言，它们通常成为当地传统戏剧和民歌的语言载体，比如粤语之于粤剧、潮州话之于潮剧、雷州话之于雷歌、雷剧等，这就体现出了浓浓的地域或者族群个性。历史上有不少非物质文化遗产项目是作为强势文化从外地传入广东的，比如客家山歌、汉剧、汉乐、西秦戏、醒狮等，然而当它们身处于广东这种封闭且复杂的环境时，它们不仅无法取代广东的土著文化，反而被广东土著文化所同化。以醒狮为例，尽管它起源于北方地区，但是当流传到岭南地区便做出新的演化，形成以广东醒狮为核心的南派醒狮。以上的事实表明，历史上相对封闭的环境是非物质文化遗产的传承和发展具有地域、族群、民族个性的重要依托。

然而，在全球化的作用之下世界各国、各民族、各地区不断冲破各种藩篱，无论是自然环境还是社会环境都显得日益开放。安东尼·吉登斯指出："全球化并不是我们今天生活的附属物，它是我们生活环境的转变，它是我现在的生活方式。"① 在这种背景下，无论是人还是其他的物质、文化等内容

---

① 薛晓源. 全球化与文化战略研究［J］. 马克思主义与现实，2003（4）：32 - 38.

都变得具有世界性了——"世界已经成为一个'地球村',个人正在从过去民族的、国家的一员转化为'世界公民'"①;"各民族的精神产品成了公共的财产","许多民族的和地方的文化形成了一种世界的文学"②。

同样地,非物质文化遗产被卷进了全球化的浪潮之中,它传承和发展的环境条件变得日益开放。换而言之,维系非物质文化遗产传承和发展个性的环境条件被削弱了。这导致的后果包括:

第一,非物质文化遗产的传承和发展面临同质化威胁。与相对封闭的环境条件对比,日益开放的环境条件使人们能够接触和获得更多共同的物质内容和思想材料,在衣、食、住、行等方面的差异性不断减弱,从而表现出社会存在不断走向同质化的结果。马克思主义精神生产理论表明,随着社会存在的变化发展,社会精神意识也相应地或早或迟地发生变化和发展。非物质文化遗产的传承和发展作为社会存在发展的一种反映,它要保持自身个性变得越来越困难,同质化趋势显得不可避免。例如,在商品经济的社会环境中大多数保护非物质文化遗产的行动都朝着产业化方向发展;出现了用粤语唱粤剧是否属于排外、不重视对外交流的争论,并且产生了用普通话、用英语演唱粤剧的文化现象。③

第二,非物质文化遗产的传承和发展面临强势文化挤压的危险。在日益开放的环境中,文化交往变得越来越普遍。然而,文化交往通常不是平权的,而是存在强势文化与弱势文化的势位差。与主流文化、现代文化相比,非物质文化遗产属于古老传统的小众文化,明显处于弱势地位,它存在被强势文化挤压的危险。类似于民间文学、民间戏剧、曲艺、民歌等种类的非物质文化遗产是以地方方言为重要依托的。然而随着普通话的全面推广和普及,掌握和使用方言的人口不断减少,这显然会对这些非物质文化遗产项目的传承和发展产生冲击。人们可以设想:当越来越多客家人的后代只会讲普通话而不会讲客家话时,客家山歌的传承和发展所受到的挤压就不言而喻了。非物质文化遗产的传承和发展不仅受到本国强势文化的冲击,还受到外国强势文化的影响。在强势文化的影响之下非物质文化遗产的传承和发展变

---

① 成龙.邓小平的"世界公民"思想[J].领导文萃,2011,(15):34-37.

② 马克思恩格斯选集:第1卷[M].北京:人民出版社,2012:404.

③ 潘邦榛.粤语唱粤剧引发的争议[J].南国红豆,2007(3):39-40.

得困难，它的个性特征可能会日渐式微。

第三，非物质文化遗产的传承和发展的被认同感遭受到冲击。在日益开放的环境中，各个层面的文化竞争在不断加强，这在某种程度上会激起人们强烈的民族主义或者地方主义情感，从而使特定非物质文化遗产项目的被认同感得到增强。然而不能忽视的情况是，随着环境的日益开放人们的社会流动性变得越来越强烈，变换学习、工作和生活的地点成为普遍的事情，甚至各种跨越国界的工作和生活也变得习以为常，人们接触异地、异族、异质的文化机会变得越来越多。这可能带来的影响是：人们对于自身家乡、族群或者民族的文化现象接触机会变得越来越少，同时看待其他文化变得越来越包容。当前这样的客观现象普遍存在：有的人对属于自己家乡的非物质文化遗产项目变得日益陌生甚至完全不知道其存在；有的人认为古代传承下来的风俗习惯是繁文缛节；有的青年人对西方节日产生广泛认同，越来越重视过"洋节"等。这些事实表明，处于日益开放环境之中的非物质文化遗产的被认同感受到诸多不利因素的冲击，它的个性条件会被削弱。

总的来说，原本相对封闭的环境是非物质文化遗产的传承和发展形成和呈现个性特点的重要条件。然而，在全球化的引领之下日益开放的环境变成了客观现实，非物质文化遗产传承和发展的个性条件被逐渐削弱。这使得非物质文化遗产的传承和发展需要面对同质化、受强势文化影响、被认同感下降等问题的挑战。

二、受环境开发和破坏的挑战

在古代社会里，由于人们主要依托人力和畜力来改造和利用环境，对环境开发和破坏的程度比较低。但是，现代技术革命推进了工业化和城镇化的浪潮，环境被开发和破坏的程度日益提高。

非物质文化遗产的传承和发展对环境依存度相当高，环境的好坏直接影响到非物质文化遗产生命力的延续。环境问题已经严重影响了非物质文化遗产传承和发展所需要的自然空间载体和生活空间载体。

（一）自然空间载体受到损害

非物质文化遗产的传承和发展需要自然环境提供必要的活动场所、基本素材和物质原材料等空间载体。然而，当前人们对自然环境的不断开发和破坏已经严重损害了非物质文化遗产传承和发展必需的活动场所、物质原材料等自然空间载体。

第一，自然环境被不断开发而压缩了非物质文化遗产传承和发展的自然空间。工业化、城镇化离不开广阔的自然空间支持，所以人们加大了对自然环境的开发力度。此消彼长，随着工业化和城镇化对自然空间占有越来越多，非物质文化遗产传承和发展的空间也被压缩了。海洋、湖泊、河流等自然环境开发程度的不断提高使渔民打鱼的自然空间减少，那么渔歌、咸水歌等生存的自然空间实质就被侵占了；森木、土地等自然环境开发程度的不断提高使人们在山林土地劳动空间的减少，各种山歌、劳动歌、劳动舞等存在的自然空间就被侵占了。可见，自然环境的不断开发正在压缩非物质文化遗产传承和发展所依托的自然空间。

第二，自然环境被污染损害了非物质文化遗产传承和发展的自然空间。工业化、城镇化不仅侵占了非物质文化遗产传承和发展的自然空间，它们产生的严重污染又在损害非物质文化遗产传承和发展的自然空间。以"赛龙舟"这一非物质文化遗产项目为例，它的传承和发展离不开海洋、湖泊、河流这些重要的自然空间。但是，在工业化、城镇化进程中却带来了水资源严重污染和水资源过度利用等问题，造成水体发黑、发臭以及一些湖泊、河流干枯的现象。与过去相比，适合"赛龙舟"项目传承和发展的自然空间已经大大减少了。可见，自然环境的污染对非物质文化遗产的传承和发展产生了极大的威胁。

第三，自然资源匮乏损害了非物质文化遗产传承和发展的物质载体。非物质文化遗产的传承和发展需要物质载体。但是，工业化、城镇化对自然资源的大量占有和破坏，使得不少非物质文化遗产传承和发展的物质载体显得十分匮乏，对其良性的传承和发展产生了严重制约性。以中国传统漆艺项目的传承和发展为例，工业化、城镇化使得大量的漆林被砍伐以作其为他用途，造成了生漆产量的大大下降。这就导致漆艺原料不得不依靠果漆和化学漆来替代，中国传统漆艺生产水平也就随之而下降。有学者忧虑地指出："中国这个曾经的漆艺大国会因漆资源的匮乏而风光不再。"① 所以，有学者批判地指出："人们往往重视遗产传承方式、成果和传承人的保护，却对这

---

① 周若愚. 非物质文化遗产保护中的手工艺资源保护［J］. 美术观察，2007（11）：92 – 96.

一切赖以生存的资源保护不足。"① 很显然,环境被大规模地开发与破坏的状况,导致了非物质文化遗产传承和发展的物质载体受到损害的危险。

(二) 生活空间载体受到侵蚀

非物质文化遗产是乡土文化的典型代表,村落特别是传统村落是非物质文化遗产的"根",是非物质文化遗产传承和发展的重要生活空间载体。一些传统村落承载着大量的非物质文化遗产项目。以广州市番禺区沙湾古镇为例,它承载着狮舞、广东音乐、飘色、砖雕等非物质文化遗产项目的传承和发展。温家宝强调:"古村落的保护就是工业化、城镇化过程中对于物质遗产、非物质遗产以及传统文化的保护。"② 刘锡诚指出:"古村镇所负载的物质的和非物质的文化遗产比一般村镇更集中,更典型。"③

然而,工业化、城镇化所导致的环境开发和破坏却侵蚀着村落特别是传统古村落。根据国家统计局的数据显示,我国城镇化率从 1978 年的 17.92% 提高到 2016 年的 57.35%,每年平均增长了 1.01 个百分点。而与之相随的是,我国行政村数量却在不断减少,在 1978 年有 690388 条行政村,而到 2013 年就已经减到了 632578 条行政村,每年平均锐减了 1652 条行政村。传统村落的破坏就更为严重。根据相关资料介绍,在 2013 年的调查中我国仅存有 1.2 万条传统村落,只是占我国行政村总数的 1.9% 以及自然村落的 0.5%,其中有较高保护价值的村落已经低于 5000 条了。④ 除了村落、传统村落数量锐减之外,它们的精神实质和文化内涵也受到了严重破坏。不少传统村落已经走向了"空心化",即村内人去屋空,以及精神文化的失落。

村落特别是传统村落被开发和破坏,意味着非物质文化遗产传承和发展所依赖的生活空间载体的失落。首先,村落、传统村落数量的减少,导致非物质文化遗产传承和发展依托的生活空间场所被压缩和破坏;其次,村落人文内涵的弱化、人际关系的淡薄、社会距离的增加导致非物质文化遗产的交

---

① 周若愚. 非物质文化遗产保护中的手工艺资源保护 [J]. 美术观察,2007 (11):92-96..

② 住房和城乡建设部,文化部,国家文物局,财政部发布. 关于开展传统村落调查的通知 [J]. 城市规划通讯,2012 (9):4.

③ 刘锡诚. 非物质文化遗产:理论与实践 [M]. 北京:学苑出版社,2009:124.

④ 孙晓璐,吕俐. 莫让传统村落消失殆尽——住房城乡建设部村镇建设司长赵晖谈传统村落保护 [J]. 中国勘察设计,2013 (11):14-16.

往功能、娱乐功能等缺乏发挥的空间，非物质文化遗产传承和发展的价值也就随之而下降；最后，大量村落的原住居民不断外迁导致非物质文化遗产传承和发展的人物承载者不断减少，这既包括传承人的减少甚至是断层，还包括受众群体的减少。由此可见，工业化和城镇引发的环境开发和破坏问题损害了非物质文化遗产传承和发展的生活空间载体。

在工业化、城镇化浪潮的推动下，原本的环境被大规模地开发利用，并且引发出严重破坏的问题。这样急剧的环境变迁正在损害着非物质文化遗产传承和发展的自然环境空间和社会生活空间，给非物质文化遗产生命力的维护和延续产生了极大的挑战。

第二节　非物质文化遗产传承和发展受社会力量变化的冲击

精神生产是与上层建筑密切相关的历史范畴，它是由物质生产、人的发展、文化交往等凝聚而来的社会力量共同推动发展的。由于处于不同时期的社会力量具有不同的发展方向，表现出不同的特点，所以各种精神生产形式的发展境遇也随之不同。

从人类社会总体历史发展可以看到，由于农业社会的生产力落后和人类认识相对有限，所以神话、传说、宗教等精神生产形式相对繁盛，而法律、哲学、科学技术等精神生产形式的地位就显得卑微。正如在中世纪的欧洲，哲学、科学都成了神学的"婢女"。然而随着工业文明的到来，科学技术一跃成为第一生产力。马克思指出，是伴随着资本主义生产的扩展，科学技术因素才"第一次被有意识地和广泛地加以发展、应用并体现在生活中，其规模是以往的时代根本想象不到的"①。邓小平对科学技术这种精神生产形态更是给予了高度肯定，"经济发展得快一点，必须依靠科技和教育。我说科学技术是第一生产力"，"我们自己这几年，离开科学技术能增长得这么快吗？要提倡科学，靠科学才有希望"②。

从中华人民共和国改革开放前后两个历史时期的对比可以看到：在中华

---

① 马克思恩格斯文集：第8卷 [M]．北京：人民出版社，2009：195.
② 邓小平文选：第3卷 [M]．北京：人民出版社，1993：377－378.

人民共和国成立到改革开放之前由于我国片面地强调阶级斗争对社会发展的推动作用，所以精神生产充满着意识形态属性，它的发展面临重重障碍；而在改革开放之后，由于我国认识到了经济建设的中心作用，所以形成了中国特色社会主义精神生产方式，即精神生产始终把国家富强、民族振兴、社会和谐、人全面而自由的发展作为价值归依，并且实现意识形态属性与产业属性、社会效益与经济效益、现实开发利用与可持续发展的相互协调和统一。历史事实告诉我们，改革开放之后我国精神生产在总体上获得了良好的社会推动力，取得了非常大的成就。

推动精神生产的动力是因时因势而变的，而各种精神生产形式所面临的境遇也随之不同。非物质文化遗产的传承和发展作为精神生产的重要形式，它面临着时势改变的影响。非物质文化遗产作为农业文明的产物，它由农业社会的物质生产、人的需求、科学技术、文化交往等因素所形成社会力量共同推动。在几千年的农业社会中，这些社会力量处于总体稳定的状态，并没有发生质的改变，非物质文化遗产的传承和发展也就顺其自然地传承和发展，并没有遭遇到明显的时代挑战。然而到了现代社会，构成社会力量的各种要素都发生了质的飞跃，例如物质生产已由小农经济飞跃到了商品经济，社会交往由单一性和封闭性飞跃到普遍性和开放性等。这就导致从传统社会而来的非物质文化遗产与现代社会产生碰撞，它的前途命运面临诸多挑战。

一、受社会经济基础变革的冲击

人类历史发展规律显示，经济基础决定着整个社会历史的主要面貌以及基本走向，从而也决定着精神生产活动的开展、内容以及演进的历程。恩格斯指出："直接的物质的生活资料的生产，因而一个民族或一个时代的一定的经济发展阶段，便构成为基础；人们的国家制度，法的观点，艺术以至宗教观念，就是从这个基础上发展起来的，因而，也必须由这个基础来解释，而不是像过去那样做得相反。"[①]

非物质文化遗产传承和发展面临的挑战和危机的根源在哪里呢？马克思指出："随着经济基础的变更，全部庞大的上层建筑也或慢或快地发生变

---

① 马克思恩格斯选集：第3卷［M］．北京：人民出版社，2012：1002.

革。"① 所以，关于这个问题必须回到经济基础变更的历史中寻求解释和寻找答案。非物质文化遗产的传承和发展面临严峻挑战和重大危机的根本原因，是它依赖的原生经济基础发生了剧变和瓦解，而与新形成的经济基础又很难相适应。

非物质文化遗产传承和发展的原生经济基础是在封建时期形成的自给自足的自然经济。在自给自足自然经济中，非物质文化遗产的传承和发展获得了充分发展的条件，并且塑造出了独特的品质。然而，从近代开始我国自给自足的自然经济逐渐解体，形成了商品经济发展的趋势。中华人民共和国成立以后，通过对农业、手工业实行社会主义改造的形式，把小农式的自然经济过渡到了社会主义经济。特别是十一届三中全会以后，我国对原有经济体制进行改革、建设和发展社会主义市场经济，形成了比较发达的商品经济。与过去自给自足的自然经济相比，当前我国社会的经济基础已经产生了深刻的改变。这给非物质文化遗产的传承和发展带来的重大影响是其赖以存在的根基被动摇了。

（一）经济生产组织形式变冲革击非物质文化遗产传承和发展赖以存在的社会关系

经济生产组织形式是社会关系形成的基础。在自然经济的生产组织形式中，地主阶级掌握了国家大部分的土地，农民生产与地主和土地存在严重的依附关系，他们被地主阶级通过地租、放高利贷等手段进行剥削；同时，农民主要以家庭或者家族为单位的分散经营为主，而男耕女织的劳作方式比较突出，绝大部分生产成果都由自己消费。这样的经济生产方式决定了非物质文化遗产的传承和发展是建立在以土地和血缘为基础的宗族关系和宗法制度之上的。这就决定了非物质文化遗产的传承和发展不仅能为生产劳动服务，而且对维系宗族关系和宗法制度也具有重要的意义。以我国广东海陆丰地区为例，它的非物质文化遗产传承和发展的状况较好就与当地在历史上建立起牢固的宗族关系密切相关。

时代不断变迁，社会主义改造以后我国完全推翻了封建土地所有制度，并且确立了社会主义制度，经济生产组织形式在国家计划安排下集体经营，统一分配。1978 年以后，我国生产组织形式实质已经转变成为社会化大生

---

① 马克思恩格斯论艺术：第 1 卷［M］．北京：中国社会科学出版社，1982：101．

产。这主要表现为，通过国家的调控以及市场对资源的配置作用，生产资料和劳动力集中在各行业进行有组织的规模化生产；生产过程的分工变得高度专业化、精密化和协调化；生产的结果以商业利润为中心。以广东顺德地区的"广绣"为例，它从20世纪90年代起由零星分散的家庭作坊生产转变为公司规模生产，在顺德富德工艺品有限公司的主导下开展生产技术人员培训，制定生产流程，开拓产品市场，追求显著的商业利益。

在社会化大生产的组织形式之下，社会关系已经由土地和血缘为主导的形态转向了以业缘为主导的形态。而相应的，非物质文化遗产传承和发展赖以存在的社会关系也受到了冲击。

（二）经济生产内容变革冲击非物质文化遗产传承和发展赖以存在的产业基础

"文化本来就是人群的生活方式，在什么环境里得到的生活，就会形成什么方式，决定了这人群文化的性质。中国人的生活是靠土地。传统的中国文化是土地里长出来的。"[①] 在以土地为中心的生产中，人们主要是以种植粮食为主，把畜牧业、渔业、手工业等作为重要副业。一方面表明，非物质文化遗产的传承和发展主要依赖于农业生产，体现出与种植业、畜牧业、渔业、手工业等密切相关联；而另一方面表明，畜牧业、渔业、手工业等行业并不发达、地位并不高，商品经济发展受到较大制约，非物质文化遗产随着商贸传承和发展的力量比较小，充满着乡土性。

然而，中华人民共和国成立以来我国以工业化为目标，并且大力发展第三产业，生产内容已经发生了根本的转变。对此，我们从国家三大产业比重变化发展的事实可以获得一定的证明。我国在社会主义改造完成时，农业占很大比重，第一、第二和第三产业的比重分别为43.53%、27.28%、29.19%；到了1971年，第一、第二和第三产业的比重分别为34.24%、42.89%、28.67%，从此以后第二产业所占比重一直高于第一产业；而到了1985年，第一、第二和第三产业的比重分别28.44%、42.89%、28.67%，从此以后第三产业的比重又超过了农业；而在2013年，第一、第二和第三产业的比重分别10.00%、43.90%、46.10%，第三产业的比重明显超过了第

---

① 费孝通. 文化与文化自觉 [M]. 北京：群言出版社，2016：12.

二产业。① 我们从 2016 和 2017 年农业对 GDP 增长的微弱贡献又能获得进一步证明。这两年全国 GDP 分别比上年实际增长 6.7% 和 6.9%，但是第一产业增加值比上年实际增长分别下降到 3.3% 和 3.9%，在 GDP 中的比重分别下降到 8.6% 和 7.9%，对 GDP 的贡献率分别为 4.4% 和 4.9%，对 GDP 的增长拉动率分别为 0.3% 和 0.4%。②

这些数字在生动地描绘出一个事实，农业生产在三大产业中的比重不断下降，对国民经济发展贡献日益下降，农业生产不再是人们的普遍劳动。所以，非物质文化遗产传承和发展赖以存在的产业基础受到了冲击，它的乡土性正面临着剧烈的消解。

（三）经济生产观念变革冲击非物质文化遗产传承和发展赖以存在的观念基础

社会存在决定社会意识。在自给自足的自然经济之下，人们形成了独特的小农生产观念。小农生产观念具有以下特点：一是对自然的高度尊重，强调"天人合一""和谐协调"；二是信奉"一分耕耘，一分收获"，追求务实、致用，强调要辛勤劳作；三是循规蹈矩，安于现状，缺乏竞争意识和进取精神；四是以自我为中心和缺乏各种交流合作，具有较强的封闭性和狭隘性；五是重农抑商，生产追求自给自足，忽视市场的作用。小农生产观念塑造了非物质文化遗产的品质，是非物质文化遗产传承和发展最核心的观念基础。

在社会主义市场经济之下，根深蒂固的小农生产观念逐渐解体，社会化大生产观念的不断形成。社会化大生产观念体现出以下特点：一是具有明显的经济效益观念。人们生产的最终目的是追求利益的最大化，想方设法地获取更多的利润；二是具有开放和广阔的市场观念。市场对社会化大生产的资源配置起到决定性作用，它对所有生产要素都是开放的，同时所有生产要素不仅被卷进国内市场，而且也被卷进国际市场；三是具有强烈的竞争观念。"优胜劣汰"是社会化大生产的重要规则，人们在这样的规则下生存和发展离不开强烈的竞争意识；四是具有强烈的创新观念。社会日新月异，如何能

---

① 该数据是从中国国家统计局网站公布和记录的数据整理而来。
② 该数据从《2017 年统计年鉴》以及《2017 年〈政府工作报告〉主要发展目标落实情况盘点》（经济日报，2018 - 2 - 28）两份资料整理而来。

在快速变化的社会竞争中立于不足之地呢？其中，创新是根本。在社会化大生产中，人们把技术创新和管理创新放到非常重要的地位。

将社会化大生产观念与自然经济小生产观念相互对比，它们表现出截然不同的特点。当前社会化大生产观念已经全面地取代了自然经济的小生产观念，所以非物质文化遗产的传承和发展最核心的根基也受到了冲击。

（四）经济高速发展冲击非物质文化遗产传承和发展赖以存在的经济结构

受重农抑商和技术制度固化等因素的影响，中国古代社会生产力只有小规模的提升，各生产要素少有变革，而男耕女织的传统观念也难以突破，所以中国传统经济结构稳定而缓慢地发展。非物质文化遗产的传承和发展也顺应中国传统经济结构发展的速度而渐进式前进。

改革开放以来，我国经济高速发展。从经济增长速度看，从1978年到2014年我国经济年平均增长率高达15.6%，成为第二次世界大战以来继日本和韩国之后长期保持较快增长的国家；从经济总量来看，2011年以后我国GDP总量稳居世界第二，并且在2014年国内生产总值达到636138.7亿人民币，以美元为单位计算首次突破10万亿美元，成为继美国之后又一个"10万亿美元俱乐部"成员；从实际人均GDP来看，1978年突破一千元人民币，2003年突破一万元人民币，而到2014年进一步跃升至45718.7元人民币，已经进入了中高收入国家的行列。① 这些数字生动地表明，改革开放以来我国经济以"爆炸式"的速度前进，因而非物质文化遗产传承和发展赖以存在的稳定经济结构动摇了。

从深层次分析，以小农经济为核心的经济基础是非物质文化遗产传承和发展的根基。随着商品经济的发展，我国社会经济基础已经发生了深刻变化。这就要求非物质文化遗产的传承和发展需要根据社会经济基础的变化做出相应的调整，以求能与之相适应。然而，非物质文化遗产传承和发展的适应能力远远落后于社会经济基础的变化发展，所以它的生命力面临走向衰弱的重大挑战。

---

① 周波．王英家．改革开放以来我国经济增长质量评价［J］．山东财经大学学报，2016（3）：19－30，50.

二、受人的需要物质化偏向的冲击

人的需要是社会生产的根本驱动力量。黑格尔指出："我们对历史最初的一瞥，便使我们深信人类的行动都发生于他们的需要、他们的热情、他们的个性和才能；当然，这类需要、热情和兴趣，便是一切行动的源泉。"① 马克思指出，"任何人如果不同时为了自己的某种需要和为了这种需要的器官而做事，他就什么也不能做"②。在人的需要的推动下，人类社会生产不断向前推进，体现出"需要→生产→新的需要→新的生产……"不断循环上升的过程。同理，人的需要是精神生产的根本动因，它为非物质文化遗产的传承和发展提供重要的驱动力。人对非物质文化遗产的需要程度，决定了非物质文化遗产的传承和发展拥有驱动力大小的程度。

改革开放以来，人们压抑已久的各种需要被大大地释放出来，特别是精神文化需要变得空前高涨，大力发展社会主义精神文化成为重要时代任务，非物质文化遗产的传承和发展也从中获得了相当强大的驱动力；然而，我们不能忽视这其中所潜藏的挑战和危机，即当前我国人民的需要存在严重的物质化偏向，导致损耗非物质文化遗产传承和发展的驱动力。

人的需要物质化偏向与我国的基本国情密切相关联。由于我国实行改革开放的重要历史起点是国家太穷，生产力太落后，人民连最基本的生存需要都难以满足，所以搞好物质生产是我国最迫切的需要。1978 年，邓小平就坦率地表达我国所处的困境和目标追求："我们太穷了，太落后了，老实说对不起人民。我们现在必须发展生产力，改善人民生活条件。"③ 为了摆脱物质匮乏的困境，我国在改革开放中始终坚持把"解放生产力，发展生产力"作为社会发展的根本任务，把经济建设作为社会发展的中心工作。这在一定程度上导致了人民需要的物质化偏向问题。

我国人的需要物质化偏向可以从政府和民众所追求的目标获得体现。从政府层面看，它们存在过分追求 GDP 增长，为了实现 GDP 增长而不惜破坏和牺牲环境资源、轻视精神文化建设的问题。它们对人的需要关注往往比较

---

① ［德］黑格尔. 美学：第 1 卷［M］. 朱光潜，译. 北京：商务印书馆，1979：337.
② 马克思恩格斯全集：第 3 卷［M］. 北京：人民出版社，1960：286.
③ 邓小平年谱（1975—1997）［M］. 北京：中央文献出版社，2004：381.

片面地关注人生存、享受等物质方面的需要，而对人情感、尊重、发展等需要的关注还存在明显不足。正如表演艺术学家巩汉林所言："我们国家强调经济这条腿迈的很高、走得很远，文化这条腿，没跟上。"① 政府对物质追求的过分偏向造成了物质文明建设和精神文明建设相互割裂的伤害，给民众带来了错误的引导。从民众层面来看，不少人形成了消费主义和物质主义的价值观。这部分人往往把物质消费和享乐放在突出的地位，同时把拥有物质财富的多寡作为评价人生价值大小的根本尺度。有学者对现代人的追求批判道："我们现在的消费欲望已经脱离人的真正需要。"② 当人们过分地追求物欲时，必定会伤害到精神文化的追求，这其中造成了损耗非物质文化遗产传承和发展驱动力的后果。

（一）造成政府未能足够重视非物质文化遗产传承和发展

在改革开放初期，尽管非物质文化遗产摆脱了被极"左"思潮批判和否定的历史命运，但是在人的需要物质化偏向的影响下，政府以满足人的物质需要为核心追求，非物质文化遗产的传承和发展通常是被忽视的。当时社会促进非物质文化遗产传承和发展的有效活动以及措施并不多，并且在已有措施中也缺乏政府强有力的支持和主导，带有明显的民间自发性和散乱性。即使政府对非物质文化遗产传承和发展的支持举措也是带有明显的物质目标。胡希张在谈到政府重视梅州客家山歌的原因时就指出："各级领导人在现实生活中逐步认识到了客家山歌有着神奇的，不可取代的'联谊'作用。于是，经常搞一个'山歌搭台，经贸唱戏'。"③

进入了 21 世纪之后，我国主要是基于联合国教科文组织的推动才日益重视非物质文化遗产的传承和发展。这表明我国促进非物质文化遗产传承和发展的主要启动力量是外源性的。在过去的十多年时间里，中央财政加大了非物质文化遗产保护工作的经费投入，从 2003 年的 600 万元增加到 2014 年

---

① 詹托荣，巩汉林：不是所有文化都可以推向市场［EB/OL］. 中国新闻网，2011 - 03 - 09.

② ［法］让·鲍德里亚. 消费社会［M］. 刘成富. 全志钢，译. 南京：南京大学出版，2001：1 - 2.

③ 胡希张. 客家山歌史研究［M］. 广州：广东人民出版社，2013：186 - 187.

6.63 亿元①；政府相关部门从 2006 年至今已经认定了四批国家级非物质文化遗产名录项目；最为重要的是自 2011 年 6 月 1 日起施行了《中华人民共和国非物质文化遗产法》……相对于过去而言，政府在努力改善对非物质文化遗产传承和发展资金、政策和法律等支持不足的问题。然而，这力度显然是不够的，相关的问题仍然没有实现根本的改善。有媒体感叹："尽管近年来，各级财政投入逐年增加，但是依然不能满足实际工作的需要，普遍存在保护经费不足的问题。"②

（二）造成非物质文化遗产受众群体萎缩以及需求不足

闲暇和有精力是人发展精神需要的重要条件。然而，在现代社会里"物的关系对个人的统治、偶然性对个性的压抑已具有最尖锐的最普遍的形式"③，人们有闲暇、有精神力去追求精神需要变得奢侈起来。换而言之，在需要的物质化偏向的导向下，人们不得不将更多的时间、注意力和精力放在工作和赚钱之中，闲暇时间和多余精力肯定会随之减少。在 2015 年，相关机构对我国白领一族工作时间的调查结果在一定程度上印证这样的事实。该调查显示，仅有 28.6% 在 8 小时工作时间之外不需要加班，而 24.3% 平均每周需要加班 1—3 小时，12.2% 平均每周加班时间需要 3—5 小时；12.8% 平均每周加班时间需要 5—10 小时；11% 平均每周加班时间需要 20 小时以上。④受空闲时间有限以及精力不足等客观条件的影响，人们对非物质文化遗产等精神需要的追求将受到一定限制。

在需要的物质化偏向的影响下，人们通常会对"我做这件事有什么用""这件事能给我带来什么价值"等问题进行量化思考。这带来的后果是，人们通常更乐意接受具有快速、直接、刺激、享受等特点的精神文化活动。从传统社会而来的非物质文化遗产缺乏这样的特性。而与之不同的是，当前社会所流行的大众文化却与这样的文化心理具有高度契合性。所以，人们特别

---

① 该数据是根据中国新闻网刊发的文章——《中国加大非物质文化遗产保护力度——五年投入 2.36 亿元》以及中国政府网刊发的文章——《中央财政 2014 年投入 88.43 亿元支持文化遗产保护》整理而来。
② 何玲. 产与人兼得的非遗保护路［EB/OL］. 中国非物质文化遗产网·中国非物质文化遗产数字博物馆. 2017－04－06.
③ 马克思恩格斯论文艺：第 1 卷［M］. 北京：中国社会科学出版社，1982：271.
④ 《中国就业》编辑部. 数说［J］. 中国就业，2015（9）：14.

是青年群体对精神文化的选择也表现出"亲近文化快餐，远离文化经典""重视文化包装，轻视文化内涵""享受文化狂欢，异化文化传统"的特点。①"大众文化的兴起，在我们的精神生活获得感性丰富和暂时满足的同时，也导致了市场化、媚俗化、粗鄙化现象的产生。"② 这些事实表明，在与大众文化共处、竞争之中非物质文化遗产显得有些不合时宜、不符合现代人的文化追求，所以遭遇到了社会需求量变小、受众群体走向萎缩的问题。在广东海陆丰地区逢年过节都有白字戏、正字戏、西秦戏、皮影戏等的表演，但是这些表演却遭遇了通常只有祭祀的神"看"的境况，欣赏的观众变得越来越少；中山咸水歌也同样面临着观众缺失的问题："现在爱听、爱唱咸水歌的全是60岁以上的老人。年轻一代基本绝缘，甚至还嘲笑'老土'。"③

人的需要是非物质文化遗产传承和发展的重要驱动力。然而在社会主义初级阶段中，我国生产力不平衡、不充分的发展现状，导致了人的需要存在明显物质化的偏向。这表明非物质文化遗产与当前人的需要存在明显的不适应性的特点，面临不受重视、竞争力不强、社会需求不足、受众群体萎缩等损耗传承和发展驱动力的问题。这是当今非物质文化遗产的传承和发展不得不面对和需要化解的重要挑战。

三、受信息技术广泛应用的冲击

当前信息技术已经成为推动社会各领域发展的关键力量。这对于非物质文化遗产的传承和发展而言是一把"双刃剑"，它除了对拓宽非物质文化遗产的传播渠道，对非物质文化遗产进行数字化保存，对推进非物质文化遗产的产业化等产生积极意义之外，更是对非物质文化遗产传承和发展的人本性产生了冲击。在此"人本性"指的是非物质文化遗产的传承和发展要以人的功能发挥为依托的根本属性。

（一）人作为直接交往媒介的功能受到冲击

在传统社会里，非物质文化遗产传承和发展主要依靠"口耳相传""心

---

① 司忠业，陈荣武. 自媒体时代与青年文化"快消"现象［J］. 当代青年研究，2012（5）：11 - 15.

② 庞立生. 精神生活的现代处境及其文化自觉［N］. 光明日报，2015 - 10 - 12（07）.

③ 吴竞龙. 水上情歌——中山咸水歌［M］. 广州：广东教育出版社，2008：155.

传口授""言传身教"等方式进行的，它的有效开展特别需要人作为直接交往媒介而进行面对面的传授、交流和合作。传统社会的歌会、舞会、"私伙局"、技艺展示会等的兴旺发达就是人发挥直接交往媒介的功能而产生的结果。非物质文化遗产的传承和发展对人作为直接交往媒介的依赖，体现出它具有深厚的人本性。

然而，信息技术的广泛应用导致了人们在了解或者欣赏非物质文化遗产的过程更依赖于电视、广播、网络等新媒介，而不是像过去那样完全对人作为直接交往媒介的依赖。我们从广西壮族民歌歌圩的衰落就可以看到，人作为非物质文化遗产传承和发展的直接交往媒介的功能受到了强烈的冲击。

壮族歌圩是壮民因歌而聚，直接交往的结果。在传统社会里，广西壮族人民形成了在特定时间、地点里举行节庆性聚会唱歌的习俗。广西壮族人民因相聚唱民歌而形成歌圩，同时民歌又因歌圩而代代相传发扬光大，民歌与歌圩的发展相辅相成、相得益彰。随着信息技术的广泛应用，电视、网络、广播、智能手机等新媒介使人们的交往方式呈现多样化，壮族群众因歌而聚的歌圩活动数量在减少，规模也在缩小。有学者指出，在现代社会壮民引进了电视机、影碟机，卡拉 OK 等信息技术产品，"他们不会再到山上相望相呼排遣寂寞，更少到歌圩上对歌从中寻找娱乐。他们具有的唱山歌的生理基础和爱唱山歌的生活习惯慢慢地消失了，从而影响了歌圩的规模"①。与歌圩衰落相随的是，传承民歌生存境遇明显恶化。根据吴晓山考察的结果，"在经济较为发达的壮族地区几乎已无民歌的踪迹"，"即使能听到的也是寥寥无几的壮族老人在树荫下显得苍老而落寞的歌唱"②。在面对歌圩的衰落和民歌传承和发展的危机时，广西政府希望在传统歌圩的基础搭建出新平台，加强人作为传承和发展的直接媒介的作用。经过广西政府多年不懈的努力已经形成了颇具知名度的南宁民歌国际艺术节。尽管南宁民歌国际艺术节为广西民歌传承和发展构建了新的平台，但是在城市里、在国际元素中、在舞台上、在高科技下，传统民歌的人本性在某种程度上已经变味了。

"人本性"是非物质文化遗产传承和发展的最大特质。然而，信息技术

---

① 李萍. 壮族歌圩衰落的文化学透视 [J]. 广西右江民族师范高等专科学校学报，1999 (4)：15 - 19.

② 吴晓山. 壮族民歌的当下境遇——南宁国际民歌艺术节研究 [D]. 广西：广西师范大学，2007：15.

的广泛应用在克服人相互交往的时空障碍时，却冲击了人作为非物质文化遗产传承和发展的直接交往媒介的功能。这就意味着非物质文化遗产传承和发展的人本性受到了强烈冲击。

（二）人的部分器官功能被信息技术所取代

非物质文化遗产传承和发展的人本性受到冲击，还表现在它依赖的人的部分器官功能被信息技术所取代。

由于古代社会的技术落后，非物质文化遗产的传承和发展基本依靠人的器官功能来实现。刺绣要依靠人手一针一线地绣出来，陶瓷、泥人要依靠人手精细地捏和烧制出来，传统木版手工年画要依靠人手雕刻出来，戏曲音乐要依靠人各个器官协调地吹拉弹唱地合奏而来……所以，非物质文化遗产的传承和发展与人器官功能表达程度和水平有着密切的相关性。当人器官功能发挥到较高水平时，非物质文化遗产的传承和发展能够表现出较高水平；而当人的器官功能处于较低水平时，非物质文化遗产传承和发展的表现水平也会较差。非物质文化遗产的传承和发展对人器官功能的依赖，也使得它是充满着感情性和创造性的过程。这正是非物质文化遗产传承和发展以人为本的魅力的一种体现。

随着信息技术广泛应用，很多技艺或者技巧变得可复制和可机械化展现。换而言之，在一些非物质文化遗产项目的传承和发展中人的部分器官功能已经被复制出来并且转化成为标准化的机械化生产。这带来的直接后果是，人部分器官功能价值的降低，甚至完全被机械所取代。我们从以下三个具体的例子就可以获得一定的证明：一是年画制作的机械化。长期以来，我国年画都是手工制作的。但是到了清代晚期，石版印刷技术从西方传到中国，并且在1925年天津石印局把杨柳青年画改成石印。机器印刷年画也因速度快、成本低、稳定性好的优势冲击着传统的手工年画。[①] 二是音响技术在皮影戏表演的应用。在广东省海陆丰地区流传着古老的皮影戏。皮影戏是一门综合性的艺术，其中包括皮影人物的舞台表演、人物配音、伴唱、伴奏等等艺术形式。过去皮影戏的人物配音、伴唱、伴奏都是由乐队即时吟诵、演唱和演奏的。然而，随着音响技术的发展以及对降低成本的要求，皮影戏乐队已经被现代音响设备取代了，戏中的人物配音、伴唱、伴奏等由已经录制

---

① 郭云杰. 印刷工艺视野下的中国年画变迁 ［D］. 长沙：湖南师范大学，2006：28.

好的光盘通过音响设备来播送。三是刺绣业的机械化和产业化。据悉，近几年来我国新疆哈密少数民族的刺绣业已从人们用手一针一线开展的零星手工加工业，转向了机械化、产业化的发展。①

在非物质文化遗产传承和发展的过程中，信息技术已经对人部分器官功能进行了取代，产生了降低人本性的后果。首先，过去不少非物质文化遗产成果是由人们亲身精心创造的，而到现在却是由机械生产或者演绎的，所以非物质文化遗产传承和发展人的感情色彩被弱化了；其次，非物质文化遗产的传承和发展具有走向标准化、程序化的趋势，所以人的创造性被削弱了；再次，本来由人完成的技艺或者技巧而由机械技术取代，这容易影响非物质文化遗产成果的质量以及降低其价值；最后，传承人的地位和作用会受到机械的冲击，越来越多的人更不愿意投身到非物质文化遗产传承和发展的事业之中。因此，信息化技术对人部分器官功能的取代对非物质文化遗产传承和发展的人本性已经产生了显而易见的冲击。

在工业化、技术革命的推动之下，信息技术已经成为现代社会发展的核心作用力。它在社会生活中的广泛应用使"人"作为非物质文化遗产传承和发展的直接媒介以及主体力量的作用被明显削弱。这蕴含着一个重大挑战：非物质文化遗产传承和发展的根本特质——人本性受到了重大冲击。

四、受保护措施不完善的冲击

精神生产是社会生产的重要方面，促进其发展需要国家制定相应政策和措施作为保障。针对非物质文化遗产传承和发展中存在的问题，我国各级政府以及相关部门制定和落实了一系列政策和措施，其中包括建立国家、省、市、县"四级"项目名录制度和代表性传承人名录制度、制定非物质文化遗产相关法律和法规等。这些措施为推动非物质文化遗产的传承和发展提供了有力保障。

然而，人的认识和能力具有局限性。我国制定的保护措施存在一定的不完善之处，同时人们在落实保护措施过程中又产生了一定的偏差。这两大因素的共同作用，削弱了非物质文化遗产传承和发展的保障力量。

---

① 李旭光，廖学明，杨文娟. 新疆哈密少数民族刺绣业从零星手工加工向、机械化产业化进军［EB/OL］. 新华网，2014 - 12 - 12.

促进非物质文化遗产传承和发展措施的不完善之处颇多。在此，笔者选取非物质文化遗产项目名录制度和代表性传承人名录制度的不完善而削弱保障力的事实加以说明。

（一）非物质文化遗产项目名录制度不完善而削弱保障力量

从 2003 年到 2005 年，我国政府经过多方面的努力建立起国家、省、市、县四个级别的非物质文化遗产项目名录制度，并先后于 2006 年、2008 年、2011 年、2014 年公布了四批国家级非物质文化遗产项目名录。目前我国已经形成了金字塔式的非物质文化遗产项目名录体系，认定国家级非物质文化遗产项目共 1525 项，认定省、市、县三级非物质文化遗产项目将近 10 万项。

根据世界经验以及我国基本国情，建立起非物质文化遗产项目名录制度是十分必要的，它有利于促进非物质文化遗产传承和发展工作的针对性、规范性和科学性。

从具体实践效果来看，非物质文化遗产项目名录制度在起着积极作用的同时，也带来了削弱保障力的负面效应。首先，项目申报基本由政府包办，缺少民众参与。非物质文化遗产是民间文化、乡土文化，它所属的主体是广大民众。在非物质文化遗产项目申报中，政府基本扮演了包办的角色，而作为主体的广大民众却是缺少参与度和话语权。正如姚伟钧和王胜鹏指出的，我国非物质文化遗产项目申报"长期以来缺乏社会的积极参与，长期由官方包揽"[①]。这会明显减弱民众在非物质文化遗产传承和发展的积极性。其次，引发了地方政府之间"抢文化""抢归属地"的问题。非物质文化遗产项目主要是以属地原则申报。非物质文化遗产的传承和发展具有明显的地域特征，以属地原则进行申报具有合理性，然而非物质文化遗产的传承和发展又具有开放性和交往性，它存在于不同的行政区域也是很普遍的，所以按属地原则申报也具有不合理性。当非物质文化遗产变成社会发展的重要资源以及促进非物质文化遗产的传承和发展变成政府绩效考核的重要维度时，非物质文化遗产的属地之争时有发生。河南、山东、山西、陕西等地曾为牛郎织女传说的起源地而展开争论；而深圳和佛山两地也曾为哪里是"香云纱技艺"归属地而展开激烈争论……，给非物质文化遗产的传承和发展带来了很大伤

---

① 姚伟钧，王胜鹏. 完善中国非物质文化遗产名录的思考［J］. 浙江学刊，2013（3）：35－41.

害。最后，引发了非物质文化遗产价值绝对化和非物质文化遗产生存境遇的两极分化问题。非物质文化遗产名录带有官方和学者的权威。这造成人们通常把"是否入选名录""入选名录级别高低"作为评价非物质文化遗产价值大小的绝对标准。非物质文化遗产能否入选名录、入选名录级别高低，决定其传承和发展能否获得政府的支持以及支持力度的大小。一些非物质文化遗产项目入选名录后，得到各级政府的大力支持，生存境遇明显改善，而没有入选名录的项目则通常无人问津。而级别较高的非物质文化遗产项目比级变较低的项目能获得更多政府支持，生存境遇也相对较好。正如在广东入选国家级名录的白字戏、正字戏、花朝戏要比入选省级名录的贵儿戏的生存境况要好得多。非物质文化遗产名录对项目的筛选，带来了非物质文化遗产项目之间的竞争、分层与淘汰。这明显伤害到了促进非物质文化遗产传承和发展的根本目的——维护文化多样性。

（二）代表性传承人名录制度不完善而削弱保障力量

与非物质文化遗产项目名录制度相配套的还有代表性传承人名录制度。我国已经形成了国家、省、市、县"四级"代表性传承人名录制度。从2006年以来，我国已先后认定了四批总共1986名国家级代表性传承人。代表性传承人名录制度作为非物质文化遗产保护措施的重要组成部分，对肯定传承人的地位和作用以及强化他们在传承和发展中的责任有着十分重要的意义。

然而，在具体实践操作中代表性传承人名录制度也带来不少矛盾。首先，引发同一个项目传承人之间的矛盾。由于能否被确定为代表性传承人身份，不仅关系到名望，而且直接关系到经济收入，所以同一个项目的传承人之间也会为"谁才是真正传承人"的问题而展开争论。在这方面影响比较大的案例是，2010年前后山西新绛木版年画蔺永茂和郭全生之间发生的"真正传承人"之争。他们两位原本是好朋友，并且曾共同约定要振兴新绛木版年画，但是两人在申报非物质文化遗产项目时，为了争夺利益而反目成仇，甚至为争论"谁是真正传承人"的问题而对簿公堂。其次，民间艺人与代表性传承人之间的矛盾。一直以来，非物质文化遗产是自然传承和发展的，不少民间艺人都做出过不小贡献。然而，能够成为代表性传承人的名额始终是有限的；同时，评选的规则一般是由地方政府根据先前的信息和资料指定某个人去申报，而不是由群众或民间艺人去推举；还有一些传承人因为具有行政职务而被优先考虑，所以选出来的代表性传承人存在不被信服或者被排斥的问题。据了解，在广东省吴川泥塑项目中，有两位传承人主要是因为担任行政职务而入选省级代表性传承人名录的，所以当地一些民间泥塑艺人对他们获得的身份并不认可，甚至心存不满。① 最后，不同级别代表性传承人之间的矛盾。不同级别的代表性传承人，不仅在身份、地位上存在较大差别，而且在获得政府补助、文化收益等方面也存在明显差异。国家级的代表性传承人通常还具有省市县各级代表性传承人的身份，能够获得多个级别的政府补助。同时，较高级别的代表性传承人在市场上更容易获得社会资本和经济利益，甚至出现对资源的垄断。这就会造成高低级别代表性传承人生存和发展状况的两极分化，从而引发了对促进非物质文化遗产传承和发展思想的不统一、行动不协调等问题。事实表明，非物质文化遗产代表性传承人制度存在不完善性以及具体实践存在偏差性的问题。这减弱着非物质文化遗产传承和发展应有的保障力。

在严峻形势之下，国家和政府制度通过制定相关保护措施来保障非物质文化遗产传承和发展的初衷是值得肯定的。但是，从非物质文化遗产项目名录制度和代表性传承人制度的实践和效果可以看出，相关的措施的确存在不完善之处，同时在落实过程中也存在一定的偏差。这就降低了非物质文化遗产传承和发展的保障力。如何确保措施完善和实施不偏差呢？这是促进非物质文化遗产传承和发展的又一重大问题。

第三节 非物质文化遗产传承和发展受自身问题与特性的制约

唯物辩证法表明，精神生产发展在受到环境影响、社会力量作用的同时，还受到自身相对独立性的影响。非物质文化遗产的传承和发展作为精神生产的重要形式，它受到自身问题和特性的制约。这些问题和特性包括：传承人断层与减少、向现实生产力转化的特殊性、对人全面发展价值的潜藏性、对社会发展可能产生负面效应等。

① 刘晓春. 非物质文化遗产传承人的若干理论与实践问题［J］. 思想战线，2012（6）：53-60.

一、受传承人断层与减少的制约

马克思指明，人是实践主体，人的类本质表现为自由自觉性。所以人是精神生产的主体力量，人在精神生产过程中把自身的精神素养和生产力创造性地表现出来。非物质文化遗产可划分为意识形态性和非意识形态两大类型，具有群体、家庭、个人三大传承和发展方式。然而，无论是哪种类型、哪种形式，人始终扮演着实践主体的角色。

在非物质文化遗产的传承和发展中，人的主体力量集中体现在传承人发挥着举足轻重的作用之中。乌丙安认为，非物质文化遗产是以人为核心载体的，传承人"承载着非物质文化遗产的薪火，失去了传承与传承者，非物质文化遗产就不存在"①。因此，传承人是非物质文化遗产传承和发展的生命线和守护神。当一个杰出传承人的诞生，可能给某项非物质文化遗产产生继往开来的作用。这正如吕文成之于广东音乐，刘三姐之于广西壮族民歌、马师曾、红线女之于粤剧，黄琛之于汕尾渔歌。相反，当一个杰出传承人的逝世，可能给某项非物质文化遗产造成衰落甚至是消亡的严重后果。北京"聚元号"弓箭第九代传承人杨文通由于较早逝世而使得"三个绝活"失传，这就直接导致该项目走向衰退②；更为严重的事件是，2014年国家级非物质文化遗产项目"太原莲花落"的唯一传承人——曹强突然离世，使该项非物质文化遗产基本走向了消亡。③ 当前我国非物质文化遗产的传承和发展正面临着传承人断层与减少的挑战。

（一）非物质文化遗产在青少年群体传承受到制约，面临后继乏人的困境

在传统社会里，非物质文化遗产的传承和发展与人们的生产生活紧密相连，不少青少年能在生产生活中自然地接触或者习得某些非物质文化遗产技艺；同时由于当时经济条件相对较差，为了谋生计，一些家庭也乐于支持青少年学习某些非物质文化遗产技艺。这些有利条件使大多数非物质文化遗产

① 这是乌丙安在第一批国家级非物质文化遗产项目代表性传承人推荐名单正式公示时接受记者采访的讲话。参见：徐涟．传承人：非物质文化遗产的守护神［N］．中国文化报，2007－06－06（01）．
② 刘锡诚．非物质文化遗产：理论与实践［M］．北京：学苑出版社，2009：141.
③ 孙轶琼．别让一个人带走一个非遗项目［N］．山西晚报，2014－2－28（05）．

项目的传承和发展并不存在明显的传承人危机。

然而，现代社会却存在诸多制约青少年参与非物质文化遗产传承和发展的因素。一是青少年要承担着巨大升学压力，接触和学习非物质文化遗产的时间、精力等条件受到制约；二是大多数非物质文化遗产的传承和发展已经远离了青少年的学习生活，青少年能够接触和学习的机会和途径受到明显制约；三是非物质文化遗产传承人的收入、社会地位等方面与大多数青少年或者家长期望的白领收入、都市生活、社会精英存在鸿沟，家长们支持青少年了解、学习非物质文化遗产的可能性受到制约；四是学习非物质文化遗产的技巧所需时间较长，还需要吃苦耐劳，这是不少青少年以及其家长不愿意承受的原因之一。

以上诸多不利因素交织在一起，使得青少年接触、了解和学习非物质文化遗产的机会性和可能性都大大降低，非物质文化遗产的传承和发展也就面临着后继无人的困局。广州灰塑艺术项目的传承人邵成村就指出了这一问题的严重性：他每年都会招收六七个新人作为传承人培育，但是经过 3 年学习之后，能留下一个已经很不错。他无奈地感叹，找徒弟很难，真正愿意沉下心来从事灰塑制作的年轻人不多。

（二）非物质文化遗产传承人老龄化严重，数量在不断减少

传承人老龄化在削弱非物质文化遗产传承和发展的主体力量。联合国对人口老龄化界定的标准是：一个国家或地区 60 岁以上老年人口数占总人口数的 10%，或 65 岁以上老年人口数占总人口数的 7%。在 2016 年，我国 60 岁及以上的老年人口规模已达到 2.3086 亿人，占人口总量的 16.7%，已表现出明显的老龄化。[1] 但是，比这更明显的是非物质文化遗产传承人的老龄化。笔者从第四批国家级非物质文化遗产项目代表性传承人（总共 498 名）在 2017 年的年龄状况，就能够深刻体会到非物质文化遗产传承人老龄化的严重性。[2] 为了能够直观、总体地了解他们的年龄状况，笔者制作出以下表格：

---

① 国家统计局.2016 年国民经济和社会发展统计公报［EB/OL］.国家统计局网，2017 – 02 – 28.

② 2012 年文化部下发了《关于公布第四批国家级非物质文化遗产项目代表性传承人的通知》，确定了 498 名传承人。文中关于传承人的年岁数据样本，是根据通知所公布传承人出生年份统计而来的。

非物质文化遗产传承人年龄段统计表

年龄段（岁）	<40	40—49	50—59	60—69	70—79	80—89	90—99	≥100	平均年龄
人数（人）	3	23	96	120	159	92	6	0	68.56岁
所占比例	0.6%	4.6%	19.3%	24%	31.9%	18.4%	1.2%	/	/

　　通过对统计数据的分析发现：在 498 位传承人中，平均年龄高达 68.56 岁；年纪最小的是出生于 1979 年 10 月的安徽省黄山市屯溪区珠算传承人王素秋，现在已经 38 岁；年纪最大的是出生于 1923 年 10 月的安徽省亳州市华佗五禽戏传承人董文焕，现在已经 94 岁；70 到 79 岁年龄段的人数最多，达到 159 人，占比例为 31.9%；而 60 岁以上所占的比例更是高达 75.5%。这些数据清晰地表明了非物质文化遗产传承人老龄化的严重性。这带来的严重后果是，每年有不少的传承人在逝去，数量不断减少。据资料显示，截止到 2016 年我国认定四批共 1986 名国家级非遗传承人中，已有 295 人去世。①

　　当前我国已经明显地出现了非物质文化遗产传承人断层和日益减少的状况。这就意味着非物质文化遗产传承和发展本身的新陈代谢能力在下降，一些非物质文化遗产项目正面临着衰落甚至是消亡的危险。

二、受向现实生产力转化特殊性的制约

　　生产力构成人类全部历史发展的基础，它包含有物质生产力和精神生产力两种形式。马克思在《1857—1858 年经济学手稿》的著作中对物质生产力和精神生产力这两个概念进行了明确的划分和使用，其中将精神生产力的内涵定义为：人类创造精神产品和创造精神价值的实际能力。

　　非物质文化遗产的传承和发展体现出人类创造精神产品和创造精神价值过程的特点，具有明显精神生产力的特性。但是，与其他形式生产力相比较，非物质文化遗产向现实生产力转化又具有明显的特殊性。

　　第一，它具有明显的时空交错性。我们今天所指的非物质文化遗产是由古代人民创造和传承而来的，起初是为了满足当时人们生产和生活的需要，

---

① 文化部.国家级非物质文化遗产传承人传习活动补助提高至每人每年 2 万元［EB/OL］.中国政府网，2016 - 06 - 30.

体现出古代社会生产力的发展要求。但是，非物质文化遗产的传承和发展到了当代社会，它转化为生产力而服务和满足的对象不再是原先时代的创造者、使用者，而是相隔几百年甚至是上千年之后的子孙后代。这种历史环境和满足对象的变迁，使得非物质文化遗产在转化为现实生产力的过程中，需要架起一座由古代通往现代的桥梁，需要将古代文化载体与现代人的精神需求实现有机地融合。

第二，它体现出明显的弱势性。非物质文化遗产的传承和发展并不是社会核心生产力，它的进展比较缓慢，并且影响力度相对较小，不容易被人们在社会发展中高度重视。所以，非物质文化遗产的传承和发展不可能像科技发明那样，能以"加法"甚至是"乘法"的加速率推动社会整体生产力的向前发展。而与类似于大众文化等一般形态的精神生产相比较，非物质文化遗产的传承和发展又存在受众群体较小、接受程度较低、形式较为传统、吸引力不足等问题，它向现实生产力转化的作用也依然显得比较弱势。

第三，它走向产业化的传承和发展路径存在明显的争议性和复杂性。在社会主义市场经济体制中，衡量一种生产形式具有生产力大小的重要标准是它在产业化中创造价值的大小。然而，非物质文化遗产作为我们祖先创造的文化遗存，是否应该走产业化道路呢？这一直是充满争议性的话题，最典型的表现是学术界长期存在促进非物质文化遗产的传承和发展中应该采用"原生态路线"还是"产业开发路线"的争辩。一些非物质文化遗产项目在各种争议声中走上了产业化的道路，那么应该如何确保其能达到多方共赢的追求呢？例如如何确保其既能保持传统根脉和文化公益性，又能兼顾创新发展和文化利润；如何确保其既能维护传承人的利益，又能实现企业利益等。这些都是相当复杂的问题。所以众多问题的出现和悬而未解的现状表明，非物质文化遗产转化为现实生产力充满着争议性和复杂性。

第四，它所依赖的主体力量薄弱。人是生产力最活跃的要素，是主体力量。正如科学技术作为第一生产力，其始终离不开广大科学技术人才的强力推动。前文已论述到，传承人是非物质文化遗产传承和发展的主体力量，他们是将非物质文化遗产转化为生产力的主要推动者。但是，我国传承人却面临着严重的断层和减少危机；同时大部分传承人也只是把非物质文化遗产的传承和发展作为谋生的副业，所以它的主体力量是十分薄弱的。在这种情况下，非物质文化遗产转化为生产力的核心力量存在明显的缺失，转化过程也就会受到明显的制约。

　　我国现阶段发展的根本任务是解放生产力和发展生产力，对生产力的高效率、高速度发展有着至关重要的追求。所以，非物质文化遗产向现实生产力转化存在的特殊性决定了，它的传承和发展体现出来的影响力与当前我国生产力发展的价值追求存在较大差距。这就意味着促进非物质文化遗产传承和发展的难度以及不被重视的程度都有可能增加。如何化解这些问题以及其带来的风险呢？这是非物质文化遗产传承和发展中必须要面对的重大挑战。

三、受对人全面发展价值潜藏性的制约

　　人既有物质发展需要，也有精神发展需要。精神生产对于促进人的全面发展具有举足轻重的作用。然而，精神生产最突出的特征是具有观念性和创造性。它的生产过程是主体对客体的观念性加工和创造性发展；它的生产结果是观念形态的产品最终形成；它的消费实质就是人们吸收、享用和消化精神生产所形成的观念性成果，是最深层次的价值再生产过程。因此，精神生产的特性决定了它对促进人的全面发展的作用是潜藏性的，即它的价值衡量难以定量化，它的作用力的表达通常是比较缓慢、温和、间接的。

　　非物质文化遗产的传承和发展具有精神生产一般特征，它在促进人全面发展的过程中也表现出明显的潜藏性。

　　一方面，它为促进人全面发展提供的物质价值具有潜藏性。非物质文化遗产的传承和发展能产生经济价值。但是，这种经济价值并不是显性的，而是需要经过深入挖掘，甚至是多途径、多层次、多环节转化才能实现的。比如，要实现民间文学、民间传说的经济价值，需要再加工、再创作多个环节，把它们转化为书籍、电视、电影、动漫游戏、舞台表演等间接的形式。当到形成最终产品这一环节时，非物质文化遗产生成物质价值的作用就有可能被完全掩盖住了。

　　另一方面，它为促进人的全面发展提供的精神价值具有潜藏性。非物质文化遗产的传承和发展具有满足人的精神文化需要的主体价值，但是要比较明确地衡量这方面的价值却显得艰难。首先，它涉及主体的直接精神体验，很难进行定量化。非物质文化遗产的传承和发展不能像物质生产哪样，可以简单地用货币去衡量。例如，客家山歌的传承和发展具有增强客家族群认同感、荣誉感、尊严感的人文价值。但是，这些感受怎样去衡量呢？用简单直

接地用货币去衡量显然是困难和不合适的。主体价值观又存在明显的差异性，这也使得衡量标准很难做到统一。其次，它作用力的表达方式通常是和风细雨、潜移默化、"润物细无声"的。非物质文化遗产的传承和发展所形成的社会作用力属于文化软实力的一种形态，它主要依靠自身所附带的吸引力而产生对人的影响作用。所以，它对人产生的影响力，不是像经济、科技等硬实力那样直接、强烈和明显，而是和风细雨般地持续养成的过程。最后，它主要作用于人的精神思想之中，这通常需要较长时间才能发挥和显示出相应的作用。由于非物质文化遗产传承和发展的作用方式是潜移默化的，同时人的精神思想变化总体是一个持久而稳定的过程，非物质文化遗产的传承和发展要发挥社会作用必然需要经历长久的过程。例如，实施非物质文化遗产教育对提高人的审美观具有很高的价值，但是它对提升人审美观的影响并不是一朝一夕就可以见到成效的，而是需要人们长期坚持对非物质文化遗产相关内容的学习、理解和吸收。

当今社会人们对价值的思维方式表现出明显的工具理性。在衡量方法上，注重运用抽象还原、定量计算的标准化逻辑；在判断标准上，以效率为先，突出实用主义，缺乏对人生终极价值的关心和考虑；在目标追求上，经济发展至上，重视物质利益，轻视人文价值。对照以上人们对价值评判的思维方式，非物质文化遗产很难符合条件和达到要求。人的行为取向是以价值作为核心标准的。当人们从现实的价值标准出发，而没有动力去挖掘或者重视非物质文化遗产潜在的价值时，那么非物质文化遗产就容易遭遇被抛弃、破坏、践踏的厄运。所以在现代价值评判标准的影响下，非物质文化遗产的传承和发展必然要面对自身价值在促进人的全面发展的过程中可能被忽视和遮蔽所带来的挑战。

四、受对社会发展可能产生负面效应的制约

精神生产具有明显的历史性，特定的精神生产是特定历史现实的反映。从古代社会世代相传而来的精神生产成果必然带有古代社会现实留下的某些陈旧、落后的痕迹。张岱年就批判传统文化在现代社会存在"尊官贵长、因

循守旧、家庭本位、悠闲散漫习惯"等陈旧传统。① 对于非物质文化遗产而言，它正经历着现代社会的洗礼，但是由于历史局限性而带有难以消除的落后痕迹，可能会对社会发展产生负面效应。

非物质文化遗产的传承和发展的内容会存在一定的落后性。这突出地表现在意识形态类型的非物质文化遗产项目之中。一是带有迷信的内容。在古代中国社会，由于人的认识能力有限，理性思维不足，并且受到统治阶级愚昧百姓措施的影响，整个社会明显存在敬神信鬼的风气。在这种社会氛围之下，不少非物质文化遗产项目变成了敬神信鬼的一种工具。例如，起源于满族的萨满祭祀仪式，包含祭神和祭祖的内容，它通过歌舞表演以追求请神降福的目的；起源于明朝时期的广东省东莞市非物质文化遗产项目"喊惊"就更具有浓烈的迷信色彩，其"喊惊"实则为"招魂"，即孩子遇到受惊吓或者精神不振、寝食难安、久病不好时，一些家长带着祭神的物品到门前村口或者路边为孩子喊一喊，以此达到驱散各种病魔，保佑小孩平安健康的目的。二是存在一些庸俗和低俗的内容。非物质文化遗产属于草根文化，它的内容来源于农村或市井之间，反映的题材少不了阶级斗争、情情爱爱、婆媳矛盾、吃、喝、嫖、赌等。这就容易导致了一些非物质文化遗产项目体现出庸俗和低俗的内容。有文章对赣南采茶戏的内容进行了批判，认为它的一些传统剧目过多地反映男欢女爱、吃喝嫖赌的社会内容，而表演状态还停留在中华人民共和国成立之前的"台词庸俗，表演低俗"阶段。② 显然，一些非物质文化遗产项目的内容确实存在一定的落后性，而它有可能将这些落后性传递给受众群体，引发社会出现封建迷信、低级趣味等负面效应。

当前我国文化发展的总体特点和趋势表现为：一是普遍采用"糟粕和精华"的绝对两分法对文化进行评价；二是发展先进文化是中国特色社会主义文化建设的重要内容和追求；三是人们的文化选择和消费更看重文化的外在形式。显然，非物质文化遗产传承和发展的内容存在的落后性与当前我国文化发展的总体趋势具有对立性。在这种背景下，某些非物质文化遗产的传承和发展就变得富有矛盾性、争议性，很容易被绝对地贴上"落后""糟粕"

---

① 张岱年. 中国文化的回顾与前瞻 [M] //钟敬文，何兹全. 东西方文化研究创刊号. 郑州：河南人民出版社，1986：18 – 30.
② 肖美娜. 以 5W 模式解读赣南采茶戏的现状与发展 [J]. 南宁职业技术学院学报，2016（4）：98.

的标签，从而引发被轻视、被排斥、被打击，甚至是全盘否定等不良后果。刘锡诚指出，一些民间文化由于具有蒙昧的因素而划归了"先进文化"的对立面，造成了生存境况的恶化①；而东莞"喊惊"习俗入选东莞市级非物质文化遗产引发出民众的广泛争论，官方也主张不大力宣传和推广。因此，在促进非物质文化遗产传承和发展的过程中，人们必须正确面对和处理好非物质文化遗产的传承和发展可能会对社会发展产生负面效应的问题。

小　结

精神生产发展归根到底取决于社会现实发展的需要和提供的条件。非物质文化遗产从古代传承和发展到当代，并且依然保持一定的生命力就足于证明其具有与社会现实发展相适应的能力。然而，现代化浪潮使社会发生迅猛而剧烈的变迁，非物质文化遗产的传承和发展与现实相适应的能力正面临诸多挑战，它的生命力正在急剧下降。

非物质文化遗产的传承和发展受到环境变迁的挑战。特定自然环境和社会环境是非物质文化遗产传承和发展的重要依托。在古代社会，人开发自然的能力有限，对自然依赖性比较高，自然资源充足，生态环境良好。这为非物质文化遗产的传承和发展提供了优良的自然环境基础。同时，受自然障碍较多、交通工具简陋以及商品经济不发达等因素的制约，人与人之间的跨地域交往受到限制，非物质文化遗产依赖于宗族关系在相对封闭社会环境中传承和发展。进入了现代社会，非物质文化遗产传承和发展的原生环境逐渐被瓦解了。在全球化、工业化、城镇化和信息化等的影响之下，人类认识自然和改造自然的能力大大提升，相对封闭的自然环境日益开放，良好的自然环境被开发和破坏，非物质文化遗产传承和发展依赖的自然环境基础走向了退化。与此同时，人类走向普遍的世界交往之中，生产生活变得同质化，自然村落被破坏，宗族关系被淡化，非物质文化遗产传承和发展依赖的社会环境基础被完全动摇了。如何适应自然环境和社会环境的重大变迁呢？这是当代

---

① 刘锡诚. 非物质文化遗产的文化性质问题［J］. 西北民族研究，2005（1）：130 – 139，186.

非物质文化遗产的传承和发展必须面对的重大课题。

非物质文化遗产的传承和发展受社会作用力变化的冲击。一是受经济基础变革的冲击。非物质文化遗产传承和发展的原生经济基础是自给自足的自然经济。但是，从近代开始我国的自然经济就开始走向了解体；改革开放以后，我国逐步建立起了社会主义市场经济体制，充分的商品经济全面形成。所以，非物质文化遗产传承和发展的原有经济根基被动摇。二是受人的精神需要变化的冲击。在传统社会里，非物质文化遗产的传承和发展与人精神需要有很强的契合性。但是，现代人的精神需要走向复杂化，特别是体现出明显的物质化偏向。非物质文化遗产传承和发展与人的精神需要表现出明显的鸿沟，所以非物质文化遗产面临被忽视或被片面发展的危险不断增加。三是受信息技术广泛应用的冲击。在现代社会里，信息化已经是客观历史事实。在这种背景下，人作为非物质文化遗产传承和发展的直接媒介的作用被网络、电视、电脑、音响等数字媒体的冲击而不断下降。同时，不少非物质文化遗产项目也以机械化生产取代了人的器官生产的作用。所以，非物质文化遗产传承和发展的人本性受到了冲击。四是受保护措施不完善的冲击。面对非物质文化遗产传承和发展能力变弱的情况，我国制定了一系列的保护措施。尽管它们是推动非物质文化遗产传承和发展的重要力量，但是它们又存在不完善以及落实偏差的问题。这些问题产生了不少负面效应。如何化解这些问题以及产生的负面效应呢？这是非物质文化遗产传承和发展过程中必须面对和解决的又一重大问题。

非物质文化遗产的传承和发展受自身问题和特性的制约。一是受主体力量走向衰弱问题的制约。传承人是非物质文化遗产传承和发展的主体力量，他们的生存发展状况决定了非物质文化遗产新陈代谢的能力。在传统社会里，非物质文化遗产与人们的生产生活紧密整合，并且有不少人乐意参与到传承和发展的实践行动中，主体力量比较充足。但是基于现实各种原因，现在很少有青年人愿意成为非物质文化遗产的传承人；同时，现有的传承人又明显进入老龄化阶段，每年都有不少传承人逝世。所以，非物质文化遗产的传承和发展不得不面对传承人断层和减少的危机。二是受自身特性的制约。每种事物都有自身个性特征，就犹如每个人有自己的性格特点。当这些个性特征能够适应时代的步伐时，就有可能促进事物的发展；当这些特征未能够与时代相同步时，就有可能制约事物的发展。非物质文化遗产是由古人创造的以潜移默化方式作用于社会的小众文化。这决定了非物质文化遗产的传承和发展表现出向现实生产力转化的特殊性、对人全面发展价值的潜藏性、对社会发展可能产生负面效应的三大特性。由于现代人价值取向呈现强烈的功利性，价值追求表现出明显的短视性，价值标准体现为"精华与糟粕"的两元对立性。这三大特性可能会导致人们忽视非物质文化遗产传承和发展的应有价值，甚至产生了损害非物质文化遗产传承和发展的极端后果。这实质制约了非物质文化遗产生命力的延续和发展壮大。

在国家对精神文明建设越来越重视的中国特色社会主义新时代，非物质文化遗产作为民族文化根脉以及作为文化自信载体的价值地位变得越来越突出。然而，非物质文化遗产的传承和发展又不得不面临新时代急剧变迁带来的诸多重大挑战。所以，有效地化解非物质文化遗产传承和发展面对的挑战，以期保持甚至是增强非物质文化遗产的生命力应该成为新时代社会发展的重要任务。

第六章

遵循精神生产规律：促进非物质文化遗产传承和发展的路径

非物质文化遗产是由我们祖先创造，并且代代相传至今的宝贵财富。但是，它们在当代社会里却处于传承和发展的困境之中，遭遇到了濒危的风险。德国诗人荷尔德林说过："哪里有危险，哪里就应该有拯救的力量。"周恩来总理指出："历史的发展总是今胜于古，但是古代总有一些好东西值得继承。"① 非物质文化遗产的传承和发展处于困境的挣扎之中，然而它又具有人们难以舍弃、值得继承的东西。所以人们不能置之不顾，任由其自生自灭，而是要采取有效措施对其进行抢救和保护，以确保或者提升其生命力。

目前，我国关于促进非物质文化遗产传承和发展方法的探讨可谓是"仁者见仁，智者见智"，呈现出多元化的景象。这既与非物质文化遗产种类和项目繁多所产生的个性差异有关，又与人们对非物质文化遗产传承和发展规律的认识角度和认识深度不同有关，还与地方政府对促进非物质文化遗产传承和发展的目标追求存在差异有关。尽管关于方法的探讨存在多元性，但是从马克思主义精神生产理论出发寻求促进非物质文化遗产传承和发展的方法是必要的视角之一。

前文已论述到，非物质文化遗产实质是人类精神生产的重要成果，促进其传承和发展应该遵循精神生产的普遍规律。本书认为，遵循精神生产规律是促进非物质文化遗产传承和发展的重要法则。马克思主义精神生产理论指明了精神生产的规律性：首先，人类的精神生产是建立在特定的自然环境和社会环境之上的，体现出人利用自然和改造自然的基本过程；其次，精神生产具有生产力和生产关系的结构体系，具有生产主体、生产资料和生产对象的基本要素，具有生产、分配、交换和消费的过程环节，所以它是生产主体运用特定生产资料作用于生产对象而创造出生产成果以满足人们消费需要的

---

① 中共中央书记处研究室文化组. 党和国家领导人论文艺［M］. 北京：文化艺术出版社，1982：53.

过程；最后，精神生产与一般生产活动具有共性，但是在生产主体、生产资料、生产对象和生产成果等方面具有明显的个性。例如，精神生产成果的物质载体只是作为存在媒介而不是生产目的，它的价值目标是凝聚在物质载体中的思想和观念。这些个性表明了精神生产的相对独立性，这是人们开展精神生产必须要兼顾和考虑的问题。

"两个世纪快过去了，但马克思主义依然有着强大的生命力，依然对现实有着解释与指导力量。"① 从精神生产规律出发，促进非物质文化遗产的传承和发展要以保护和改善其依赖的自然环境和依托的社会环境为基础，要以优化其主体、客体、对象、媒介和平台等过程要素为中心，要以科学对待其独特性为条件。

第一节　保护和改善非物质文化遗产传承和发展的环境基础

精神生产是人认识世界和改造世界的实践形式之一，它不是孤立存在的组织系统，而是"自然—人—社会"各种因素共同作用和相互支撑的组织系统。"文化的发展是一个对环境适应的过程。"② 所以促进非物质文化遗产的传承和发展不能只局限于非物质文化遗产项目本身来思考，而是要从整体、系统出发，首先顾及和考虑环境因素的基础性影响，保护和改善自然生态环境和社会生态环境。

一、贯彻新时代生态文明建设新理念

自然生态环境是一切生产的基础。在非物质文化遗产传承和发展的过程中，自然生态环境是必备的客观条件，它起到提供活动场所、物质资源和内容素材的作用。任何非物质文化遗产项目在任何时期的传承和发展都与自然生态环境密切相关。在现代社会变迁中，由于我国自然生态环境受到明显冲

---

① 内蒙轩. 马克思靠谱 [M]. 北京：东方出版社，2017：3.
② [美] 朱利安·H. 斯图尔特. 文化生态学 [J]. 潘艳，陈洪波，译. 南方文物，
　2007 (2)：107.

击,遭遇的问题比较多、比较严重,所以在促进非物质文化遗产传承和发展的过程中要改善和保护其所依赖的自然环境。如何才能实现这样的目标?习近平强调:"环境就是民生,青山就是美丽,蓝天也是幸福,绿水青山就是金山银山;保护环境就是保护生产力,改善环境就是发展生产力。"① 进入中国特色社会主义新时代,我国强调生态文明建设的重要性,形成了"尊重自然、保护自然、顺应自然"的新理念。因此,保护和改善非物质文化遗产传承和发展的环境基础首先是要贯彻新时代生态文明建设新理念。具体可以采取以下方面措施:

(一)保护富有地方特色的自然生态环境是重点

中国幅员辽阔,不同地方的自然生态环境存在明显的差异性。而"一方山水孕育出一方非物质文化遗产",自然生态环境的地方特色,塑造出各地非物质文化遗产项目的特色。在广东,中部和西南部江河贯穿的环境孕育出富有水乡特色的非物质文化遗产项目;东北部山岭众多的环境孕育出富有大山气息的非物质文化遗产项目;而东部潮汕地区和西部雷州半岛临海的环境塑造出富有海洋气派的非物质文化遗产项目。所以,富有地方特色的自然生态环境是非物质文化遗产的特色根脉,要重点加以保护和改善。

第一,当地民众要强化保护特色自然生态环境的责任意识。当地民众是保护特色自然生态环境的重要主体。他们在哪里进行生产生活,每一个实践活动都可能影响自然生态环境的变化,而自然生态环境的每一种变化都可能影响非物质文化遗产的传承和发展。这就要要求当地民众要认识到其所处的特色自然生态环境既关系到非物质文化遗产的地方个性,也关系到人的地方个性;而当非物质文化遗产传承和发展依存的自然生态环境恶化时,非物质文化遗产的个性可能被淹没,以及人的个性也可能被消磨。要要求当地民众自觉地减少排放污染物,维护好河流、森林、海洋、土地等自然资源。例如,生活在大江大河边的民众,不能贪图方便直接把垃圾倒进江河之中;生活在山岭附近的民众不能对森林乱砍滥伐或者放火烧山;而生活在草原上的民众则要防止土地荒漠化等。而要实现这些目标,既要依靠提升个人的自觉性,更要依靠村民建立自治组织,实施有效的宣传、教育、监督和管理,要通过制定和实施村规村约实现对村民行为规范的约束。

---

① 习近平. 习近平谈治国理政:第2卷 [M]. 北京:外文出版社,2017:209.

第二，各级政府要增强保护非物质文化遗产传承和发展所依赖的特色自然生态环境的意识和行动。因为各级政府的行为具有权威性，有利于制定和落实各种保护措施；同时各级政府的行为具有统筹性，能集人力物力做好保护工作；还有我国自然环境恶化，与过去政府的发展理念存在偏差有着密切的相关性。所以，各级政府形成良好的保护意识和开展有效的行动就显得相当重要。

目前我国政府对保护特色自然生态环境已经表现出了一定的自觉性。例如，我国政府认识到建立文化生态保护区是保护富有地方特色自然生态环境的重要路径，在2007年建立起了第一个国家级文化生态保护区——闽南文化生态保护区。截止到2017年1月，总计建立了17个国家级文化生态保护区；与此同时，各省、市等地方政府也建立相应的文化生态保护区。这些文化生态保护区的规划和建设，体现出了较好的效果，为非物质文化遗产的传承和发展提供了良好的自然生态环境。

然而，保护非物质文化遗产传承和发展所依赖的特色自然生态环境任重而道远。我国政府仍需要从多个维度进行努力探索：一是要自觉改变过去片面重视经济发展的观念，加强生态文明建设，在尊重自然、顺应自然和保护自然的理念指导下发展经济；二是要加强对当地民众的环保教育，使人们减少对自然生态环境的污染；三是要规范企业的环保行业，加强企业生产污染治理；四是要恢复和增强当地自然生态环境的优美性与和谐性的建设；五是要总结文化生态保护区规划和建设的经验，将其进一步地完善并加以推广。

（二）适度开发和利用相关的自然资源是核心

非物质文化的遗产传承和发展特别是手工艺类项目的传承和发展对自然资源依赖性相当高，它们的生产技巧通常是要体现在对某种自然或者动物的物质材料加工之中。以玉雕、石雕、端砚、陶瓷等生产技艺为例，它们的传承和发展需要体现在对玉器、石器、泥土等自然材料的选择、制作和加工之中。然而，这些相关材料往往是有限的、稀缺的或者不可再生的。因而当这些自然材料一旦消耗殆尽时，与之相关的非物质文化遗产的传承和发展就失去了基本的物质载体，从而导致传承和发展无以为继，最终变成博物馆的收藏品，变成历史的记忆。所以，人们在促进非物质文化遗产传承和发展的过程中要重视自然资源的基础性作用，采取适度开发和利用的措施，努力确保非物质文化遗产的资源载体不枯竭。

第一，尊重和学习前人在非物质文化遗产的传承和发展所形成的规矩和习俗是基本方法。古人在非物质文化遗产的传承和发展中，已经意识到对自然资源的合理规划和再利用，并且形成了不少规矩和习俗。木材、竹料、草料必须在一定的范围、时间内和运用特定手法采伐；动物必须等到它长到一定的时候才能捕杀；学艺还不精的小徒弟只能使用相对粗陋的原材料；废弃的成品尽可能地加以再利用；在特定条件下晾晒或销毁制成品等。尽管这些约定俗成的规矩充满着经验主义色彩，但是却体现出前人对自然资源的珍视和合理利用，值得人们去尊重和学习。

第二，完善相关管理措施和办法，遏制乱采滥挖滥杀行为是根本方法。针对与非物质文化遗产的传承和发展相关的自然资源被过度开发的问题，我国中央政府和一些地方政府出台了不少管理措施和办法。例如有《野生药材资源保护管理条例》（1987 年）、《传统工艺美术保护条例》（1997 年）、《福州市寿山石资源保护管理办法》（2000 年）、《端砚石资源开发利用保护方案》（2005 年）、《无锡市宜兴紫砂保护条例》（2007 年）等。

这些管理办法对保护非物质文化遗产的传承和发展所需要的自然资源起到很大的促进作用。但是，它们也存在明显的问题：一是制定的年代相对久远，已远远落后于社会实践的需要；二是主要依赖于个别部门或者地方政府的力量和自觉性，缺乏足够的国家权威保障和统筹规划。这些问题的改善需要国家制定相关的管理办法使其变得富有针对性、现实性和全局性；各级地方政府要按照中央要求以及当地实际情况制定或者修改相应的保护条例，把实践工作做得细致深入。主要包括：要对自然资源开采和利用进行中长期规划；要强调节约资源，使资源的利用价值能最大化；要对濒临枯竭的自然资源的开采、流通和利用给予必要的应急性限制；要严厉打击非法开采和买卖自然资源的行为等。

二、抢救和保护传统古村落

我国经历了数千年的农耕社会，当时人们开展各种生产的主要场所是自然村落。从现代的视角来看，历史上的不少自然村落变成今天的传统古村落。人们对传统古村落有着"传统文化的明珠""民间收藏的国宝""民间文化的宝库"等的高度赞美和评价之词。冯骥才指出："每个村落都是一个巨大的文化库，储藏着极其丰富的非物质的精神文化遗产。"① 传统古村落的属性、价值表明，它们是非物质文化遗产传承和发展的重要社会场所。

然而，随着城镇化的高速发展以及社会主义新农村建设的全面推进，我国不少传统古村落或者变得衰败或者被改造拆迁，非物质文化遗产传承和发展的传统社会场所日益减少。因此，促进非物质文化遗产的传承和发展离不开对传统古村落的抢救和保护。而抢救和保护传统古村落"比保护一座故宫更难"②，它需要"政府—市场—民间"三者的力量共同作用和相互支持。

（一）运用政府规范和支持的主导力量

传统古村落对非物质文化遗产的传承和发展，乃至于对国家和社会的发展都有着重要意义。政府要承担起抢救和保护传统古村落的主要职责。

第一，政府要避免自身行为对传统古村落的破坏。在快速城镇化以及房地产行业带来高额收益的背景下，传统古村落被政府拆迁，用来建设新城区和开发房地产的现象并不少见。而与之相伴的是，高楼大厦和车水马龙带走了传统古村落的特色建筑、历史故事和文化遗产。这是政府自身行为导致的不良后果。政府要改变经济至上的观念，认真落实全面协调可持续发展的理念；要认真落实监督机制，使开发和利用传统古村落的行为具有约束性。

第二，政府要制定和完善抢救和保护传统古村落的制度规范。法国、日本、美国等国家的历史经验表明，通过制度来规范抢救和保护传统古村落行动是重要的方法之一。而我国政府也认识到制度规范的重要作用，在文物保护法、非物质文化遗产保护法等法律法规中，对保护传统古村落进行了明确规定。尤其是在 2008 年 7 月 1 日国务院施行了《历史文化名城名镇名村保护条例》，同时一些地方政府也随之制定了相应的条例。③ 但是，这些明显进步的举措背后却存在着一定的不足，即制度规范具有明显的宣言性特征，措施不够细化、现实性不强、可行性不足、落实不到位等。要弥补这些不足，一方面要细化和落实已经制定的制度规范，另一方面要补充制定富有针对性和

---

① 宫苏艺，李玉祥，冯骥才. 保护古村落是文化遗产抢救的重中之重［J］. 中国地产市场，2006（6）：21.
② 王斌来，孔祥武，何璐，等. 古村落的保护，比保护一个故宫更难［J］. 决策探索，2015（3）：46.
③ 类似的条例包括：《江西省传统村落保护条例》(2016)、《福建省历史文化名城名镇名村和传统村落保护条例》(2017)，等等。

可行性的法律或者条例。

第三，政府要加强抢救和保护传统古村落的财政投入。保护传统古村落，离不开财政支持。一方面，政府要筹集资金，加强传统古村落建筑的修缮，基础设施的维护；另一方面，政府还要投入资金，提高村民生产收益，改善村民们的居住环境和生活状况，避免人去屋空，文化活动停止，只剩下一座座不良状况的破旧建筑物。

（二）利用适度旅游开发的促进力量

抢救和保护传统古村落最主要的目标是要让它们"活着""活起来"，实现可持续发展。所以，抢救和保护并不是不能开展旅游开发，而是要坚持适度的原则。习近平强调："我们强调保护，并不是对这些自然景观和人文景观捂得严严实实的，一动也不能动，而是要在坚持保护的前提下进行适度合理开发和建设。"① 冯骥才指出："我不反对村落旅游，做得好当然是好事，但粗暴、过度的开发不可取。"②

对传统古村落进行适度旅游开发，需要有宏观调控力量的保障。企业经营旅游开发具有追求利益最大化的目标，而传统古村落的环境和空间容量却是有限的。要解决这对矛盾，需要政府建立和完善有效的监管机制，对企业开发行为进行全面管理，划定开发红线，控制好开发的限度和风险；需要政府协调好企业与原住居民，经济开发与文化保护，历史传统与现代创新等各种利益关系，实现多方面共赢、多维度的统筹兼顾。

对传统古村落进行适度旅游开发，需要坚持全面而长远的发展策略。传统古村落何以能成为一种旅游资源？答案是，它所存在的文化传统和建筑风貌对现代人具有强大影响力和吸引力。换而言之，一旦传统古村落固有的文化传统和建筑风貌被破坏或者丧失了，它作为旅游资源的价值也就减少或者消失了。所以，旅游开发者不能只盯着传统村落的旅游价值，而是要具有宏大格局，守护它的历史、民俗、审美、文化等多重价值。旅游开发者不能只盯着传统村落眼前利益，而是要具有长远的目光，不能绝对地追求和制造新的东西。因为相对现代而言，固有的文化传统和建筑风貌是新颖的、独具特色的、具有吸引力的。

---

① 习近平文物保护简史［EB/OL］. 中国日报网，2015–01–11.
② 冯骥才. 古村落过度旅游开发问题严重［N］. 新快报，2016–06–12（A11）.

（三）发挥民间力量的保障作用

民间文化发展需要根源于民间力量。当地村民作为在传统古村落的生活者以及文化特色的主要承载者，是抢救和保护传统古村落不可或缺的力量。这需要村民发挥主观能动性，延续自己的生产生活方式，保持传统的风俗习惯；加强对后代的乡土文化教育，使文化传承和发展后继有人；积极主动地对政府、企业所实施的开发行为进行有效监督；做好维护村容村貌，维护和改善村里的基础设施建设等方面的工作。

同时，伴随着我国公民社会的发展，民间组织不断发展壮大，拥有强大的人力、物力和财力；并且不少民间组织对抢救和保护传统古村落高度关注，以及体现出强烈的责任感。所以在抢救和保护过程中，充分发挥民间组织在资金支持、批评监督、论证评估和教育宣传等方面的作用是十分必要的。

三、营造良好的社会文化风气

社会文化风气是指在某个时期大多数人对文化爱好、兴趣、审美和追求的稳定思想倾向和心理态度的集中反映。社会文化风气具有潜移默化的力量，对事物发展起着推动或者阻碍的作用。所以1992年邓小平在视察广东时要求，广东"不仅经济要上去，社会秩序、社会风气也要搞好"①。具体分析社会文化风气与非物质文化遗产传承和发展之间的关系，它们是正相关的关系，即良好的社会文化风气有利于非物质文化遗产的传承和发展，而不良的社会风气则阻碍非物质文化遗产的传承和发展。因此，促进非物质文化遗产的传承和发展需要营造良好的社会文化风气。

（一）重视文化的地位和价值是核心

人们对文化地位和价值的重视程度是衡量社会文化风气优良与否的核心标准。当人们形成普遍重视文化地位和价值的风气时，非物质文化遗产的价值才有可能被重视，非物质文化遗产的传承和发展才有可能更好地开展。

我国在总体上是重视文化地位和价值的。中华人民共和国成立以来，我国文化建设始终被视为社会发展的重要维度，是满足人们日益增长物质文化需要、满足人们美好生活需要的重要途径。其中，在十七届六中全会的决议

---

① 邓小平文选：第3卷［M］．北京：人民出版社，1993：378.

中，中共中央用四个"越来越"来表述和高度肯定文化的地位和价值①。然而，我国对文化地位和价值的重视又存在理论与现实的差距。不少地方政府把文化建设置于经济建设的从属地位，一部分普通民众把价值追求的重心片面地放在物质利益之中，形成了功利主义、拜金主义，忽视了文化的重要功能和作用。

我国对文化地位和价值的重视程度有待进一步提升。首先，要认真落实文化强国战略目标，大力推进社会主义先进文化建设，扩大中华文化的国际影响力，促进文艺事业的繁荣发展，兼顾文化事业和文化产业共同发展；其次，要把文化建设的政策落到实处，把文化建设提高到与经济建设同等地位，重视文化在经济发展、人全面发展中的突出作用；再次，要建立科学的评价机制，提高文化建设在政府和官员的考核权重；最后，要引导人们树立科学的人生价值评价标准，突出把人的文化素质、文化创造力、精神贡献作为衡量人生价值的重要内容。

（二）增强文化自觉和文化自信是根本

一个国家具备文化自觉和文化自信的程度是衡量社会文化风气优良与否的根本标准。只有当一个国家具备足够的文化自觉和自信时，才有可能自觉地和科学地对待从古延续至今的非物质文化遗产。

加强文化自觉和文化自信，首先要以尊重传统文化为基础。中国传统文化源远流长、博大精深，是国家和民族发展的重要历史见证，是建设中国特色社会主义的重要文化底蕴。我们要尊重历史，用理性态度和辩证眼光去看待传统文化的地位、内容和价值，做到"坚持古为今用、推陈出新，有鉴别地加以对待，有扬弃地予以继承"②。其次，要以遵循文化传统为保障。传统文化内在地隐含有传承和发展所需要的特定的精神链接，这就是"文化传统"。"文化传统"是根脉，不能割断。做到遵循文化传统，我们需要从特定

---

① 四个"越来越"指的是，文化"越来越成为综合国力竞争的重要因素""越来越成为经济社会发展的重要支撑""越来越成为综合国力竞争的重要因素"，"丰富精神文化生活越来越成为我国人民的热切愿望"。参见：中共中央关于深化文化体制改革推动社会主义文化大发展大繁荣若干重大问题的决定［N］. 人民日报，2011 - 10 - 26（01）.

② 习近平. 认真贯彻党的十八届三中全会精神，汇聚起全面深化改革的强大正能量［N］. 人民日报，2013 - 11 - 29（01）.

的历史环境去认识文化发展，要把优秀传统文化代代相承，要重视精神、信仰在文化传统形成中的力量，要用尊敬和发展的眼光看待文化传统。再次，要以大力发展中国特色社会主义文化为中心。中国特色社会主义文化作为我国主流意识形态，它的地位和发展能达到的程度将体现出我国文化自觉和文化自信所能达到的程度。大力发展中国特色社会主义文化，就必须要坚持以人为本的发展目的，巩固马克思主义主导地位不动摇，弘扬社会主义核心价值体系和价值观，提升国家文化竞争力，正确处理好与其他文化形态的关系。最后，要以文化创新为导向。世界日新月异，文化需要不断创新才能生生不息。而推动文化创新，需要在体制机制创新、内容创新、生产方式创新等维度下功夫。

（四）提升大众文化审美水平是关键

文化审美反映出人们对不同文化兴趣、追求和选择，影响着不同文化的生存境遇，是社会文化风气的重要影响因素。当大众审美处于科学合理和水平较高的状态时，人们理解、认识非物质文化遗产的艺术美、精神美的可能性会越高。

我国大众文化审美水平总体呈现上升趋势，但是也存在突出的问题，即忽视了文化审美的精神内涵。习近平指出："改革开放以来，我国文艺创作迎来了新的春天，产生了大量脍炙人口的优秀作品。同时，也不能否认，在文艺创作方面，也存在着有数量缺质量，有'高原'缺'高峰'的现象，存在着抄袭模仿、千篇一律的问题，存在着机械化生产、快餐式消费的问题。"[①] 具体分析这些问题，当前我国大众文化审美呈现出偏重于感觉和欲望的满足，过度地追求直观、快速和刺激的文化形式，表现出明显的"庸俗、低俗、媚俗"等特点。这给非物质文化遗产带来的负面影响是容易被扣上"无用""不合时宜"等错误标签，从而增加被丢弃或者被破坏的风险。所以，我国亟须提升大众文化审美水平。

要提高大众文化审美水平，国家发挥导向作用是至关重要的。一方面，要引导文艺工作者创造富有正能量的文艺精品，大力推崇有益于社会进步和人民幸福的优秀文化成果。另一方面，要引导社会成员既要注重文化形式，更要挖掘和欣赏文化的精神内涵；要引导社会成员提高审美的自觉性，让社

---

① 习近平. 在文艺座谈会上的讲话［N］. 人民日报，2015-10-15（01）.

会成员自觉地抵制不良的文化形态，追求积极、健康的文化形态。

第二节 优化非物质文化遗产传承和发展的过程要素

在精神生产发展中，环境是外在的影响因素，起到次要作用。而真正起到决定性作用的是其过程所包含的各个要素的质量以及达到的水平。马克思主义精神生产理论指出，精神生产是生产、分配、交换和消费四个环节相继运行的过程，它包含有生产主体、生产媒介、生产平台、生产成果和受众群体等具体的过程要素。所以，促进精神生产发展需要从优化这些过程要素入手。以此作为理论依据，促进非物质文化遗产传承和发展中需要优化的各个过程要素。

一、提升主体力量

马克思主义精神生产理论指明，精神生产主体是指参与精神生产的个人或者集体，是精神生产力中最活跃和最核心的要素，它的力量大小、能否持久直接决定精神生产能力和水平的高低。所以，促进非物质文化遗产传承和发展的首要任务是提升主体力量。

非物质文化遗产是心传口授、代代相传的"活文化"。所以传承人对非物质文化遗产的传承和发展起到决定性作用，是传承和发展的主体力量。刘锡诚指出："传承人是非物质文化遗产的重要承载者和传递者……他们既是非物质文化遗产的活的宝库，又是非物质文化遗产代代相传的'接力赛'中处在当代起跑点的'执棒者'和代表人物。"[1] 而从反面的视角分析，如果某项非物质文化遗产的传承人消失了，那么意味着这个项目走向灭绝。传承和发展的主体力量是由传承人的数量和质量状况决定的。提升非物质文化遗产传承和发展的主体力量，既要增加传承人的数量，又要提升传承人的质量。其中，传承人数量是非物质文化遗产传承和发展主体力量大小的基本体现，传承人质量则是非物质文化遗产传承和发展主体力量大小的根本依据。

---

① 刘锡诚. 非物质文化遗产：理论与实践［M］. 北京：学苑出版社，2009：139.

（一）要维护好已有传承人的数量以及增加新传承人的数量

已有传承人是非物质文化遗产传承和发展的现实力量，要避免已有传承人的非死亡性减少和流失，维系好已有传承人的数量。而培育新传承人则关系到非物质文化遗产传承和发展的未来前景，需要做好新传承人的培养工作，增加传承人的总体数量。要实现这样的目标，需要做好"三步走"工作：

第一步是要对已有传承人的数量、水平等情况进行摸底调查，认定传承人身份，依照法律制度确保传承人在非物质文化遗产的传承和发展中应该具有的权益。当前，我国传承人身份认定制度的建设具有很大的提升空间，比如只有单个传承人认定，而集体传承人认定还亟须解决；传承人身份取消的规定是否合理，还需要商榷①。"摸清家底，认定身份"是维护已有传承人数量的基本方法，国家和政府要增强已有传承人生存和发展状况的调查。

第二步是要加强对传承人帮扶。传承人只有在生存和发展中得到保障、人生价值得以实现的情况下，才有可能乐于从事非物质文化遗产传承和发展的工作。然而在一般情况下，传承人仅仅依靠自身在非物质文化遗产传承和发展获得的收益比较难获得较好的生存和发展条件。在这种背景下，政府和社会给予一定的帮扶就显得至关重要了。其中，保障性帮扶是基础。这主要是政府和社会给予资金支持，使传承人的经济生活得到基本维持和保障，避免他们因为生计问题而放弃自己擅长的非物质文化遗产的传承和发展工作。发展性帮扶则是核心。这主要是帮助传承人将非物质文化遗产传承和发展的价值扩大化。政府和社会要为传承人提供资金、政策、技术等方面的支持和引导，将传承人的文化创造力开发和释放出来，使他们能够拓展非物质文化遗产传承和发展的空间以及发挥非物质文化遗产传承和发展的社会效用的更大化，促进传承人的价值增长。发展性帮扶既能使传承人获得更大的尊严和价值，又能使传承人更乐于从事非物质文化遗产传承和发展的活动，是有利于促进非物质文化遗产良性传承和发展的必要选择。目前，我国对传承人的扶助偏弱，并且主要处于最基本层次的帮扶。而在最基本的层次中，帮扶的

---

① 李华成认为这一规定的不合理之处是：取消资格的理由不合理；传承人的能力无法取消；取消"资格"有悖于联合国教科文组织倡导的非物质文化遗产保护宗旨。参见：李华成.论非物质文化遗产传承人制度之完善［J］.贵州师范大学学报（社会科学版），2011（4）：81-85.

面很窄，帮扶对象主要侧重于代表性传承人，对于一般性传承人的扶助甚少。给予传承人相应的帮扶是维护已有传承人数量的关键途径。当前国家和政府亟须增强对传承人扶助的深度和广度。

第三步是要培育新的传承人，增加传承人的数量。非物质文化遗产要代代相传，只有不断培育新的传承人才能实现。一是要加大对各个非物质文化遗产项目的宣传和推广，使它们具有良好的群众基础，形成培育新传承人的土壤环境；二是制定措施，确保传承人的经济收入、社会尊严得到保障，使传承人的工作、收入、社会地位等有足够的吸引力，吸引更多的人参与到非物质文化遗产的传承和发展之中；三是非物质文化遗产项目要走进校园，进入青少年的生活之中，激发青少年对它们的兴趣和热爱，吸引一批青少年加入学习非物质文化遗产技能、技艺的行列之中；四是传承人要选好和带好徒弟，考察他们的品行、为人，锤炼他们的意志品质，提升他们的技术、技能，为培养下一代传承人做好充分的准备。培养新的传承人是确保非物质文化遗产传承人数量的根本策略，国家和政府要大力推进传承人的培育工作。

非物质文化遗产的传承和发展是以人为本的实践过程，具有一定数量的传承人是非物质文化遗产传承和发展的基础。所以，政府既要维护好现有传承人的数量，又要培育出新的传承人，夯实非物质文化遗产传承和发展的基础。

（二）提高传承人的综合素质

增加传承人的数量只是基础，关键在于提高传承人的综合素质。传承人综合素质的高低，直接决定着非物质文化遗产传承和发展状况的好坏。

专业能力是传承人的立身之本。而加强传承人的综合素质首先是要通过教育培训提升他们的专业能力。在历史上，非物质文化遗产传承人提高自己的专业能力主要是自发的、自为的。然而在非物质文化遗产处于濒危状态的今天，还需要有外在驱动力的推动和保障。我国政府作为非物质文化遗产传承和发展的主要外在驱动力，在组织传承人参与各式各样的教育培训活动中发挥着重要作用。进入中国特色社会主义新时代，政府的作为和作用都要进一步加强，要不断提升传承人教育培训的系统化、常态化、有效化。要通过为传承人创造更多表现机会的环境，促进他们专业能力的发展。传承人的专业能力需要通过不断的实践才能获得提高。当前社会一些非物质文化遗产项目缺乏市场需求，传承人获得表现的机会并不多。在这种情况下，政府要创造条件为传承人增加表现的机会。例如，定期组织传统音乐、舞蹈、戏剧的会演、传统手工技艺的展览等。

良好的精神品格则是传承人被社会认可的重要依据。而加强传承人的综合素质离不开对他们精神品格的培育与塑造。首先，要维护好、发展好传承人对非物质文化遗产传承和发展的热情。马克思把"激情、热情"看作"是人强烈追求自己的对象的本质力量"①。传承人对非物质文化遗产传承和发展的热情越高涨，他们对传承和发展的动力就越强大，对目标追求就越执着。大多数传承人对自己的非物质文化遗产项目充满着热爱之情，政府、社会要通过各种措施维护好、发展好他们的热情。这其中最重要的是在物质方面加以保障，在精神方面给予尊重。其次，要制定和完善非物质文化遗产传承和发展的行业和职业规范，使传承人在获得扶助的同时，遵守相应的职业道德和承担起相应的社会责任。最后，要使传承人明确非物质文化遗产的传承和发展是富有创造性和充满挑战性的工作，鼓励他们肩负责任、坚定意志、不怕困难和乐于奉献，为促进非物质文化遗产的传承和发展贡献力量。

正是由于传承人的主体力量是非物质文化遗产传承和发展的根本力量，所以在促进非物质文化遗产传承和发展的过程中既要通过维护现有传承人的权益和培育新传承人的方法来确保传承人的数量，又要通过培养专业能力、塑造良好精神品格的方法来提高传承人的综合素质。

二、提高成果品质

精神生产要凝结出精神成果。精神成果不仅具有满足人的精神需要、促进人的全面发展的价值，还具有推动社会进步的功能。精神成果是精神生产过程的关键要素，是精神生产价值的体现。而精神生产的发展必然要体现在精神成果获得提升的品质之中。当精神成果的品质越高，精神生产的价值越大时，扩大精神生产的可能性就越高。因此，促进非物质文化遗产的传承和发展需要想方设法提高其成果的品质。

（一）要丰富非物质文化遗产传承和发展的物质资料

精神生产离不开物质资料的支撑。马克思指出："经过仔细的分析总是

---

① 马克思恩格斯全集：第42卷［M］．北京：人民出版社，1979：169.

会发现，在任何劳动中，都使用某种劳动材料和劳动资料。"① 物质资料是精神生产不可或缺的条件，影响着精神生产力的水平和质量。

与其他精神生产形式一样，非物质文化遗产的传承和发展需要物质资料的支撑。物质生产资料是一个历史范畴，在不同地区、不同时代所达到的水平是不一样的。产生于古代社会的非物质文化遗产，大多数都受到物质资料缺乏的制约。以广东怀集贵儿戏为例，受过去条件的限制它的表演缺乏音响等乐器的伴奏，常常是平铺直叙地清唱；没有华丽的舞台和道具，只是在草坪、晒谷场、土墩之中，只有桌子、凳子、椅子、竹竿等简单的道具；而演员装扮也极其简单，丑角基本是在脸上涂个大的黑粉圈，其他角色则是红脂往脸颧一抹的"桃红脸"，表演服饰与普通人平时的穿着打扮并无太大差异。不难看出，物质资料存在的局限性明显制约了贵儿戏表演成果的品质，导致了现代人对它的接受程度不高。但是，当前社会的物质资料数量和质量都已得到大大增加和提升，非物质文化遗产的传承和发展要尊重社会发展规律，需要丰富自身的物质资料，形成优秀品质的成果，让人们乐于接受和传承。正如贵儿戏要通过丰富物质资料来增强语言和音乐的动听性、演出舞台设计的效果性、演出道具的丰富性、演员装扮的精巧性和独特性，从而实现更好的传承和发展。

（二）要根源于人民群众的生产生活获取非物质文化遗产传承和发展的内容素材

精神成果既是人民群众生产生活的反映，又要为人民群众生产生活服务。毛主席曾说："文学艺术要为人民服务""人民生活本来存在着文学艺术原料的矿藏……它们是一切文化艺术取之不尽，用之不竭的唯一源泉。"② 因此，精神生产必然需要根源于人民群众的生产生活来获取内容素材。

与其他精神生产形式相比，非物质文化遗产的"草根文化"属性更决定了其传承和发展必然要根源于人民的群众生产生活需求。非物质文化遗产传承和发展的实质又具有与时俱进的特性。而人民群众生产生活的人物和事件千变万化，内容素材丰富多彩，是确保非物质文化遗产的传承和发展实现与时俱进的关键。因此，非物质文化遗产的传承主体要深入体验人民群众的生

---

① 马克思恩格斯全集：47 卷［M］. 北京：人民出版社，2004：57.
② 毛泽东论文艺［M］. 北京：人民文学出版社，1992：48.

产生活，以获取人民群众生产生活最鲜活的材料，发掘人民群众生产生活的深层次思想精神需求，创作出贴近人民群众生产生活的精神成果。只有做到这样，非物质文化遗产传承和发展的成果品质才会变得越来越高，才会变得越来越具有吸引力。

（三）既要坚持非物质文化遗产的历史性，又要增强非物质文化遗产的创新性

人类的精神生产不是凭空而来，而是建立在历史延续的基础之上。同时，人类精神生产也不只是重复历史，而是需要一定的创新发展。所以，提高非物质文化遗产传承和发展的成果品质，既要坚持非物质文化遗产的历史性，又要增强非物质文化遗产的创新性。

一方面，坚持非物质文化遗产的历史性，关键是要对它蕴含的历史内容、历史价值进行深入发掘。陈毅认为，文化艺术遗产中"有些东西湮没无闻，要沙里淘金，加以发掘"①。因此，为了发掘非物质文化遗产的历史性，人们需要对非物质文化遗产形成的历史背景、基本过程、历史意义进行深入研究。另一方面，要增强非物质文化遗产的创新性，关键是要拓展它的现代意义。"文化是由人创造的，因而不可能是停滞不变的。每一代人都要在文化宝库中或多或少增加一些新东西，又要从先辈的文化遗产中借用一些东西。"② 促进非物质文化遗产的传承和发展需要吸取时代精华，使其在形式、内容和功能等方面实现拓展，以便符合现代人的经济、娱乐、审美、科学等方面的需求。如果非物质文化遗产的传承和发展的成果能将历史性和创新性有效地结合起来，那么它的品质将获得很大的提升。

总之，传承人创造的成果是非物质文化遗产传承和发展的关键要素，它既是衡量传承人劳动价值的关键要素，又是从受众群体获取持续传承和发展动力的关键要素。所以，促进非物质文化遗产的传承和发展需要提高成果品质。

三、增强媒介作用

精神生产需要发挥媒介的作用。例如马克思主义精神生产理论在关于精

---

① 中共中央书记处研究室文化组. 党和国家领导人论文艺［M］. 北京：文化艺术出版社，1982：101.
② 陈先达. 文化自信中的传统与当代［M］. 北京：北京师范大学出版社，2017：73.

神成果传播的论述中指出，精神生产成果是以人、社会符号体系以及物质外壳等为主要媒介在社会传播，从而被其他社会成员认识、理解和接受的对象。而与其他精神生产形式相比，非物质文化遗产传承和发展具有更加突出的传递和传播的特征，更需要发挥媒介的作用。

（一）发挥好"人"的媒介功能是根本

口授身传、"活态"性、流变性是非物质文化遗产传承和发展的最大特点。这说明，人际传播是非物质文化遗产的传承和发展最传统和最根本的形式。在人际传播中，人作为传播载体从而引起人与人之间发生意义交流。例如传承人向徒弟面对面传授技巧；传承人在舞台上表演传统戏剧，与台下观众发生交流等。这使得传播活动具有直观性、深刻性、变化性和富有情感性的特点。在生产力相对低下的历史时期，传播工具贫乏和落后，非物质文化遗产主要依靠人际传播而流传和发展下来。到了现代信息社会，工具的发达使传播变得容易，但是却导致了传播"见物不见人"的问题，人际传播也随之而被削弱了。例如，人可以通过电视、电影、互联网等媒介就能欣赏、利用到非物质文化遗产，而不再像古代社会那样必须亲临其境或者面对面地交流了。这对于需要口授身传、活态传承的非物质文化遗产形成了巨大的冲击。当前我国非物质文化遗产生命力变得衰弱的重要原因之一，正是人际传播的障碍增多了。

对症下药的方法有如下几种。一是要充分发挥传承人的主观能动性，延续好父子、家族、师傅带徒弟等口传心授、言传身教的传播方式。传承人要积极参与各类展演活动，与受众群体进行直接的、面对面的互动交流。二是要发挥政府机构在组织和搭建传播平台的作用，让传承者与受众群体之间有机会发生直接交流，激发他们的兴趣和热情。其中，广州非物质文化遗产保护中心每年主办几百场非物质文化遗产体验课和培训班是政府推动人际传播的成功案例之一。三是要善于发挥相关专家学者、新闻工作者的作用。从事非物质文化遗产研究的专家学者、关注和报道非物质文化遗产的新闻工作者都是人际传播的媒介，他们不仅是掌握了非物质文化遗产内容和信息的载体，而且具有十分优越的传播平台，同时还具有相当高的社会影响力，对增强非物质文化遗产的人际传播发挥重要作用。

（二）利用好物质载体的媒介作用是重要条件

尽管精神生产不是以生产物质用品为目的，但是它也并不是虚无缥缈，而是需要特定物质形态支持的。这些物质形态不仅是精神生产过程的体现，还是精神成果客观存在的载体和传播的重要媒介。绝大多数非物质文化遗产项目也明显存在这样的特性，它们所蕴含的思想、技术、技艺等是无形的，但是其表现形态、传播过程又与物质载体具有密切关系。剪纸、年画、雕刻等传统手工艺项目的技艺和文化意义，是通过纸张、木材等物质载体来表现和传播的；类似于五羊传说的民间文学也需要相应的物质载体来表达和传播；虽然传统音乐、传统戏剧的无形性十分突出，但是它们的曲谱、唱词、剧本、甚至是表演技巧等也需要凝聚在印刷品、音像品等物质载体之中才能被更好地理解、研究和传播。陈毅在指导文化艺术遗产保护时就特别强调要利用好物质载体的作用，指出："要出几百大本、几万大本，把传统剧目和传统表演艺术记录下来，拍起照片。哪怕就是糟粕，也要先把它记录下来再说。很多话本、剧本、照片要把它保存下来，作为资料入库，并加以复制，加以翻印。"① 所以，促进非物质文化遗产的传承和发展需要发挥好物质载体的媒介作用。

这其中最基础的工作是，尽最大可能为每一项非物质文化遗产建立档案。这样就可以使非物质文化遗产的发展历程、相关人物事件和内容获得物质记载，避免出现在岁月冲刷中变味和遗忘的后果；同时，即使一些项目最终消亡了，但是人们依然能在档案中查找到它们存在过的记录，甚至能使后人凭借技术进步进行重新建构或者重新传承和发展而保留可能。最核心的工作是，整理和搜集与非物质文化遗产项目相关的物质载体，并且把这些载体保存在博物馆等地方，以供人们参观、研究和学习。相当重要的工作是，对与非物质文化遗产相关的遗址，例如与五羊传说相关的五仙观、与白蛇传相关的雷峰塔、与广东音乐相关的留耕堂等进行保护，从而使这些项目的传承和发展更加直观化、具体化和形象化。而不可忽视的工作是，利用当代的机械复制技术把非物质文化遗产的物质载体进行合理复制，以便降低其传播难度和扩大其传承和发展的范围和影响力。

（三）利用好大众传媒的优势是必然要求

伴随着科学技术的巨大进步，人类传播手段发生了重大变革，其中形成

---

① 中共中央书记处研究室文化组．党和国家领导人论文艺［M］．北京：文化艺术出版社，1982：101．

了大众传媒。① 大众传媒的出现为精神生产提供了全新媒介。与其他媒介相比，大众传媒的最大特点是对印刷术、计算机技术等先进技术的广泛应用，有利于精神生产跨越时间和空间的界限，实现占有资料丰富、覆盖面广、影响力大、传播速度快的效果。对于非物质文化遗产的传承和发展而言，它具有明显的代际性和地域性的特点。正是由于受时空界限的约束，非物质文化遗产的传承和发展也体现出了明显的局限性和脆弱性。这就是如果非物质文化遗产代代相传的脉络一旦发生断裂，就很难再复原。而大众传媒的优点对于克服非物质文化遗产传承和发展的局限性具有十分积极的意义。

在促进非物质文化遗产传承和发展的过程中要善用大众传媒。一是要将大众传媒应用于非物质文化遗产的记录之中。大众传媒融合了文字、图片、录音、影像、数字化等技术手段，是现代人记录事物必不可少的工具。非物质文化遗产传承人要善于利用大众传媒的记录功能，把非物质文化遗产的原生形态记录好、保存好，为人们特别是子孙后代真实地认识非物质文化遗产提供重要资源。二是要将大众传媒应用于非物质文化遗产的再现和创新之中。一些非物质文化遗产项目或者是与现实生活距离太远，抑或是太过于珍贵稀有，而远离大众的日常生活，传承难度相当大。例如，工艺精美却稀有的民族手工艺象牙雕刻、古老的戏剧和舞蹈表演等，在现代的日常生活中并不经常能接触到。而对于这些非物质文化遗产项目，就要善用大众传媒把它们制作成为纪录片、电影电视作品、数字动漫产品等创新形式的作品，再现于人们日常生活之中，为它们的传承和发展创造可能。三是要利用大众传媒为非物质文化遗产的传承和发展提供舆论支持。媒体舆论具有导向性，大众传媒要设置与非物质文化遗产相关的议题，引导人们关注、关心、参与非物质文化遗产的传承和发展；大众传媒要发挥自身的舆论影响力，对非物质文化遗产传承和发展存在的问题进行监督、批评和建议。四是要克服大众传媒对非物质文化遗产的传承和发展可能产生的负面效应。我们要辩证地看待大众传媒的影响，它不仅具有鲜明的优点，还具有突出的缺点。大众传媒作为工业社会的产物，对非物质文化遗产的传承和发展可能会带来形式化、碎片

---

① 大众传媒是指有组织的传播者为了实现一定的目的而向广大受众进行信息符号的复制和传播时，所凭借的手段、工具、途径和渠道等。具体包括印刷媒介和电子媒介两种类型。印刷媒介包括：报纸、杂志、书籍等；而电子媒介包括：电视、广播、电影、大型电脑数据库、互联网络等。

化、娱乐化等问题。针对这些问题，传承人在运用大众传媒时要注意非物质文化遗产的整体传承和意义传承，让非物质文化遗产能够以更加原真的形态呈现在受众群体面前。

一定形式的精神生产需要发挥特定媒介的作用。"人"、物质载体、大众传媒是非物质文化遗产传承和发展的重要媒介，它们所发挥作用的大小决定着非物质文化遗产传承和发展好坏的状况。为了实现非物质文化遗产的传承和发展，需要增强"人"、物质载体、大众传媒等媒介的作用。

四、突出重点平台建设

精神生产的发展离不开选择和构建有效的平台。以精神生产成果传播为例，由于它具有多元的形态，而各个具体的形态在传播目标、传播对象、传播形式等方面必然存在差异性，所以传播者需要根据精神生产成果的特性选择和构建传播平台，以求做到有的放矢，实现良好的传播效果。非物质文化文化遗产的传承和发展具有自身的独特性，它需要选择符合自身特点的平台进行重点建设。

（一）校园是促进非物质文化遗产传承和发展最重要的平台

校园既是培养青少年成长成才的重要场所，也是文化代代相传的重要场所。所以，校园是促进非物质文化遗产传承和发展最重要的平台。首先，非物质文化遗产的传承和发展要以人为中心，加强传承人的培养至关重要。只有传承人存在，非物质文化遗产才有可能传承和发展。青少年是最具可塑性的，是挑选和培养非物质文化遗产传承人最重要的对象。而校园正是青少年高度聚集的场所，能为挑选和培育传承人提供良好条件。其次，非物质文化遗产的传承和发展也离不开受众群体。如果缺乏受众群体，那么非物质文化遗产将直接失去传承和发展的动力。非物质文化遗产的受众群体并不是天然形成的，它需要在培育和熏陶中形成。而培育和熏陶的最佳时期是在人的青少年阶段，所以校园又能够为培育非物质文化遗产受众群体提供良好条件。最后，非物质文化遗产在校园传承和发展对于教育事业具有重要的促进作用。例如可以丰富课堂的教学内容、活跃校园生活、为学生的个性发展提供更多文化选择等等。这些作用的存在为非物质文化遗产在校园的传承和发展提供了重要的可能性。

我国政府已经充分意识到校园在非物质文化遗产传承和发展的重要作

用。2005 年国务院办公厅要求："教育部门和各级学校要逐步将优秀的、体现民族精神与民间特色的非物质文化遗产内容编入有关教材，开展教学活动。"① 在 2011 年全国人大常务委员会通过立法的形式进一步强调："学校应当按照国务院教育主管部门的规定，开展相关的非物质文化遗产教育。"② 这些部署只是良好的开端，而实践行动仍需要不断探索。

加强校园平台的建设既需要借助政府的推动力，更需要发挥社会组织、传承人的责任担当。一是政府要推动非物质文化遗产项目在校园内建立传承和发展基地，组织传承人和相应的专家走进校园进行现场辅导、教学、表演，组织学生参与表演、创作和宣传等活动；二是政府要约束教育管理部门遵照相关部门和法律法规的要求，让非物质文化遗产走进课堂、走进教材；三是学校组织要善于将非物质文化遗产的传承和发展融入到校园文化活动之中，让学生有更多的机会了解和接触到非物质文化遗产；四是非物质文化遗产的相关团体和组织，例如剧团、戏团、工艺社等要主动与学校结对，选择相应的时间给学生开设培训课程；五是代表性传承人要主动走进校园，例如与学校沟通成为第二课堂教师，帮助学生开展各种非物质文化遗产相关的活动。

（二）城乡社区是非物质文化遗产传承和发展必须紧紧依靠的平台

一方面，非物质文化遗产具有地域性和基层性，它主要来源于城乡社区居民的生产生活，是对城乡社区居民生产生活的真实写照和艺术加工。假如我们对某一项非物质文化遗产的发源地进行追根溯源，那么结果通常是一个比较基层的城乡社区。例如，广东音乐根源于沙湾镇、广州榄核雕刻根源于榄核镇、广州掷彩门根源于江埔街、怀集贵儿戏根源于桥头镇、天津年画根源于杨柳青镇、中山咸水歌根源于坦洲镇等。所以，城乡社区是非物质文化遗产传承和发展的重要集中地。另一方面，当前非物质文化遗产传承和发展能力不断下降的重要原因是，非物质文化遗产没能很好地适应所依赖的社区文化生态的变迁，与城乡社区居民的文化兴趣追求形成较大的鸿沟。

促进非物质文化遗产的传承和发展需要突出城乡社区平台的建设。联合

---

① 国务院办公厅. 关于加强我国非物质文化遗产保护工作的意见（国办发〔2005〕18号）〔EB/OL〕. 中国非物质文化遗产网，2005 - 03 - 26.

② 中华人民共和国非物质文化遗产保护法〔EB/OL〕. 中国非物质文化遗产网，2011 - 06 - 01.

国教科文组织十分重视城乡社区在非物质文化遗产传承和发展中的作用。它所制定和颁布的《保护非物质文化遗产公约》强调，社区要"最大限度地参与"、要"置于所有保护措施和计划的中心"，并且将社区关注和认同作为非物质文化遗产项目申报的重要条件之一。我国政府积极与联合国教科文组织的精神接轨，强调城乡社区在非物质文化遗产传承和发展的重要地位。其中，在《关于加强我国非物质文化遗产保护工作的意见》中要求："在传统文化特色鲜明、具有广泛群众基础的社区、乡村，开展创建民间传统文化之乡的活动"；在《国家级非物质文化遗产代表作申报评定暂行办法》中强调，要把"扎根于相关社区的文化传统，世代相传，具有鲜明的地方特色"作为非物质文化遗产项目评审的重要标准。我国学术界充分肯定城乡社区在非物质文化遗产传承和发展的作用。民俗学家周星认为，非物质文化遗产是由生活在各种社区里的人们创造、享有并传承着的，所以地域社会或其内部的复数社区可以理解为它的传承母体①；民俗学家贺学君认为，社区民众是非物质文化遗产的"传承和享有者"，他们是非物质文化遗产保护实践中最终能否成功的关键力量②。

建设好非物质文化遗产传承和发展的城乡社区平台需要有良策。一是要抓住重点，即重点建设非物质文化遗产项目集中、特色鲜明、形式和内涵保持完整的城乡社区，形成传承和发展的示范区和典型区。例如，广州从化区各村都流传着"掷彩门"的项目。但是与其他各村相比，江埔村是"掷彩门"的起源地，"掷彩门"的形式和内容保留得最为完整，具有明显的典型性。按照重点建设的要求，应该把江埔村作为"掷彩门"传承和发展的示范区和典型区。二是要有权威保障，即城乡社区的权力部门特别是居委会和村委会，要确保对当地的非物质文化遗产项目实施宣传、推广和保护，例如设立城乡社区的非物质文化遗产文化馆、活动室、传承园等。三是要发动群众，即以城乡社区为中心，组织居民参与非物质文化遗产各项实践活动，例如启蒙教育活动、展演活动、技术技艺的比赛活动等。

由于不同形态的精神生产在生产主体、生产过程、受众群体等方面存在

---

① 周星. 民俗学的历史、理论与方法 [M]. 北京：商务印书馆，2008：129 - 143.

② 陶立，樱井龙彦. 非物质文化遗产学论集 [G]. 北京：学苑出版社，2006：106 - 118.

差异性，所以它们依托的平台就会存在差异性。根据非物质文化遗产传承和发展的特点，校园、城乡社区是需要重点建设的平台。建设好校园、城乡社区的重点平台，既需要有政府政策的引导和支持，又需要有民间力量的配合和促进。只有当校园和城乡社区这样的平台获得良好建设，才能够增强非物质文化遗产传承和发展的群众基础。

五、培育社会需求力量

精神生产需要建立在社会需求力量之上，一定的社会需求力量是精神生产必备的过程要素。如果缺乏社会需求力量，那么精神生产成果将失去意义，再生产、扩大生产将失去可能性。

具体到非物质文化遗产的传承和发展之中，它需要以社会需求力量作为基础。陈勤建指出："'非遗'不是从天上掉下来的，原本也不是什么遗产，是我们先人为时下生活需求而创造的一种先进文化。"① 人们对非物质文化遗产传承和发展的需求具有明显的地域性，而且需求量相对较小，这就决定了非物质文化遗产是小众文化。社会需求力量决定非物质文化遗产传承和发展的状况。当前非物质文化遗产传承和发展面临的困境与现代人对非物质文化遗产需求力量变弱存在密切关系。非物质文化遗产传承和发展与社会需求力量之间的关系表明，促进非物质文化遗产的传承和发展需要培育社会需求力量。

（一）培育非物质文化遗产的受众群体是根本方法

受众群体与传承人一样，是非物质文化遗产传承和发展不可或缺的过程要素。没有受众群体的存在，传承和发展将失去社会需求的动力。假如京剧、粤剧、潮剧、雷剧等传统戏剧没有了观众、听众的存在，那么它们最终也无法存活。而人们对于某种事物的接受甚至是偏好并不是与生俱来的，而是需要后天的培育。所以，培育非物质文化遗产传承和发展的社会需求力量，首先需要培育受众群体。

培育非物质文化遗产受众群体主要有两个着力点：

第一，增加受众群体的数量规模。一定数量规模的受众群体是形成非物

---

① 陈勤建. 当代民众日常生活需求的回归和营造——非物质文化遗产保护方式暨生产性方式保护探讨 [J]. 徐州工程学院学报（社会科学版），2012（2）：49.

质文化遗产传承和发展的社会需求力量的前提条件。一般情况下，受众群体数量规模越大，社会需求力量也就越大。正如在广东地区，粤剧的受众群体数量规模较大，它的社会需求力量也就越大，所以它的生存状况要比白字戏、花朝戏等传统戏剧要好得多。而增加非物质文化遗产受众群体的数量规模，离不开有效的措施：一是要维护好每项非物质文化遗产已有的了解者、热爱者、传习者和守护者。政府或者有关组织要以社团、协会、研习社等形式把他们组织起来，让他们能够获得和享用更多、更优质的非物质文化遗产资源，为他们参与各种非物质文化遗产传承和发展的实践活动提供方便。二是每项非物质文化遗产要有注重吸收新受众群体的意识和行动。比如，要为青少年群体创造更多参与非物质文化遗产体验活动的机会，唤起他们对某些非物质文化遗产项目的求知兴趣、娱乐兴趣、审美兴趣等；要善于以"文化遗产日"、重大节日为契机，开展各式各样的非物质文化遗产传承和发展的活动，让民众有机会亲身认识和体验非物质文化遗产的魅力。

第二，增强受众群体对非物质文化遗产项目的理解、体验、欣赏、享受和应用的能力。马克思讲过："只有音乐才能激起人的音乐感，对于没有音乐感的耳朵说来，最美的音乐也毫无意义，不是对象，因为我的对象只能是我的一种本质力量的确证。"[①] 所以，只有先培养受众群体对某些非物质文化遗产项目有了一定的认识和理解，才有可能产生积极和有意义的社会需求。换而言之，要有一定数量的懂得非物质文化遗产项目"门道"的受众群体，而不仅仅是看热闹的受众群体，社会需求力量才会稳定持久。要让受众群体懂得非物质文化遗产项目门道的重要条件是要采用宣传推广、教育教学、学术研讨等方法，让受众群体有机会去认识、体验和探索各种非物质文化遗产项目。

（二）将非物质文化遗产项目植入到旅游消费是重要途径

随着人们生活水平的日益提高，人们的旅游消费获得了良好的发展。根据我国相关部门统计，2013年到2016年的三年间，我国人均旅游消费年均增长高达47%。[②] 根据世界旅游组织调查的数据显示，将近40%的国际旅游

---

① 马克思恩格斯全集：42卷［M］．北京：人民出版社，1979：126.

② 箐旎．报告显示过去3年中国人均旅游消费年均增长47%［EB/OL］．中国经济网，2017-7-22.

涉及文化遗产项目。① 所以，将特定的非物质文化遗产项目植入到如此旺盛的旅游消费特别是文化旅游消费之中具有充分的可能性。

将特定的非物质文化遗产项目植入到人们的旅游消费可以采用以下方法：一是利用传统习俗、节日、节气等非物质文化遗产项目为内容载体，设立相关的文化艺术节、旅游节。二是在非物质文化遗产资源丰富的地区，将不同的非物质文化遗产项目串联起来，形成以非物质文化遗产资源为核心的旅游路线，丰富游客们的旅游选择和旅游消费。例如，广东佛山地区拥有丰富的非物质文化遗产资源，可以策划出以下的非物质文化遗产主题游路线：佛山剪纸、佛山秋色、佛山灯色（佛山市民间艺术研究社）——醒狮（中联黄飞鸿龙狮训练基地）——佛山木雕（碧江金楼）——粤剧（广东粤剧博物馆）——剪纸（南风古灶）——石湾公仔（石湾陶瓷文化产业园）。三是将一些合适的非物质文化遗产项目引进到旅游景区的经营销售之中，以供游客们选择消费，如，将传统手工类的非物质文化遗产成果引进到旅游景区销售，将表演类的非物质文化遗产项目引进到旅游景区表演等。通过将非物质文化遗产项目植入到旅游消费之中，旅游发展与非物质文化遗产的传承和发展将会取得相得益彰的效果。

（三）维护或者恢复人们特定的生产生活形态是必要条件

非物质文化遗产的传承和发展根源于人们的日常生产生活。换而言之，人们在特定的生产生活形态之中形成了对非物质文化遗产传承和发展的需求。例如，东南沿海的渔民在出海打鱼中形成了对渔歌、妈祖传说、开洋节等传承和发展的需求；广东云浮地区的农民为了祈求和庆祝风调雨顺而形成了对禾楼舞传承和发展的需求；广东潮汕地区的人们在重视宗族、祭祀中形成了潮州传统音乐、传承戏剧传承和发展的需求。假如把非物质文化遗产的传承和发展比作是"鱼"，那么人们的生产生活就是"水"。没有"水"的存在，"鱼"也活不了。当今人们对非物质文化遗产传承和发展的需求力量有所下降，与现代化对人们生产生活带来急剧变迁密切相关。

为了培育非物质文化遗产传承和发展的社会需求力量，有必要采取措施以维护或者恢复与非物质文化遗产传承和发展相关的生产生活形态。首先，

---

① 路芳. 非物质文化遗产在旅游中的再生产［J］. 西南民族大学学报（人文社会科学版），2015（1）：18.

政府要通过制定相应政策以鼓励维护和恢复特定的生产生活形态。我国政府在这方面积累了一定的成功经验。例如，我国政府以确定"法定假日"的形式来维护和恢复春节、清明节、端午节、中秋节等传统民间习俗的生产生活形态，使它们能在人们的生产生活中获得了更好的生存条件。民俗学家高丙中认为这样的举措具有十分重要意义，它能够使清明、端午、中秋等有利于中华民族发展的传统习俗具有更好地在生产生活中自然而然地传习的机会。①政府应该坚持并加以推广这些成功的经验和策略，改善非物质文化遗产传承和发展的空间。其次，社会要尊重传统的生产生活方式、习俗。新中国成立初期，我国曾通过行政手段强硬地、不合理地干涉或者取缔一些传统的生产生活方式，造成了不少具有良好特性的生产生活方式被突然中断了。这显然对非物质文化遗产的传承和发展造成了极大伤害。从现代的角度来看，传统的某些生产方式可能存在一定落后性，例如庙会、祭祀等会具有封建迷信的一面，然而它们长久地作为人们"存在方式""行为模式"以及"心理认同"的重要表现，更是具有教化人、凝聚人、规范人等合理性的一面。所以，对类似于黄帝陵和太昊伏羲的"公祭"、春节的庙会和傩戏傩舞表演、开渔节的祭海、端午节龙舟竞渡等传统的生产生活形态，我们要给予足够的包容和尊重，将它们维护好或者恢复起来。最后，要重视乡土人情。非物质文化遗产的传承和发展离不开乡土人情的滋养，不少非物质文化遗产的社会需要与乡土人情有着密切的关系。例如，在笔者家乡阳春市的大多数家庭遇到红白喜事时会请戏班来唱戏，海陆地区的举行宗族活动需要传统戏剧传统音乐来配合或者助兴，广东地区的节日喜庆活动通常安排有舞狮、舞龙表演。这些乡土人情为非物质文化遗产的传承和发展提供了重要的社会需求力量。

毛泽东指出，"中国历史遗留给我们的东西中有很多好东西，这是千真万确的"，但是更为重要的是"我们必须把这些遗产变成自己的东西"②。文化遗产只有能被人所利用，它的良好价值才能被最终显现，它的生命力才能得到延续。所以，非物质文化遗产只有融合到人们的生产生活之中，形成社会需要的良好力量，才能实现更好的传承和发展。

---

① 王霄冰，邱国珍．传统的复兴与发明［M］．北京：知识产权出版社，2011：56.
② 毛泽东文集：第3卷［M］．北京：人民出版社，1996：191.

第三节　科学对待非物质文化遗产传承和发展的独特性

精神生产范畴非常广泛。非物质文化遗产的传承和发展作为精神生产的其中范畴之一，与其他类型的精神生产相比较具有自身的独特性。同时，非物质文化遗产内部的种类和项目十分丰富，每个种类和项目的传承和发展又具有其自身的独特性。所以，促进非物质文化遗产的传承和发展既要坚持实事求是的原则，做到既遵循精神生产的一般规律，又要尊重非物质文化遗产传承和发展的独特性，使制定的策略更具有针对性、科学性和实效性。

一、尊重"活态性"

"活态性"相对的是"静态性""固态性"。物质文化遗产的留存是静态性的，它追求物质形态不变形、不走样，完好无缺地保存在博物馆或者相似的环境之中，以供人们欣赏艺术或者回味历史。然而，非物质文化遗产传承和发展的方式与物质文化遗产的留存方式则截然不同，它是"活态性"的。这就是指非物质文化遗产是有生命力的，它依赖于人们的生产生活过程之中，通过口传心授、言传身教的方式一代接一代地延续和发展下来。这个过程既包含非物质文化遗产与其他文化形态共时地交流和融合的内容，又包含非物质文化遗产自身形式和内涵历时地延续与变迁的内容。"活态性"被看作是非物质文化遗产的传承和发展的真正灵魂。① 所以，促进非物质文化遗产的传承和发展必须要尊重非物质文化遗产传承和发展的"活态性"。

（一）尊重人的需要和意愿，做到以人为本是根本要求

非物质文化遗产的传承和发展始终离不开人的活动，是依赖在人的活动过程而展开和实现的；同时，非物质文化遗产传承和发展的最终目的是为了满足人们的物质和精神文化需要。所以，人特别是传承人和受众群体的需要和意愿对非物质文化遗产的传承和发展起到决定性作用。基于此，促进非物质文化遗产传承和发展，一方面需要尊重传承人的需要和意愿，做好传承人

---

① 祁庆富. 非物质文化遗产的真魂在于"活态传承"——由"徽州祠祭"引发的一点思考［J］. 重庆三峡学院学报，2009（2）：40-42.

的培养和保护工作；另一方面需要尊重受众群体的需要和意愿，做好受众群体的维护和培育工作。对于这一问题，我们在前文中已做相关论述，在此就不再重复赘述。

（二）要追求原真性，即尽力地维护好非物质文化遗产原生的、本来的、真实的文化基因和历史信息是核心内容

非物质文化遗产的传承和发展只有立足于原真性，才能守住文化根脉，按照自身内在的规律延续和发展；才能奠定继往开来的历史基础，实现更好的传承；才能形成"合理适度"开发和利用的依据和标准，实现科学的发展。追求非物质文化遗产传承和发展的原真性，离不开对非物质文化遗产原生环境的考察以及追根溯源，勾画出它本来的面目；同时要保持对传统的敬畏和珍重，守住它的本色；还要以负责任和谨慎的态度去面对非物质文化遗产的开发利用，避免人为的破坏。

（三）理解流变性是重要条件

非物质文化遗产是以人们生产生活为基础的有生命的文化体，它随着人们生产生活的变化而发生形式和意义等多维度的流变。总体而言，非物质文化遗产发生的流变是必然的。马克思指出，"人们按照自己的物质生产的发展建立相应的社会关系"，同时他们"又按照自己的社会关系创造了相应的原理、观念和范畴。所以，这些观念、范畴也同它们所表现的关系一样，不是永恒的。它们是历史的暂时的产物"①。联合国教育文化组织指出："人类的共同遗产文化在不同的时代和不同的地方具有各种不同的表现形式。"② 如果人们真正地理解这种流变性，那么在一定程度上能推动非物质文化遗产的创新发展，从而使它能够更好地适应人们的生产生活。需要强调的是，理解"流变性"并不意味着要否定非物质文化遗产传承和发展的"原真性"追求。因为"流变性"只有建立在"原真性"基础之上才合理、才有根基，否则就会违背非物质文化遗产传承和发展的固有规律。所以，对非物质文化遗产的创新发展需要有"度"的界限，即要立足于自身的文化根脉、文化基因的基础之上。

---

① 马克思恩格斯论文学与艺术 [M]．北京：人民文学出版社，1982：86.
② 联合国教科文组织．世界文化多样性宣言 [EB/OL]．中国非物质文化遗产网，2001 - 11 - 02.

二、尊重个性差异

(一) 尊重项目的个体差异

我国非物质文化遗产种类丰富，其中国家级非物质文化遗产代表性项目名录就把非物质文化遗产划分为十大种类；而我国非物质文化遗产项目更是数以万计，到目前仅是入选国家级非物质文化遗产代表性项目名录的就有1508项。不同种类、不同项目之间的非物质文化遗产在生长环境、生存状况、艺术特质、功能作用、传承方式等方面存在个性差异。例如，传统技艺和传统音乐都同属于非物质文化遗产，但是从它们的艺术性质、表现形式、价值功能等方面来分析，两者却是存在巨大差异；还有广东音乐和潮州音乐都同属于传统音乐，但它们在生成条件、艺术特质、表现形式等方面也存在诸多个性差异的。总的来说，非物质文化遗产各种类之间、各项目之间是具有明显的个性差异，所以在促进非物质文化遗产传承和发展的过程中应当尊重它们的个性差异。

马克思主义矛盾分析法告诉我们，要解决好问题，首要的是抓住主要矛盾的主要方面，突出重点。因而，尊重非物质文化遗产传承和发展的个性差异，有必要确定重点和优先促进的项目。其中，"抢救第一"。对于一些处于濒危状态的非物质文化遗产项目，如果错过了抢救的时机，那么就永远都无法挽回，所以这些项目应该是重点和优先促进的项目。对于特色鲜明、价值巨大、影响范围广的非物质文化遗产项目也应该确定为重点和优先促进的项目。因为这些项目往往更能体现民族文化根脉，反映社会历史变迁，满足人们物质和精神文化需要。具体而言，入选国家级非物质文化遗产名录的项目无论从价值高度，还是从生存境遇角度考虑，都必须给予重点、优先抢救和保护。

需要强调的是，非物质文化遗产种类的个性差异决定了每个项目遇到的传承和发展困境具有差异性。这就意味着任何一种促进方法都不可能是"放诸四海而皆准"的公理。所以，人们在促进非物质文化遗产传承和发展的过程中不能采用"一刀切"的方法，而是要做到实事求是，为不同种类、不同项目、不同境遇的非物质文化遗产量身订制有效的促进方法。

(二) 尊重传承人的差异

传承人是非物质文化遗产传承和发展的主体承载，而不同项目的传承人之间或者同一项目的传承人之间都存在差异性。所以，促进非物质文化遗产的传承和发展需要根据传承人不同水平、年龄状况、处境进行有针对性的保护。

1. 要突出地保护代表性传承人。代表性传承人是传承人中的"塔尖"，在专业能力、职业道德、行业认可度都处于突出地位，能产生巨大的引领作用。所以，国家和社会应该在全面保护传承人的过程中，采取重点照顾的措施，突出地保护代表性传承人，充分发挥他们在行业的代表作用、引领作用。

2. 要有区分地保护不同年龄层次的传承人。在总体上传承人群体处于老龄化状态，但是在具体中又存在较大年龄差异的情况。这需要针对不同年龄层次的传承人采用不同的保护措施。对于青年群体的传承人，重点在于促进、培养和提升他们的专业技能和职业品质；对于处于壮年的传承人，重点在于利用、发挥他们在实践中研究和推广非物质文化遗产项目，培养出更多接班人的最大社会效用；对于老年群体的传承人，重点在于帮助、采取措施保障他们的晚年生活，为他们培养传承人提供便利，为他们掌握的专业知识、技术技能建立文字、视频等档案。

3. 要有倾斜地帮扶生活有困难的传承人。传承人生活状况直接关系到对非物质文化遗产传承和发展的投入程度。对于一些生活有困难的传承人，国家和社会要进行倾斜地帮扶，避免他们由于生计问题而放弃参与非物质文化遗产传承和发展实践工作。

4. 要加强集体传承人的保护。当前我国传承人保护主要是从个体出发的，缺乏对集体保护。然而，我国不少非物质文化遗产项目是集体性的，它仅依靠个体是很难存在和展开的，例如广东湛江东海岛的人龙舞表演由百余人组成长达数十米的龙形，它的传承与发展深深地依赖于集体的力量。所以，有必要加强对集体传承人的认定和保护。

三、辩证分析存在的局限性

世间事物都是一个矛盾统一体，既有积极方面，又有消极方面。所以，马克思主义理论强调人们看待事物、分析问题不能片面化，而是要采取"一分为二"的辩证方法和态度。前面已经论述到，非物质文化遗产的传承和发展既具有促进社会发展的意义，又存在对社会发展的局限性。毫无疑问，人们应该积极地发掘和弘扬非物质文化遗产传承和发展的价值。但是，如何对待非物质文化遗产传承和发展存在的局限性呢？这既是比较复杂、又是必须面对的问题。

前人对待和处理这些问题的经验可以给我们一些启发。马克思在著述的《摩尔根的〈古代社会〉一书的摘要》、恩格斯在著述的《家庭、私有制与国家的起源》中对人类蒙昧时期、野蛮时期的文化现象进行研究时，他们并不是以否定的方法、态度去批判和消除它们所具有的落后性，而是采用客观、科学的态度去研究它们所反映出的历史发展规律，进而为揭示人类历史发展规律做必要准备。周恩来在关于昆曲《十五贯》的讲话中指出，"很多民族财富要好好发掘、继承，不能埋没。只要大体好，有缺点也无妨"①。伟人们的这些话语向我们传递着一种科学的方法、态度：事物没有绝对完美的，对于历史遗留下来的文化产品我们需要有理解和包容的精神，只要利用得当，局限性也能反映出一定的历史价值。

辩证分析非物质文化遗产传承和发展存在的局限性离不开理解和包容的态度。

一方面，要回归到特定的历史环境理解非物质文化遗产传承和发展的意义。人们通常会"以今论古"，即用今天的主体价值观分析过去产生和发展的事物价值。例如，在民间信仰类的非物质文化遗产中人们有表现对雷神、山神、河神的敬仰，有表现出对"风水命理"、巫术的重视。在人类对自然、社会高度认知的今天，不少人觉得这些民间信仰是无知、幼稚甚至是愚昧的表现。这样看待问题的方法不恰当也不科学。周恩来指出："我们不能用现在的眼光去看历史上的事情，正如我们现在所做的一些事情，到了共产主义社会看起来也是很可笑的。"② 并且他批判道："割断历史来看问题是不妥当的。像戏曲、特别是昆曲等，同样也存在这样一个问题。事实也说明割断历史来看问题是错误的。"③ 习近平指出："不能用今天的时代条件、发展水平、认识水平去衡量和要求前人，不能苛求前人干出只有后人才能干出的业

---

① 周恩来选集：下卷［M］. 北京：人民出版社，1997：196.
② 周恩来选集：下卷［M］. 北京：人民出版社，1997：192.
③ 周恩来文化文选［M］. 北京：中央文献出版社，1998：167.

绩来。"①事实上，事物能在特定历史条件下产生、形成和发展就必然有它的价值所在。正如人类处于蒙昧的历史条件时，一些民间信仰是人们的精神寄托与慰藉，是人类成长的手段之一，而不是在现代标准衡量之下只是落后的内容、愚昧的行径。所以当面对非物质文化遗产的传承和发展可能会产生一定的局限性时，人们不应该抽象地、绝对地批判和否定它，而是应该回到历史环境中去分析、理解和评价它。

　　另一方面，要包容和积极面对非物质文化遗产传承和发展存在的局限性。非物质文化遗产不可能是"百利而无一害""纯而又纯"的一种文化体。作为一种精神意识的集合体，非物质文化遗产是对现实生产生活的反映，与普通民众生产生活紧密地糅合在一起。大多数非物质文化遗产项目的形成以及发展是经历过人类封建社会时期的，有的甚至是经历过奴隶社会时期、原始社会时期的，所以它们避免不了被打上小农生产方式、宗法伦理制度甚至是封建迷信的烙印，存在一定落后、陈旧的内容、观念和思维。历史在非物质文化遗产留下的痕迹已经无法抹去，假如强制性地、不顾一切地把它抹去，那么它将不再是"自己"。费孝通指出："谁也不可能把一个社会中旧的东西突然'删除''清洗'，变成空白，再装进一个什么全新的东西。"② 作为后来人，在肯定和利用非物质文化遗产传承和发展价值的同时，应该包容它存在的一定局限性。我们应该明确，非物质文化遗产传承和发展表现出的局限性不只是它自身的局限性，还是人类成长过程曾经或者正在经历的局限性的一种反映。所以，人们不应该选择绝对化、片面化地去批判、净化甚至是忘记它，而是要研究、审视它，从而实现有鉴别地利用、有批判地吸收，更深刻地认识人以及人类社会的发展规律。正如习近平在强调合理利用传统文化时指出："努力实现传统文化的创造性转化、创新性发展，使之与现实文化相融相通，共同服务以文化人的时代任务。"③ 显然，我们应该以这样理解、包容和积极的态度促进非物质文化遗产的传承和发展。

---

① 习近平．在纪念毛泽东诞辰 120 周年座谈会上的讲话 [M]．北京：人民出版社，2013：11.

② 费孝通．文化与文化自觉 [M]．北京：群言出版社，2016：417.

③ 习近平．习近平谈治国理政：第 2 卷 [M]．北京：外文出版社，2017：313.

小　结

非物质文化遗产是国家和民族发展的重要历史见证，是人民群众智慧的结晶，是当代人们应该珍视的财富。然而，当前非物质文化遗产传承和发展却面临时代变迁的重大挑战，不少项目正处于濒危状况。基于上述原因，促进非物质文化遗产的传承和发展成了社会发展的重要议题，成了发展中国特色社会主义文化的重要任务。

依据马克思主义精神生产理论，非物质文化遗产的传承和发展是精神生产的重要形态。因此，本书认为遵循精神生产规律是促进非物质文化遗产传承和发展的重要法则。

首先，要保护和改善非物质文化遗传承和发展的环境基础。精神生产不是孤立地运行和发展的，而是与外界环境存在密切的交流互动关系的。精神生产所依托的环境基础的好坏直接影响到自身的运行状况和形成成果的品质。当前社会巨大的变迁使得非物质文化遗产传承和发展的环境基础受到了严重的破坏，直接影响到了它的良性运行。所以，保护和改善非物质文化遗产传承和发展的环境变得迫切起来。根据非物质文化遗产传承和发展的特点，人们需要在保护和改善其依赖的自然环境、抢救和保护其依托的传统古村落以及在全社会营造良好的文化风气等方面下功夫。

其次，要优化非物质文化遗产传承和发展的过程要素。精神生产是由一系列相关要素推动而不断运行的过程，它离不开生产主体、生产对象、生产媒介、生产平台、受众群体等过程要素的相互作用。当各个过程要素处于高水平和彼此协调的关系时，精神生产将处于良性运行状态。由此类推，促进非物质文化遗产的传承和发展需要优化各个过程要素。一是要通过增加传承人的数量和提高传承人的综合素质的方法来提升传承和发展的主体力量，二是要通过丰富物质资料、发掘内容深度和拓展内容广度的方法来提高传承和发展成果的品质，三是要通过发挥好人、物质载体、大众传媒等媒介作用的方法来增强传承和发展各环节的联系性，四是要通过重点建设校园、城乡社区等平台来构建传承和发展的主阵地，五是要通过培育受众群体、与旅游消费相融合、恢复和维护必要的生产生活形态的方法来增强非物质文化遗产传承和发展的社会需求力量。正是由于非物质文化遗产的传承和发展是各个过程要素系统地、联动地相互作用的过程，所以要以优化各个过程要素为核心地促进非物质文化遗产传承和发展的良性运行。

最后，要科学对待非物质文化遗产传承和发展的独特性。与物质文化遗产需要保持完好的"静态"留传方式不同，非物质文化遗产是"活态"传承和发展的。它体现在传承人处于不可或缺的中心地位。所以，尊重传承人的需要和意愿、维护传承人的应有权益是科学对待非物质文化遗产传承和发展独特性的根本要求。非物质文化遗产种类丰富、项目繁多，每个种类、每个项目的生成环境、生存状况、艺术特质和功能作用都存在明显差异。所以，尊重各个种类和各个项目的个性差异是科学对待非物质文化遗产传承和发展独特性的核心内容。非物质文化遗产的传承和发展体现出两面性，它既可能给社会带来宝贵财富而促进社会的发展，又可能存在一些消极愚昧的内容而制约社会发展。所以，做到扬长避短、辩证分析其存在的局限性是科学对待非物质文化遗产传承和发展独特性的重要条件。

促进非物质文化遗产的传承和发展是开展非物质文化遗产研究的落脚点以及意义所在。马克思主义精神生产理论对精神生产实践规律的总结，为人们促进非物质文化遗产的传承和发展指明了方向、提供了方法。在促进非物质文化遗产传承和发展的过程中应该始终遵循精神生产实践规律，以保护和改善环境基础为保障，以优化过程要素为根本，以科学对待独特性为条件。伴随着时代变迁，非物质文化遗产传承和发展依靠的环境基础、社会力量都在不断变化，所以促进非物质文化遗产的传承和发展是必须持之以恒、坚持不懈的工作。

结　语

　　习近平在庆祝中国共产党建党 95 周年大会的讲话中正式明确地提出了
"四个自信"理论。他指出："全党要坚定道路自信、理论自信、制度自信、
文化自信。"① 在进入建设中国特色社会主义的新时代，增强"四个自信"
是国家建设的重大战略任务，是社会发展的主旋律，是学术界需要重点关注
和研究的课题之一。本书尝试以探索新时代重大发展任务作为出发点，是涉
及坚定理论自信和坚定文化自信两个重要维度的研究。

　　坚定理论自信是要坚定对马克思主义的信仰，是要坚持不懈地推进马克
思主义中国化的发展。马克思主义精神生产理论作为马克思、恩格斯等人关
于人类精神掌握世界规律的科学总结，是唯物史观的核心内容，是马克思主
义理论体系的重要组成部分之一。所以，坚定理论自信蕴含着对马克思主义
精神生产理论的坚持和具体地运用。过去，由于马克思、恩格斯并没有对精
神生产理论进行详细而系统的阐述，以及我国生产力落后的国情决定物质生
产地位异常重要等方面的原因，导致了马克思主义精神生产理论的价值地位
被严重忽视，没有获得充分的实践化、时代化的不良后果。然而，随着当前
我国进入全面建成小康社会的攻坚克难阶段，以及进入建设社会主义现代化
强国、实现中华民族伟大复兴的关键时期，人们的精神需要呈现出前所未有
的高涨，社会存在的精神问题表现得越来越突出。这使得马克思主义精神生
产理论的价值地位被充分地显现出来，在具体实践、具体时代应用的需求变
得越来越重要以及越来越迫切。

　　坚定文化自信是要对中华民族在5000多年文明发展中孕育而成的中华优

---

① 习近平. 在庆祝中国共产党成立 95 周年大会上的讲话 ［N］. 人民日报，2016 -
　　07 - 01（01）.

秀传统文化的尊重和热爱，是对党和人民在伟大斗争中孕育而成的革命文化和社会主义先进文化的认同和拥护。中共十九大报告旗帜鲜明地指出，要"坚定文化自信，推动社会主义文化繁荣兴盛"①。中共中央办公厅和国务院办公厅在《关于实施中华优秀传统文化传承发展工程的意见》强调："中华文化独一无二的理念、智慧、气度、神韵，增添了中国人民和中华民族内心深处的自信和自豪。"② 其中，非物质文化遗产包含着我国劳动人民对生产生活历史经验的智慧总结，体现着中华民族发展的历史根脉，是中国历史发展的重要见证，是中华优秀传统文化的重要组成部分之一，是党的革命文化和社会主义先进文化形成和发展的重要渊源之一。所以，坚定文化自信必定蕴含对非物质文化遗产的尊重、认同以及热爱，必定蕴含对解决非物质文化遗产传承和发展问题的高度自觉性以及高度责任感。

　　尽管关于如何解决非物质文化遗产传承和发展问题的理论基础和方法依据可以是多元的，但是在我国以马克思主义理论观点作为研究的理论基础和方法依据却是十分必要的。邓小平指出："搞社会主义一定要遵循马克思主义的辩证唯物主义和历史唯物主义。"③ 刘锡诚指出："对待非物质文化遗产……我们唯一的选择是唯物史观。"④ 非物质文化遗产的传承和发展属于精神生产的重要形态，它体现出精神生产的受动性、实践性、人本性、观念性、创造性和自由性，与马克思主义精神生产理论具有内在本质的联系；促进非物质文化遗产的传承和发展，是建设中国特色社会主义的重要任务，是发展中国特色社会主义文化的应有之义。所以，本书是将"如何推进马克思主义精神生产理论的具体应用"与"如何促进非物质文化遗产传承和发展"这两大问题相互结合起来思考和研究的成果，既突出了马克思主义精神生产理论的价值，又深化了非物质文化遗产规律、价值和问题的认识，为促进非物质文化遗产的传承和发展寻找到了科学的理论依据以及重要的现实动力。

　　本书在立足于马克思主义精神生产理论的基础上，总结出了非物质文化遗产传承和发展的历史合力规律，认为它以环境的作用力为基础、社会的作

① 党的十九大文件汇编［G］. 北京：党建读物出版社，2017：28.
② 中共中央办公厅，国务院办公厅. 关于实施中华优秀传统文化传承发展工程的意见［N］. 人民日报，2017－01－26（01）.
③ 邓小平文选：第3卷［M］. 北京：人民出版社，1993：118.
④ 刘锡诚. 非物质文化遗产：理论与实践［M］. 北京：学苑出版社，2009：114.

用力为核心、自身的独特性为依据；明确了非物质文化遗产的传承和发展对社会发展的能动作用，认为它具有为传统社会人民生产生活提供物质资料、为现代经济新业态发展提供资源支撑的物质价值，具有满足个体精神需要、推动社会交往发展、提升国家文化自信的精神价值；分析了非物质文化遗产的传承和发展在社会变迁中面临重大挑战的原因和表现，认为非物质文化遗产的特性制约了它在新时代适应环境变化、社会力量变迁的能力，导致了传承和发展能力严重下降的问题；形成了遵循精神生产规律是促进非物质文化遗产传承和发展重要法则的方法探索，认为需要保护和改善传承和发展的环境基础、需要优化传承和发展的过程要素、需要尊重传承和发展的独特性。这些研究充分表明了马克思主义精神生产理论具有方法论的意义，能够为解决非物质文化遗产的传承和发展的问题提供正确的理论指导。而与之相伴的结果，非物质文化遗产传承和发展将有可能达到良性的运行状态，非物质文化遗产的生命力将有可能得到延续甚至是进一步加强发展。因此，该论题的研究是希望在实现坚定理论自信与坚定文化自信这两方面做出一定的努力。

目前，学术界关于推动马克思主义精神生产理论具体运用的研究成果比较少，而将它与解决非物质文化遗产传承和发展问题相结合的研究成果就显得更加少了。本书尝试在这方面展开研究和探索体现出了一定的理论创新意义和实践创新价值。但是，由于本人掌握的资料较为有限以及学术能力也需要进一步的提高，这些研究和探索显得有些片面和浅薄。在未来的学习和工作中，仍然需要从诸多方面进一步加强对这一论题的研究探索：一是以马克思、恩格斯等人的文本、原著作为出发点，加强对马克思主义精神生产理论相关内容的梳理、挖掘和研究，为进一步的深入研究奠定更加牢固的理论基础；二是深入地发掘马克思主义精神生产理论与非物质文化遗产传承和发展的内在关联性，使两者结合得更加顺理成章，使两者都能够更好地适应新时代的发展；三是要立足于马克思主义精神生产理论，探索更适合促进非物质文化遗产传承和发展的方法，从而使研究更加具有现实价值。总的来说，在建设中国特色社会主义过程中推动马克思主义精神生产理论中国化以及促进非物质文化遗产的传承和发展都是任重而道远的，我们对两者以及两者相结合的研究和探索都需要做到坚持不懈、持之以恒。

毛泽东指出："随着经济建设的高潮的到来，不可避免地将要出现一个文化建设的高潮。"① 这是普遍规律。当前随着中国特色社会主义发展进入新时代，我国文化建设迎来了新的高潮，建设文化强国、提升文化自信成了时代强音。党的十九大报告强调，建设文化强国、提升文化自信需要"加强文物保护利用和文化遗产保护传承。"② 面对新时代的要求、新时代赋予的动能，促进非物质文化遗产传承和发展的地位必将变得越来越重要，促进非物质文化遗产传承和发展的前途必将变得越来越光明。

① 毛泽东著作选读：下册［M］．北京：人民出版社，1986：692.
② 党的十九大文件汇编［G］．北京：党建读物出版社，2007：30.

参考文献

一、经典著作与重要文献

［1］马克思恩格斯选集（第1—4卷）［M］．北京：人民出版社，2012.

［2］马克思恩格斯文集（第1、2、10卷）［M］．北京：人民出版社，2009.

［3］马克思恩格斯全集（第1卷）［M］．北京：人民出版社，1956.

［4］马克思恩格斯全集（第3卷）［M］．北京：人民出版社，1960.

［5］马克思恩格斯全集（第47卷）［M］．北京：人民出版社，1980.

［6］马克思历史学笔记（第1册）［M］．北京：红旗出版，1992.

［7］马克思恩格斯论艺术（第1卷）［M］．北京：中国社会科学出版社，1982.

［8］马克思恩格斯论文学与艺术（第1、2卷）［M］．北京：人民文学出版社，1982.

［9］列宁选集（第1、2、4卷）［M］．北京：人民出版社，1995.

［10］列宁全集（第1、2卷）［M］．北京：人民出版社，1984.

［11］列宁全集（第6、12卷）［M］．北京：人民出版社，1987.

［12］毛泽东选集（第1—4卷）［M］．北京：人民出版社，1991.

［13］毛泽东文艺论集［M］．北京：中央文献出版社，2002.

［14］周恩来选集（下卷）［M］．北京：人民出版社，1997.

［15］周恩来文化文选［M］．北京：中央文献出版社，1998.

［16］邓小平文选（第1、2卷）［M］．北京：人民出版社，1994.

［17］邓小平文选（第3卷）［M］．北京：人民出版社，1993.

［18］邓小平年谱（1975—1997）［M］. 北京：中央文献出版社，2004.

［19］江泽民文选（1—3卷）［M］. 北京：人民出版社，2006.

［20］胡锦涛文选（1—3卷）［M］. 北京：人民出版社，2016.

［21］习近平谈治国理政（第1卷）［M］. 北京：外文出版社，2014.

［22］习近平谈治国理政（第2卷）［M］. 北京：外文出版社，2017.

［23］中共中央书记处研究室文化组. 党和国家领导人论文艺［M］. 北京：文化艺术出版社，1982.

［24］中国共产党十六次全国代表大会文件汇编［G］. 北京：人民出版社，2002.

［25］党的十七大文件汇编［G］. 北京：党建读物出版社，2007.

［26］党的十八大文件汇编［G］. 北京：党建读物出版社，2012.

［27］党的十九大文件汇编［G］. 北京：党建读物出版社，2017.

二、国内著作

［1］李百玲. 晚年马克思恩格斯交往观研究［M］. 北京：中央编译出版社，2009.

［2］中央文献研究室《党的文献》《文献与研究》编辑部. 治国与读史：领袖人物谈历史文化［M］. 北京：中央文献出版社，2008.

［3］熊元义. 中国特色社会主义文艺理论研究［M］. 北京：人民出版社，2010.

［4］宋建林，陈飞龙. 中国马克思主义艺术理论发展史［M］. 北京：生活·读书·新知三联书店，2011.

［5］景中强. 马克思精神生产理论研究［M］. 北京：中国社会科学出版社，2004.

［6］郭正红. 现代精神生产论纲［M］. 北京：中央文献出版社，2004.

［8］叶敦平. 马克思主义哲学原理［M］. 北京：高等教育出版社，2004.

［9］李文成. 追寻精神的家园——人类精神生产活动研究［M］. 北京：北京师范大学出版社，2007.

［10］黄凤炎. 反思与超越——马克思的思想轨迹［M］. 北京：工人出

版社, 1988.

[11] 刘云章. 马克思主义精神生产研究 [M]. 北京: 学苑出版社, 2011.

[12] 夏赞忠. 精神生产概论 [M]. 长沙: 湖南出版社, 1991.

[13] 骆郁廷. 精神动力论 [M]. 武汉: 武汉大学出版社, 2003.

[14] 陆贵山. 唯物史观与文艺思潮 [M]. 北京: 中国人民大学出版社, 2008.

[15] 陈力丹. 精神交往论: 马克思恩格斯的传播观 [M]. 北京: 中国人民大学出版社, 2008.

[16] 费孝通. 文化与文化自觉 [M]. 北京: 群言出版社, 2016.

[17] 秦淑娟, 李邦君. 文化经济规律研究 [M]. 上海: 上海财经大学出版社, 2013.

[18] 田丰, 肖海鹏, 夏辉. 文化竞争力研究 [M]. 北京: 中国社会科学出版社, 2007.

[19] 罗中起. 艺术生产的价值论研究 [M]. 沈阳: 辽宁大学出版社, 2008.

[20] 吴小莲. 马克思主义视域下的艺术产业化研究 [M]. 武汉: 武汉大学出版社, 2007.

[21] 陈先达. 文化自信中的传统与当代 [M]. 北京: 北京师范大学出版社, 2017.

[22] 鲍展斌. 文化遗产哲学思——马克思主义文化遗产观研究 [M]. 杭州: 浙江大学出版社, 2008.

[23] 周浩然, 李荣启. 文化国力论 [M]. 沈阳: 辽宁人民出版社, 2000.

[24] 冯骥才, 罗吉华. 中国非物质文化遗产百科全书·代表性项目卷 (上、下卷) [M]. 北京: 中国文联出版社, 2015.

[25] 冯骥才, 成功. 中国非物质文化遗产百科全书·传承人卷 [M]. 北京: 中国文联出版社, 2015.

[26] 刘锡诚. 非物质文化遗产: 理论与实践 [M]. 北京: 学苑出版社, 2009.

［27］于广海，王文章．中国文化遗产保护［M］．济南：山东大学出版社，2008.

［28］王文章．非物质文化遗产概论［M］．北京：学苑出版社，2012.

［29］宋俊华，王开桃．非物质文化遗产保护研究［M］．广州：中山大学出版社，2013.

［30］向云驹．世界非物质文化遗产［M］．宁夏：宁夏人民出版社，2006.

［31］司徒尚纪．广东文化地理（修订本）［M］．广州：广东人民出版社，2001.

［32］曾建华．音乐人类学导引［M］．南京：南京师范大学出版社，2013.

［33］刘佐泉．客家历史与传统文化［M］．开封：河南大学出版社，1991.

［34］胡希张．客家山歌史研究［M］．广州：广东人民出版社，2013.

［35］廖国伟．审美人类学视阈中的民歌文化［M］．北京：人民日报出版社，2014.

［36］任洁．唯物史观视野中的文化与制度变迁关系研究［M］．北京：中国社会科学出版社，2015.

三、国外译著

［1］［苏］В. И. 托尔斯特赫等著．安起民译．精神生产——精神活动问题的社会哲学观［M］．北京：北京师范大学出版社，1988.

［2］［苏］普列汉诺夫．普列汉诺夫哲学著作选集（第2卷）［M］．汝信，译．北京：生活·读书·新知三联书店，1961.

［3］［英］托马斯·孟．英国得自对外贸易的财富［M］．袁南宇，译．北京：商务印书馆，1959.

［4］［德］弗里德里希·李斯特．政治经济学的国民体系［M］．陈万煦，译．北京：商务印书馆，1961.

［5］［德］黑格尔．黑格尔著作集（第10卷）：哲学百科全书Ⅲ：精神哲学［M］．杨祖陶，译．北京：人民出版社，2015.

[6] [德] 黑格尔. 小逻辑 [M]. 贺麟, 译. 北京: 商务印书馆, 1980.

[7] [德] 黑格尔. 美学 (第1卷) [M]. 朱光潜, 译. 北京: 商务印书馆, 1979

[8] [德] 费尔巴哈. 费尔巴哈哲学著作选集 (上、下卷) [M]. 荣震华, 译. 北京: 商务印书馆, 1984.

[9] [法] 让·鲍德里亚. 消费社会 [M]. 刘成富, 全志钢, 译. 南京: 南京大学出版社, 2001.

[10] [英] 亚当·斯密. 国富论 (上、下卷) [M]. 郭大力, 王亚南, 译. 上海: 上海三联书店, 2009.

[11] [美] 塞缪尔·亨廷顿. 文明的冲突与世界秩序的重建 [M]. 周琪, 刘绯, 张立平, 王圆, 译. 北京: 新华出版社, 1998.

[13] [美] 塞缪尔·亨廷顿, 劳伦斯·哈里森. 文化的重要作用——价值观如何影响人类进步 [M]. 程克雄, 译. 北京: 新华出版社, 2010.

[14] [美] 丹尼·贝尔. 资本主义文化矛盾 [M]. 严蓓雯, 译. 北京: 人民出版社, 2010.

[15] [美] 威廉 A·哈维兰, 等. 文化人类学——人类的挑战 [M]. 陈相超, 译. 北京: 机械工业出版社, 2014.

四、期刊论文

[1] 汤荣光. 马克思精神生产理论导源 [J]. 毛泽东邓小平理论研究, 2013 (5).

[2] 郑云正. 精神生产和精神消费之间平衡的特点 [J]. 中州学刊, 1987 (2).

[3] 刘明如. 精神生产在社会发展中的重要地位与作用 [J]. 内蒙古师大学报, 1985 (4).

[4] 王一波. 论精神产品生产的价值取向 [J]. 辽宁师范大学学报 (社科版), 1995 (2).

[5] 孙希良, 张爱军. 论精神生产对社会文明的推动作用 [J]. 湖北行政学院学报, 2008 (6).

[6] 郭彦森，席会芬.论精神生产关系的构成［J］.郑州大学学报（哲学社会科学版），1994（4）.

[7] 高鸿，景中强.论精神生产与"科学技术是第一生产力"［J］.河南社会科学，2006（6）.

[8] 万宁.论精神资料的生产方式［J］.中南民族大学学报（人文社会科学版），2000（2）.

[9] 赵志红.论马克思"精神生产"理论及其意义［J］.四川师范大学学报（社会科学版），2004（1）.

[10] 胡潇.马克思恩格斯关于意识形态的多视角解释［J］.中国社会科学，2010（4）.

[11] 胡海波，郭凤志.马克思恩格斯社会整体性视域下的精神生产理论［J］.东北师大学报（哲学社会科学版），2009（6）.

[12] 蒋斌，郑毅.马克思关于精神生产是社会生产一部分的基本思想［J］.学术研究，1998（11）.

[13] 孙民.马克思精神生产理论研究述评［J］.兰州学刊，2007（4）.

[14] 景中强.论马克思精神生产理论的经济学来源［J］.理论与改革，2003（2）.

[15] 周积泉.试论精神生产的主体和客体［J］.广东社会科学，1987（1）.

[16] 邓彦.试论马克思的精神生产理论及其时代意义［J］.江西社会科学，2008（4）.

[17] 崔玉香.近年来精神生产问题的研究［J］.哲学动态，1998（5）.

[18] 陆云彬.关于精神生产的研究综述［J］］.江西社会科学，1987（5）.

[19] 蒋祖发.对我国现阶段精神生产的几点思考［J］.湖南社会科学，2006（1）.

[20] 杨继学.简论精神文明建设中的精神生产问题［J］.河北师范大学学报（社会科学版），1995（2）.

[21] 梁庆寅.精神产品的界定.评价及其对精神文明的影响［J］.现

代哲学, 1996 (2) .

[22] 景中强. 精神生产：历史唯物主义亟待于深入研究的一个重大课题 [J] . 理论与改革, 2006 (5) .

[23] 李发美. 精神生产的结构. 规律及其评价标准 [J] . 求索, 1988 (5) .

[24] 齐玉琳. 精神生产的目的和效益 [J] . 探索, 1996 (6) .

[25] 杨思基. 精神生产的地位、属性、作用、特点和规律再认识 [J] . 齐鲁学刊, 1994 (4) .

[26] 陈天绶. 试论精神生产的特点 [J] . 福建学刊, 1995 (5) .

[27] 汪国训. 试论精神生产和物质生产的相互关系 [J] . 武汉大学学报（社会科学版）, 1987 (6) .

[28] 景中强. 精神生产. 人性的张扬与超越 [J] . 河南社会科学, 2004 (2) .

[29] 景中强. 马克思的精神生产理论及其当代价值 [J] . 中国青年政治学院学报, 2003 (4) .

[30] 董立人. 马克思主义精神产品生产理论探源 [J] . 理论界, 2008 (1) .

[31] 秦璇. 浅谈经济全球化背景下精神生产全球化的生存与发展 [J] . 当代经济, 2007 (6) .

[32] 杨晓峰, 田枫. 现代科学技术发展与精神生产 [J] . 社会科学论坛, 2002 (3) .

[33] 郭正元. 艺术生产与精神文明建设. 从马克思到邓小平 [J] . 中山大学学报（社会科学版）, 1994 (4) .

[34] 吴毅. 正确认识精神产品的特殊性加强精神生产的管理 [J] . 探求, 1996 (1) .

[35] 李树申, 赵瑞江. 略论精神生产的几个理论问题 [J] . 东北师大学报（哲学社会科学版）, 1994 (3) .

[36] 胡守钧, 刘畅. "精神生产"在当代资本主义社会的表现 [J] . 西北师大学报（社会科学版）, 2009 (3) .

[37] 刘然. 精神生产实践论 [J] . 山西师大学报（社会科学版）,

2008（4）.

[38] 尹建军. 马克思精神生产理论刍议 [J]. 青海师范大学学报（哲学社会科学版），2007（6）.

[39] 黄力之. 马克思精神生产理论中的文化价值问题 [J]. 上海师范大学学报（哲学社会科学版），2009（3）.

[40] 张春丽，李明星. 非物质文化遗产概念研究述论 [J]. 中华文化论坛，2007（2）.

[50] 刘魁立. 从人的本质看非物质文化遗产 [J]. 江西社会科学，2005（1）.

[51] 吴馨萍. 无形文化遗产概念初探 [J]. 中国博物馆，2004（1）

[52] 李昕. 再论非物质文化遗产的基本特征 [J]. 民族艺术研究，2008（3）.

[53] 宋俊华. 非物质文化遗产特征刍议 [J]. 江西社会科学，2006（1）.

[54] ［日］菅丰. 何谓非物质文化遗产价值 [J]. 陈志勤，译. 文化遗产，2009（2）.

[55] ［美］朱利安·H. 斯图尔特. 文化生态学 [J]. 潘艳，陈洪波，译. 南方文物，2007（2）.

[56] ［韩］任敦姬. "人间国宝"与韩国非物质文化遗产保护：经验和挑战 [J]. 沈燕，译. 民间文化论坛，2016（2）.

[57] 汪振军. 河南非物质文化遗产价值与传承思考 [J]. 河南社会科学，2009（1）.

[58] 刘云升. 非物质文化遗产保护的理性回归 [J]. 河北师范大学学报（哲学社会科学版），2009（3）.

[59] 陈沛照. 主体性缺失：当前非物质文化遗产保护省思 [J]. 广西民族大学学报（哲学社会科学版），2014（6）.

[60] 李华明. 遵循非物质文化遗产的内在规律是消除"记忆丧失"的首要条件 [J]. 湖北民族学院学报（哲学社会科学版），2005（4）.

[61] 孙晓霞. 民间社会与非物质文化遗产保护 [J]. 民间艺术，2007（1）.

[62] 鲁晓春. 非物质文化遗产传承模式的反思与探讨 [J]. 东岳论坛，

2013 (2).

　　[63] 柳长华. 非物质文化遗产能为我们带来什么 [J]. 西安交通大学学报, 2008 (4).

　　[64] 孙亚强. 跨越时空动力——非物质文化遗产保护的当代价值 [J]. 黑龙江史志, 2013 (2).

　　[65] 卢衍鹏. 非物质文化遗产保护：为何与何为 [J]. 民间艺术研究, 2011 (6).

　　[66] 刘壮. 论非物质文化遗产保护的人权价值 [J]. 民族艺术 [J], 2010 (2).

　　[67] 廖明君, 周星. 非物质文化遗产保护的日本经验 [J]. 民族艺术, 2007 (1).

　　[68] 汪舟. 日本非物质文化遗产保护与传承经验及对我国完善相关保护体系的启示 [J]. 旅游纵览, 2016 (1).

　　[69] 高寿福. 韩国非物质文化遗产保护工作经验之我鉴 [J]. 延边党校学报, 2008 (2).

　　[70] 巴胜超. 蔡珺知识性文化遗产——泰国非物质文化遗产保护的经验与启示 [J]. 兰州大学学报 (社会科学版), 2014 (6).

　　[71] 高丙中, 宋红娟. 文化生态保护区建设与城镇化进程中的非遗保护：机制梳理与政策思考 [J]. 西北民族研究, 2016 (2).

　　[72] 陈华文, 陈淑君. 中国文化生态保护区的实践探索研究 [J]. 浙江师范大学学报 (社会科学版), 2016 (2).

　　[73] 陈宗花. 关于非物质文化遗产评价标准问题的反思——以当前原生态民歌评价为中心 [J]. 河南社会科学, 2008 (3).

　　[74] 黄仲山. 反思非物质文化遗产保护中的圈思维 [J]. 理论月刊, 2015 (10).

　　[75] 谭宏. 冲突与协调——中国非物质文化遗产名录制度的人类学反思文化遗产 [J]. 文化遗产, 2016 (4).

　　[76] 熊晓辉. 非物质文化遗产名录内在机制及保护实践的反思文化遗产 [J]. 文化遗产, 2017 (4).

　　[77] 杨征. 论非物质文化遗产"代表性传承人"保护政策中"群体

性"的缺失 [J]. 云南社会科学, 2014 (6).

[78] 贺连花, 马达. 人文地理学视域下的梅州山歌初探 [J]. 广州大学学报 (社会科学版), 2015 (12).

[79] 黄有东. 从两个核心范畴"客"和"山"看客家山歌的意蕴 [J]. 华南理工大学学报 (社会科学版), 2004 (3).

[80] 李小燕. 客家传统社会的农耕生活 [J]. 嘉应学院学报 (哲学社会科学), 2001 (4).

[81] 隋春花. 客家文化蕴含的生态智慧及其当代价值研究 [J]. 嘉应学院学报 (哲学社会科学), 2013 (1).

[82] 沙雪斌. 发展中国特色文化产业: 文化强国建设的文化自觉 [J]. 当代世界与社会主义, 2012 (3).

[83] 司忠业, 陈荣武. 自媒体时代与青年文化"快消"现象 [J]. 当代青年研究, 2012 (5).

[84] 刘晓春. 非物质文化遗产传承人的若干理论与实践问题 [J]. 思想战线, 2012 (6).

[85] 刘锡诚. 非物质文化遗产的文化性质问题 [J]. 西北民族研究, 2005 (1).

[86] 路芳. 非物质文化遗产在旅游中的再生产 [J]. 西南民族大学学报 (人文社会科学版), 2015 (1).

五、博士学位论文

[1] 肖柯. 中国特色社会主义精神生产方式创新研究 [D]. 成都: 西南交通大学, 2016.

[2] 杨逸. 马克思恩格斯艺术思想研究 [D]. 长沙: 湖南师范大学, 2016.

[3] 林岩. 马克思精神生产理论研究 [D]. 济南: 山东大学, 2015.

[4] 吴朝邦. 马克思精神生产创新论 [D]. 武汉: 武汉大学, 2015.

[5] 吴永辉. 马克思的全球全面生产理论研究 [D]. 开封: 河南大学, 2014.

[6] 周力辉. 马克思恩格斯精神生产理论研究 [D]. 苏州: 苏州大学,

2012.

[7] 魏来. 中国文化经济的理论渊源与现代分析 [D]. 长春：吉林大学，2012.

[8] 周青鹏. 马克思历史动力理论研究 [D]. 武汉：华中师范大学，2011.

[9] 胡海波. 马克思恩格斯文化观研究 [D]. 长春：东北师范大学，2010.

[10] 荣跃明. 文化生产论纲 [D]. 上海：复旦大学，2009.

[11] 赵勇. 社会主义意识形态功能研究 [D]. 上海：华东师范大学，2007.

后 记

一本书要交稿出版，就犹如自己的孩子即将出生一样，令人激动不已。

本书是我在华南理工大学攻读博士研究生的学术成果。2014 年 9 月，我带着紧张、激动、期待的心情走进了华南理工大学。读博期间，我基于自身的学术基础以及导师的研究旨趣，针对学术研究的前沿问题，确定了马克思主义精神生产理论与非物质文化遗产相互融合的选题。研究该选题的挑战很大，我既要深入了解马克思主义精神生产理论，又要深入研究非物质文化遗产，充分探索出两者之间存在内在联系。研究该选题的收获很大，我既增强了对马克思主义基本原理的理解和应用，又拓展到非物质文化遗产研究的领域。

我的导师何平教授对本书的形成给予了重要指导。何老师博学多才、治学严谨、平易近人，是具有广阔胸襟的学术大家。何老师对本书的选题、写作、修改、定稿等每一个环节都给予了悉心的帮助和指导。师恩难忘，我深深地感激何老师。

家是幸福的港湾。在我三十一岁时，我还能够走进校园读书，安心地在教室听课、在图书馆看书，心无旁骛地在电脑前敲出一个一个字符，这离不开家人的巨大支持。我的爷爷奶奶、父亲母亲用最纯朴的爱给予我的学业、我的家庭巨大帮助。我的妻子温柔善良，她既辛勤地工作，又用心地照顾小孩，用执着坚毅的爱支持着我。我的两个小孩给我带来了无限的幸福，他们幸福的笑容将是我努力奋斗的动力。

本书参考了大量的著作和论文，在此对著作和论文的作者表示感谢。正是你们的努力和付出让本书的写作具备了必不可少的参考。

　　本书能出版令我很高兴。但我深知，我的学识和能力学还存在不足之处。因而本书的研究相当粗浅，存在不少缺失之处，诚请专家学者批评指正。

甘子成

2021 年 11 月